Morale de la compétitivité

Leçons du Japon pour la France

OCTAVE GÉLINIER

Morale de la compétitivité

Leçons du Japon pour la France

1981
EDITIONS HOMMES ET TECHNIQUES

DU MÊME AUTEUR

Editions Hommes et Techniques

Nouvelle direction de l'entreprise, personnaliste et compétitive (2e édition 1980).

Fonctions et tâches de direction générale (7e édition 1980).

Le secret des structures compétitives (7e édition 1977).

Stratégie sociale de l'entreprise (2e édition 1977).

L'avenir des entreprises personnelles et familiales
(développement - capital - succession - structure - progrès social)
en collaboration avec A. Gaultier
Prix I.A.E. du Management (3e édition 1979).

L'entreprise créatrice (1972).

Direction participative par objectifs (1968).

Editions Plon

Morale de l'entreprise et destin de la nation (1965).

ISBN 2-7057-0338-1

Tour Chenonceaux, 204, rond-point du Pont-de-Sèvres,
92516 Boulogne-Billancourt Cedex

Imprimé en France

Aux cent amis japonais et français qui ont bien voulu me faire partager leurs informations et leurs réflexions et qui ont nourri ainsi la substance même de ce livre, en témoignage de profonde reconnaissance.

O.G.

TABLE DES MATIÈRES

AVANT-PROPOS

Le Japon c'est :
— 0,3 % des terres émergées, sans énergie ni matières premières,
— 3 % de la population mondiale,
— 10 % de la valeur ajoutée mondiale,
— pas de problème de chômage,
— ... et une croissance qui continue.

Au lendemain de la deuxième guerre mondiale, la France a pris conscience de l'avance des Etats-Unis, non seulement sur le plan technique, mais sur celui de la gestion. Grâce aux « missions de productivité » et à des milliers d'explorations individuelles, nous avons peu à peu percé les secrets du management américain, et réussi à les transposer au contexte français. Et ce furent les « trente glorieuses » années qui virent tripler notre production et notre niveau de vie. Puis vinrent la crise et le besoin de nouvelles sources d'inspiration.

L'une de ces sources est évidemment le Japon.

En effet, l'écart entre l'Amérique et nous s'est amenuisé, tandis que le « modèle américain » montrait des signes évidents de faiblesse. Accablés par une productivité stagnante, une créativité décroissante sauf dans quelques secteurs de pointe, et un sérieux déséquilibre de leurs échanges, les Américains d'aujourd'hui cherchent au Japon des idées pour leur redressement.

Pourquoi n'en ferions-nous pas autant?

L'objection habituelle du Français sceptique consiste à nier que l'exemple des Japonais puisse nous être utile, à cause du *fossé culturel* qui nous sépare d'eux.

Notons que ce fossé ne les a pas empêchés, eux, d'importer depuis 1945 les méthodes américaines et européennes, sans sacrifier leur culture, et de les appliquer si bien que dans de nombreux domaines il nous ont dépassés pour la *productivité,* pour la *qualité* et pour l'intégration du *facteur humain* dans la gestion.

Serions-nous voués à donner sans jamais recevoir? Serions-nous devenus une société close incapable de greffer sur sa propre sève des pousses prélevées ailleurs? De telles tentations de fermeture peuvent exister dans certains milieux politiques, syndicaux et bureaucratiques. Mais il revient aux entreprises de prouver leur capacité d'ouverture et d'adaptation, en sachant décrypter les ressorts secrets de la compétitivité japonaise, puis en tirant de cette réflexion des idées concrètes applicables au contexte français.

Nous verrons que la plupart de ces idées sont déjà appliquées dans les meilleures entreprises américaines, allemandes, italiennes ... et françaises. Pourquoi ne pas les promouvoir plus méthodiquement?

***

Mais quand on approfondit l'étude de l'exemple japonais, et qu'on arrive à comprendre les ressorts cachés de sa réussite exceptionnelle, on constate que ces ressorts sont moins techniques que moraux, on découvre une « morale de la compétitivité » (1).

Partis pour un transfert technologique, nous voilà amenés à une interrogation culturelle.

Cet élargissement du sujet a déterminé le contenu et le plan même de cet ouvrage.

— la *première partie* présente la « découverte du Japon moderne » et s'efforce d'analyser « *les secrets de la compétitivité japonaise* ». C'est la base de données dont nous tirerons des enseignements pour nos entreprises et peut-être pour notre société.

Non pas qu'il s'agisse de « copier le Japon » : nous ne voudrions inspirer à personne une attitude aussi simpliste.

Ce que le Japon doit nous apprendre, c'est d'abord à nous regarder nous-mêmes : à nous appliquer de nouveaux critères d'analyse permettant de mieux identifier nos faiblesses et nos possibilités. De sorte que les idées que nous proposerons ne seront pas des idées sur le Japon mais *des idées sur nous-mêmes vus du Japon.* Telle pratique que nous estimons normale pourra tout à coup nous paraître néfaste; et telles réalisations considérées comme marginales pourront nous paraître dignes de généralisation.

Les *idées applicables* que nous pourrons ainsi proposer seront moins des recettes que des bases de réflexion pour l'action : à mi-chemin entre la technique et la philosophie.

— Dans la *deuxième partie* « Idées pour le management français », nous mentionnerons les idées liées aux pratiques de direction de l'entreprise et pour lesquelles on peut déjà observer des réalisations européennes positives. Il s'agira donc des idées les plus concrètes et les mieux validées.

— Dans la *troisième partie* « Morale de l'économie et de la société », nous dépasserons l'entreprise pour nous interroger sur l'affaiblissement du tissu social et la montée de conflictualité observables en Occident, et pour suggérer certaines issues aux impasses actuelles. De par leur nature, ces suggestions seront moins bien validées que les précédentes, et nous les entourerons des réserves nécessaires.

---

(1) Dans *Morale de l'entreprise et destin de la nation,* publié en 1965 (aux Editions Plon), nous avions traité de la morale des *comportements économiques* soumis à la pression du marché, et présenté la bonne gestion comme un devoir moral, du fait de la contribution qu'elle apporte à la collectivité tout entière. Dans le présent ouvrage, nous abordons la morale *des comportements interpersonnels dans le travail,* qui sont soumis à la pression des réseaux de relations, des liens moraux réciproques et des systèmes de valeurs correspondants. Et nous constatons que la compétitivité dépend largement d'une morale qui, par exemple, favorise la coopération confiante plutôt que le particularisme conflictuel.

PREMIÈRE PARTIE

Découverte du Japon moderne

Pour le Français cultivé, le Japon a d'abord été perçu comme une civilisation distincte, longtemps fermée sur elle-même.

De la guerre russo-japonaise (1904-1905) à celle du Pacifique (clôturée en 1945 par la bombe d'Hiroshima), le Japon s'est imposé à notre attention comme puissance militaire, souvent agressive.

Depuis 1965, et chaque année davantage, le Japon est perçu comme l'économie capable — sans matières premières — de la croissance la plus rapide et de la compétitivité la plus redoutable, au point de menacer des pans entiers de l'économie occidentale.

Nous savions tout cela par les livres et les chiffres. Mais lorsqu'en 1980 notre groupe d'études a pu observer en direct les entreprises japonaises, leurs principes d'action et ceux de la société où elles s'inscrivent, c'est un *choc culturel* que nous avons reçu.

L'analyse qui a suivi nous a permis d'identifier les ressorts, parfois cachés, de la compétitivité japonaise.

CHAPITRE 1

Les secrets de la compétitivité japonaise

Nous présentons nos observations sur les ressorts de la compétitivité japonaise en huit paragraphes :

1.1 - Rappel de quelques éléments du contexte japonais.

1.2 - Courage stratégique et flexibilité.

1.3 - La culture du consensus.

1.4 - Le phénomène des « cercles de qualité ».

1.5 - Communautés inter-entreprises : grands groupes et moyennes entreprises.

1.6 - L'Etat et l'entreprise : communication et respect mutuel.

1.7 - Contrôle social intégré aux réseaux de relations professionnelles.

1.8 - Une société construite sur la morale plutôt que sur le droit : modèle d'hier ou de demain?

1.1 - Rappel de quelques éléments du contexte japonais

Sur le plan *économique,* la première image que l'Europe a eue du Japon a été celle des articles de consommation, de bas prix et de basse qualité des années 30, puis post-45 : symbolisés par les « montres vendues au kilo ».

Au début des années 50, nous avons entendu les économistes « dans le vent » nous décrire le malheur qu'apporterait inévitablement au peuple japonais le conservatisme de ses structures et la politique déflationniste de ses dirigeants.

Au début des années 60, nous avons lu dans *The Economist* les études mémorables de Norman Macrea, annonçant le premier qu'une grande puissance économique émergeait à l'Est : mais les conséquences concrètes n'étaient pas encore perceptibles.

Au début des années 70, le déferlement de la compétitivité japonaise avait donné à ce pays le leadership pour la moto, la hi-fi, la construction navale, l'acier... De ce fait, on commence à s'intéresser au management japonais (1). Mais simultanément les média nous décrivent les villes japonaises comme un enfer de pollution, et la société japonaise comme une survivance féodale. Inutile donc de s'en préoccuper beaucoup, puisque tout cela ne va pas tarder à disparaître.

Au début des années 80, nous constatons que le Japon ne disparaît pas, que son système politique est hyper-stable, que son système économique résiste bien au choc pétrolier et que chaque année sa position se renforce. De sorte qu'en cumulé 1965-1979, le taux de croissance réel dépasse 8 % par an.

Pour discerner les ressorts de cette réussite sans précédent, il fallait pénétrer le fonctionnement intime des entreprises, et reconnaître les règles et valeurs de la société, bref pénétrer un peu le Japon profond.

Comme en 1950 les missions de productivité nous ont permis de « découvrir l'Amérique », un séminaire itinérant de l'Institut de l'Entreprise (2) nous a permis en 1980 de découvrir le Japon moderne (3).

En deux semaines de voyage, notre groupe de quinze Français (huit patrons, deux professeurs, cinq consultants) a bénéficié sur place de soixante contacts approfondis. Décryptés à quinze, avec l'appui d'une solide documentation écrite, ces contacts ont permis de dégager une certaine compréhension des ressorts de la compétitivité japonaise, chacun variant toutefois dans la pondération attribuée aux différents facteurs observés.

Et depuis le retour, c'est une avalanche de livres, rapports, réunions d'échanges d'expériences, rencontres d'industriels japonais, analyses d'applications en France, etc. qui enrichissent la première récolte d'informations.

---

(1) « Managements américain et japonais : la leçon de leurs contrastes » par O. Gélinier, document CEGOS DG.412.1970.

(2) 6, rue Clément-Marot, 75008 Paris.

(3) Séminaire excellemment conçu et animé par le professeur Henri-Claude de Bettignies, Directeur du Centre Euro-Asia à l'Insead, et prolongé par les réflexions et travaux du groupe animé au sein de l'Institut de l'Entreprise par le Dr Georges Archier, Directeur au groupe Lesieur.

La vue d'ensemble est franchement positive.

D'abord, les premières apparences : Tokyo, qui fut décrit comme un enfer de pollution, nous est apparue comme une ville propre, sans taches, sans fumée... et sans pauvreté; il y a beaucoup d'arbres, et bien des quartiers centraux font penser à Neuilly plutôt qu'à Manhattan. Puis, dans la ville moderne, la présence du passé dans les monuments et temples qui gardent leur destination d'origine, l'art séculaire des jardins et des fleurs, l'artisanat toujours actif. Puis viennent les signes d'un boom extraordinaire de l'instruction et de toutes les formes de culture. Et bientôt les traces concrètes de ce fameux consensus social, de cet attachement à l'entreprise que nous avons tenté d'analyser, de cette motivation au travail qui, lorsqu'elle est au service d'une stratégie lucide et courageuse, engendre l'extraordinaire élan de croissance et de compétitivité que reflètent les chiffres globaux.

Le tableau 1-1, présentant les courbes d'évolution du PIB des principales nations industrialisées, met en évidence l'« anomalie japonaise ». La courbe Japon grimpe plus vite et dépasse successivement la France, le Royaume-Uni, l'Allemagne, et aujourd'hui l'URSS (voir tableau 1-2, colonne de droite). Simultanément s'accroissent la productivité et le niveau des salaires (qui a aujourd'hui dépassé le nôtre).

Le tableau 1-2 présente une brassée de chiffres sur ce Japon très peuplé, très instruit, très informé, très inventif, où la semaine de travail n'est pas plus longue qu'en France (mais les vacances beaucoup plus courtes), où l'épargne des ménages (22,2 %) est encore plus forte qu'en France (18,6 %), où l'emploi est assuré principalement par les entreprises petites et moyennes (celles-ci pouvant faire partie de groupes), où le secteur tertiaire absorbe 53,9 % de l'emploi et où le chômage est faible (2,4 %).

Le tableau 1-3 montre que, depuis le premier choc pétrolier, l'économie japonaise s'internationalise à un rythme très rapide, notamment par des investissements à l'étranger (auxquels les Japonais répugnaient autrefois).

Le tableau 1-4 résume la position actuelle du Japon et des quatre « mini Japons » qui l'entourent. Si les tendances actuelles se maintiennent, dans dix ans le Japon et ses émules pèseront aussi lourd que l'Europe des Six.

Ces données globales, et beaucoup d'autres, sont nécessaires pour comprendre le fonctionnement de l'économie japonaise, mais ne sont pas suffisantes. Il faut y ajouter la perception directe et l'analyse de certains fonctionnements internes de l'entreprise et de la société pour arriver à discerner les ressorts cachés de la réussite. C'est ce que nous tenterons de présenter dans les sept paragraphes suivants.

Tableau 1-1 – Produit intérieur brut des principales nations industrialisées (Source : Rexeco).

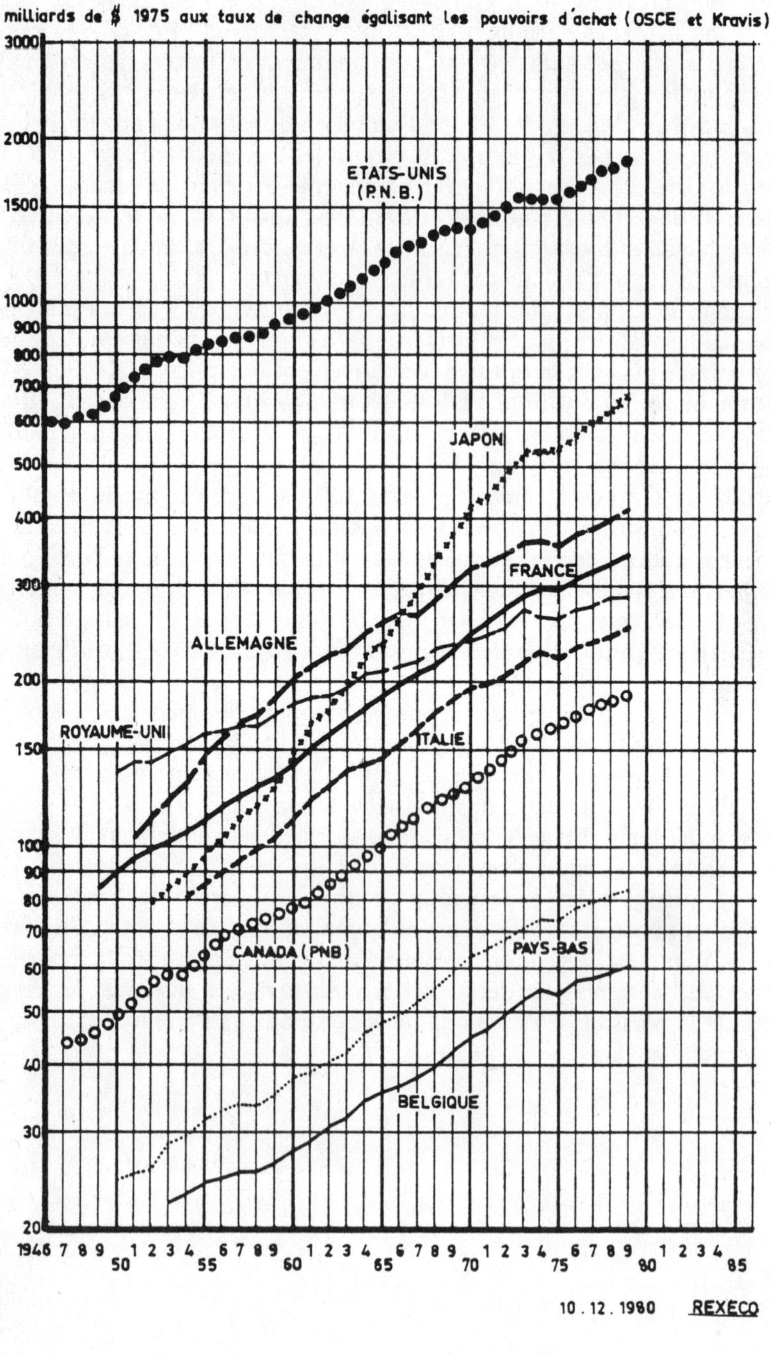

Tableau 1-2 – Quelques données chiffrées sur le Japon et sa population

DONNÉES GÉNÉRALES

Superficie (1 000 km²)	277,6
dont cultivée	55
Population (10^6 hab.)	115,4
taux d'accroissement	1,1 %
densité (hab. au km²)	306
Population active (10^6, 1978)	54
— hommes	33,2
— femmes	20,8
Par secteur d'activité (millions et %)	
— primaire : 6,3	11,7 %
— secondaire : 18,6	34,4 %
— tertiaire : 29,1	53,9 %
Par statut (en millions)	
— patrons et indépendants	9,6
— travailleurs familiaux	6,4
— salariés	38,0
dont entreprises	33,0
de 1 à 29 sal.	13,2
de 30 à 499	11
500 et plus	8,8
Chômeurs (millions)	1,2
Non actifs (de + de 15 ans)	31,7
Non actifs (de – de 15 ans)	28,0
Horaire hebdo. moyen	40,1
Taux d'épargne des ménages	22,2 %

Source : Le Japon en chiffres, Office franco-japonais, 1980.

DONNÉES COMPARATIVES

Proportion des élèves atteignant le niveau du baccalauréat :

Japon :	50 % environ
France :	25 % environ

P.N.B. en 1978 (source japonaise, en milliards de francs)

EU	9 447
Japon	4 345
URSS	4 300
RFA	2 860
France	2 105
Chine	1 835
GB	1 355
Italie	1 065

Dépenses militaires (en % du PNB)

Japon	1
France	3,6
EU	5

Tirage du plus grand quotidien

Japon :	7,1 millions d'exemplaires (+ édition du soir)
France :	0,7 million d'exempalires

Nombre de téléphones en service

EU	155 millions
Japon	47,7 millions
RFA	21,2 millions
France	15,6 millions

Dépôts de brevets (en 1976)

Japon	161 000
URSS	128 000
EU	102 000
RFA	61 000
GB	54 000
France	40 000

Source : Le Japon et la France d'aujourd'hui, Office franco-japonais, 1980.

Tableau 1-3 – Croissance des investissements directs du Japon à l'étranger

INVESTISSEMENTS JAPONAIS cumul au 1-1 (millions de $)	1968	1976	1979
— En Amérique du Nord	368	3 917	6 765
— En Europe	56	2 518	3 398
— Autres pays	971	9 508	16 646
— Total Monde	1 395	15 943	26 809

MITI cité par B.W. 21.7.80

Tableau 1-4 – Position actuelle et perspectives comparées

1979	Population millions	PNB 1979 M$ 79*	PNB/tête $	Croissance réelle espérée %	Projection PNB 1990 M$ 79
Japon	112,5	885	7 850	6	1 681
Corée du Sud	37	81	2 200	8	188
Taïwan	17	49	2 900	7	102
Hong-Kong	5	23	4 600	7	48
Singapour	2,5	14	5 600	7	29
TOTAL	174	1 052	6 050		2 030
France	55	450	8 200	3	628
Etats-Unis	220	2 370	10 750	3	3 281
Belgique	10	80	8 000	3	103

* En milliards de dollars, aux taux de change égalisant les *pouvoirs d'achat* (Rexeco).

1.2 - Courage stratégique et flexibilité

1 - Impératif de survie compétitive

La conduite des entreprises japonaises semble dominée par la prise en compte des *exigences de la survie.*

En 1945, pays vaincu, détruit, sans matières premières et moyens de subsistance, le Japon ne pouvait survivre qu'en exportant. Sans compétitivité pour exporter, pas d'emploi pour le salarié, pas de survie pour l'entreprise, pas d'avenir pour la nation.

Depuis 1945, la prospérité est venue, mais la dépendance à l'égard des importations (notamment de pétrole) n'a fait que s'accroître et l'impératif de « compétitivité pour survivre » est plus fort que jamais. A la Bilatérale franco-japonaise du 8 décembre 1980, le Président Nagano de la Chambre de commerce du Japon déclarait aux Français : « Le problème pour les Japonais est d'abord de vivre, et ensuite seulement de bien vivre ».

D'où une profonde *solidarité* des salariés, des entreprises et de l'Etat devant les exigences de la survie compétitive, d'où le courage stratégique des remises en question radicales.

2 - Remise en question radicale

L'exemple de la Nippon Kokan, dans le processus de rénovation de son aciérie de Kawasaki, est particulièrement frappant. Dès 1968, on diagnostique que l'usine reconstruite après la guerre, produisant 6 millions de tonnes (tubes et tôles) et occupant 18 500 personnes, cesserait bientôt d'être compétitive. Dès 1969 démarre le projet de rénovation, avec création du nouveau site contigu (une île artificielle de 3 km de long et 2 de large) et construction progressive d'installations ultra-modernes mises en service en 1976 (premier haut fourneau) et en 1979 (deuxième haut fourneau).

Un investissement de 16 milliards de francs aboutit à un nouvel ensemble produisant rentablement 6 millions de tonnes avec :

- meilleure qualité, moindre consommation d'énergie,
- élimination de toute pollution (pas un grain de poussière dans l'aciérie),
- automatisation réduisant l'effectif de 18 500 à 8 000, bientôt 7 000.

Sans renoncer au principe japonais de l'emploi à vie (pour les hommes, jusqu'à 55 ans), la Nippon Kokan a réalisé cette réduction d'effectifs en l'étalant sur dix ans et en utilisant, avec la coopération des syndicats, les retraites anticipées, quelques départs volontaires aidés, la mutation à d'autres usines du groupe, ou l'affectation temporaire à des usines d'automobiles manquant de main-d'œuvre. Anticipation, courage et consensus ont permis de réussir ce virage difficile.

3 - Priorité au long terme et à l'investissement

Les concepts utilisés par les entreprises japonaises sont exactement ceux du « management stratégique » américain, notamment pour la gestion du portefeuille de produits, la concentration stratégique, l'innovation, etc. Dans la mise en œuvre, on note toutefois quatre différences sensibles :

— La pensée stratégique est plus largement décentralisée, mais les plans et les études de faisabilité sont moins formalisés; l'étude des marchés est omniprésente et, de ce fait, souvent diffuse.

— Le critère de choix est moins le profit que la croissance compétitive (et rentable) pour la survie et l'emploi. Le profit est moins un but qu'un moyen essentiel.

— Tandis qu'aux Etats-Unis la prise de risques semble inhibée par la publication de résultats trimestriels, qui ne peuvent baisser sans compromettre les cours de Bourse, les Japonais appliquent les méthodes américaines avec plus de vision et de courage que leurs professeurs : ils savent miser gros sur le long terme, et sont soutenus en cela par les milieux financiers (très haute cotation des entreprises novatrices, telles que la Fanuc).

— L'investissement massif, corporel (équipements) ou incorporel (recherche, formation, réorganisation...) est considéré comme la porte de l'avenir, et soutenu par une politique financière de très large endettement (80 % du bilan), mais cependant de stabilité (importance de l'endettement à long ou moyen terme, que les banques consentent au vu d'un créneau rentable à long terme).

4 - Priorité à la croissance

Nous n'avons pas rencontré au Japon l'idée que la croissance puisse s'arrêter, pour peu qu'on recherche les nouveaux secteurs porteurs.

L'exemple d'OMRON, entreprise d'électronique fondée en 1945, qui compte aujourd'hui 9 000 salariés, est celui du dynamisme des nouvelles industries moins « capital-intensives » que « brain-intensives ». La famille fondatrice a conservé, avec 13 % du capital, la direction et le contrôle souple suivant un schéma japonais dont nous reparlerons. L'entreprise exporte dans le monde entier, développe continuellement des produits nouveaux ou améliorés, en utilisant les méthodes les plus raffinées du management stratégique américain avec un objectif d'expansion à moyen terme de 18 % par an, qui en dix ans doit porter son chiffre d'affaires de 0,5 à 2,5 milliards de dollars. Elle pense atteindre cet objectif par un effort de recherche et développement centré notamment sur la qualité, l'expertise « mécatronique » et l'automatisation intégrale de toutes les productions de série (pour lesquelles on prévoit la disparition des O.S. remplacés par des robots).

5 - Priorité à la technologie

La technologie semble peser plus lourd qu'en France dans les préoccupations des dirigeants, la finance moins lourd : c'est l'intendance qui suit si la technologie donne de nets avantages compétitifs (prix et qualité).

D'autres exemples confirment la grande capacité des entreprises japonaises à générer des *produits* compétitifs, grâce aux ressources en hommes consacrées à la qualité et au progrès technique, ainsi qu'à l'emploi de méthodes d'analyse systématique pour compléter les gammes, occuper les créneaux vacants et adapter les productions au marché.

Mais le plus fréquent avantage des Japonais se situe sur le plan des *procédés* et de la gestion de la production : productivité, maîtrise de la qualité, automatisation, maîtrise de flux de production à très faibles stocks, etc.

Nous avons observé deux traits caractéristiques du « courage stratégique » des entreprises japonaises :

— Pour avoir une bonne technologie, ils n'hésitent pas à l'acheter, à l'importer. L'effet « N.I.H. » (refus de ce qui est « not invented here » n'existe pas au Japon. Leur effort de progrès a pour point de départ la meilleure technique disponible : ils ne réinventent pas.

— Lorsqu'une affaire est en difficulté, au replâtrage qui fait gagner un répit ils préfèrent la remise en question radicale des produits — quitte à importer des technologies. Comme le patron d'hier dont les Français se moquent, ils semblent *obsédés de technologie* plus que de marketing ou de finance : le bon produit pas cher entraîne tout, et génère l'expansion fulgurante.

6 - Flexibilité

Allier une flexibilité agressive avec le respect des relations sociales traditionnelles paraît finalement la performance la plus étonnante des entreprises japonaises. Sans cesse modifiés pour tenir compte de l'information la plus récente, leurs plans s'enracinent dans le concret et mobilisent les énergies pour l'action.

Dans la bouche des dirigeants de tous niveaux, *les mots clés* sont partout ceux du meilleur management moderne :

— productivité, qualité, progrès technique, réduction des coûts,
— flexibilité, adaptation, innovation, service du client,
— expansion, compétitivité, marché mondial, rentabilité,
— à ces mots clés, les Japonais ajoutent ceux qui expriment la finalité de leurs entreprises : survie, protection de l'emploi, formation, adhésion active des hommes.

Le résultat, c'est cette croissance extraordinaire qui porte aujourd'hui le PNB japonais (suivant les taux utilisés dans le tableau 1-4) à 885 milliards de dollars en 1979 (le double de celui de la France), avec un taux d'expansion probable à moyen terme de 6 % par an en termes réels, soutenu par un taux du même ordre pour l'accroissement de la productivité. De ce fait, le Japon, avec les pays voisins de l'Asie du Sud-Est, est en voie de constituer un pôle d'activité économique pesant aussi lourd que l'Europe des Six, et prenant dans différents secteurs une nette avance technologique.

Les leçons à tirer par nos entreprises de ce premier aspect de la réalité japonaise sont assez évidentes.

C'est d'abord l'efficacité d'une direction plus préoccupée de l'analyse des facteurs profonds de la compétitivité et plus rapidement accessible aux remises en question fondamentales. « *Pas de replâtrage* » mais plutôt « mettre le paquet sur le créneau compétitif » et « produire constamment du progrès » semblent la devise des Japonais; ils réussissent à s'y tenir malgré des contraintes sociales (emploi à vie) assez rigides; et ils maintiennent ainsi l'expansion rentable. Cette attitude entrepreneuriale dynamique et méthodique doit être méditée par les *entreprises* françaises.

Méditées aussi par les *professions :* car, dans plus d'un secteur, une même entreprise ne peut plus tout faire; et la compétitivité passe par une certaine redistribution des tâches assumées par chaque entreprise au sein d'une même filière sectorielle. Chez nous aussi, la survie compétitive exige un grand courage stratégique.

7 - Protectionnisme déguisé

Entre eux, les Japonais pratiquent une très vive concurrence, qui entraîne environ 1 500 faillites par mois. Certes, les entreprises rattachées à un même grand groupe (Mitsui, Sumitomo, etc.) se concertent attentivement, mais entre unités de groupes différents, la bataille concurrentielle est très sévère, et paraît loyale.

Il n'en est peut-être pas toujours de même à l'égard des concurrents étrangers. De nombreux industriels français se plaignent notamment de discriminations bureaucratiques : le produit doit être conforme aux normes... mais il est impossible d'avoir connaissance des normes. Par des manœuvres de ce genre, voulues ou non, l'immense marché japonais se trouve en fait largement protégé : ce qui facilite les stratégies agressives des firmes nippones. Si cette situation persistait, des mesures restrictives deviendraient inévitables.

Pour fondé que soit cet argument, il ne doit pas être pour nous un alibi : car la France ne vient qu'au vingt-troisième rang des fournisseurs du Japon, précédée par exemple par l'Allemagne Fédérale (2,5 fois plus), le Royaume-Uni (2 fois plus), la Suisse (30 % de plus). Notre approche du marché japonais doit donc aussi être réexaminée.

1.3 - La culture du consensus

Questionné sur la pratique japonaise des décisions concertées, un président d'entreprise (ayant fait des études supérieures aux Etats-Unis) nous a répondu :

« Le style de commandement des Occidentaux se rattache à une civilisation de chasse, où le chef décide, donne des ordres, où la décision va de haut en bas, car il faut aller vite, même si le sommet risque de parfois se tromper.

Chez nous, civilisation d'agriculture collective (riz), la décision peut être un processus plus long; avant décision le chef discute *plusieurs fois* avec ses subordonnés, et la consultation va jusqu'à la base; ça prend plus de temps mais ça diminue les risques et permet le consensus ».

Par cette agréable parabole, ce président voulait peut-être nous dire poliment que notre mentalité était restée fixée au stade paléolithique!

D'autres interlocuteurs nous ont présenté le consensus comme le point central de l'enseignement millénaire de Confucius (4), qui est tout entier une morale des relations sociales : reconnaître la hiérarchie naturelle, dans le respect mutuel, ne pas forcer, toujours convaincre, cultiver l'harmonie, le « wa », qui est le bien (tandis que le conflit est le mal, source de honte).

Quelles que soient ses origines lointaines, le consensus japonais existe, nous l'avons rencontré. Plus précisément, nous avons observé les conditions objectives qui le facilitent, aperçu quelques modalités de sa mise en œuvre et constaté les résultats tangibles qu'il apporte. Citons les points majeurs en commençant par les plus unanimement reconnus.

1 - Emploi à vie (pour les hommes)

Nous savions tous que les entreprises japonaises pratiquaient une certaine forme d'emploi à vie, mais c'est sur place que nous en avons découvert le sens et les limites.

Il faut d'abord noter que l'emploi à vie ne s'applique normalement qu'aux hommes, jusqu'à l'âge de leur première retraite (55 ans, maintenant souvent 60 ans). Traditionnellement, les femmes quittent l'entreprise à leur mariage ou à la naissance de leur premier enfant. Cela choque peu, car il y a au Japon deux structures fortes : la famille et l'entreprise. La famille est le monde de la femme, elle dirige le foyer. L'entreprise est le monde de l'homme, il y est sécurisé.

---

(4) *The Economist* a publié le 9.2.1980 un long article intitulé « The post-Confucian Challenge », qui prédit la prééminence économique et militaire des pays de culture confucéenne. Si la conclusion est discutable, elle n'en constitue pas moins un signe intéressant de prise en compte des facteurs culturels fondamentaux.

En annexe au présent paragraphe, nous insérons une courte note sur Confucius et sur le bouddhisme Zen.

Notons ensuite que cette pratique (comme beaucoup de choses dans la société japonaise) est fondée, non sur une obligation juridique mais sur un *lien moral.* Il n'y a pas de contrat de travail; mais l'entreprise s'engage moralement à conserver le salarié jusqu'à l'âge de la retraite. C'est seulement en cas de difficulté très grave que l'impératif de survie prend le pas sur l'emploi à vie : c'est ainsi qu'une entreprise moyenne peut faire admettre comme légitime un licenciement indispensable pour rétablir sa compétitivité; mais elle le limitera au minimum et s'occupera du reclassement des partants.

D'autre part, autour de ce lien jouent diverses flexibilités : mutations internes, retraites anticipées, voire prestations de personnel à d'autres entreprises (cas cité de Nippon Kokan); et aussi réduction de salaires, notamment par suppression du bonus en cas de difficultés.

Notons qu'en France, une sorte d'emploi à vie existe dans les Administrations et dans bien des entreprises : on le considère comme un handicap, alors qu'au Japon *on en fait une force.* L'emploi à vie donne au salarié un sentiment de sécurité et d'appartenance qui stimule son activité et facilite son acceptation des changements. Réciproquement, il incite les entreprises à investir dans la formation des salariés, sans la crainte que nous avons de voir partir les meilleurs.

Finalement, ce qu'exprime l'emploi à vie japonais, c'est la responsabilité qu'assume l'entreprise d'un *suivi personnalisé* du devenir de chacun de ses salariés. Les salariés en trop ne sont pas éjectés vers une Administration anonyme qui traite (?) les dossiers d'inconnus; le cas personnel de chacun d'eux est traité par l'entreprise, à la limite jusqu'au reclassement à l'extérieur, avec l'accord de l'intéressé, en respectant un engagement de confiance. Et comme l'impératif de survie compétitive n'est pas oublié, chacun y met du sien.

Ce régime se maintient, sauf pour les spécialistes pointus et certains managers de choc, pour lesquels se crée un marché du travail. Il laisse les plus audacieux assez libres de quitter leur firme pour développer un artisanat familial ou pour créer une entreprise — parfois sous-traitante de la première.

2 - Salaire à l'ancienneté

Les entreprises font une large place à la promotion interne et ne recrutent habituellement qu'au niveau le plus bas : on recrute une fois par an une fournée de jeunes sortant d'écoles, engagés pour servir l'entreprise et non pour remplir une fonction pré-déterminée.

La tradition d'un salaire qui progresse avec l'ancienneté dans la maison incite le salarié à patienter et à ne pas quitter son entreprise; elle reflète aussi le principe confucéen de respect des aînés.

Aujourd'hui dans beaucoup d'entreprises, l'ancienneté ne détermine plus que la moitié du salaire, l'autre moitié dépendant du *poste* occupé (très lié au *diplôme*) et des *performances*.

A ce salaire fixe s'ajoute d'ailleurs le *bonus* : c'est une gratification calculée sur la base des résultats annuels d'ensemble de l'entreprise et répartie entre *tous* les salariés, le plus souvent uniformément. Les bonnes années, le bonus peut atteindre et dépasser six mois de salaire!

Les comptes de frais de représentation accordés aux chefs de services et directeurs ont constitué autrefois un avantage indirect; ils semblent ne plus guère dépasser leur rôle fonctionnel et celui du symbole de statut.

3 - Syndicats « d'entreprise »

Le taux de syndicalisation est au Japon de l'ordre de 32 %, un peu supérieur à ce qu'il est en France. Dans l'immédiat après-guerre (1945-1951), les syndicats se sont développés « à l'occidentale » sur le mode conflictuel aigu. Puis vint, vers 1952, la prise de conscience des intérêts communs pour la survie. Et depuis lors, les syndicats japonais sont en quelque sorte des syndicats « autonomes », moulés sur la spécificité de l'entreprise et liés à son destin. Et la plupart des accords sont négociés dans le cadre de l'entreprise plutôt que dans celui du secteur ou de la nation.

D'où ces grèves où les grévistes travaillent en portant un brassard de protestation : ils exercent ainsi une pression puissante, car ils infligent à la direction la honte de n'avoir pas su établir le consensus, et ils le font sans compromettre une prospérité de l'entreprise qui finalement leur profitera. En fait, la plupart des directions semblent établir avec les syndicats une concertation active, portant sur de très nombreux problèmes; et l'on aboutit à des solutions.

4 - Recherche d'informations

« Les Japonais considèrent que, pour résoudre les divergences d'opinion, le meilleur moyen n'est pas l'argumentation brillante ou les procédures de confrontation, mais la recherche d'un supplément d'information. Lorsque deux services ne parviennent pas à se mettre d'accord sur une solution, ils peuvent demander à l'autorité supérieure de trancher; mais celle-ci ne le fera pas sans demander aux intéressés un surcroît de données. Ceci accroît les chances d'une bonne décision mais, plus important encore, réduit le besoin de décisions qui favorisent l'un au détriment des autres. Les gens évitent de prendre position et d'argumenter tant que l'information n'est pas rassemblée et analysée. Alors la décision ne résulte pas d'une lutte, mais d'efforts conjoints pour parvenir à la meilleure solution : ce processus de décision par consensus minimise les blessures d'amour-propre aussi bien que les accès de vanité, et favorise la coopération confiante. Dans leurs prises de décision, les Japonais s'efforcent de se concentrer sur les buts généraux de l'entreprise, d'éviter la polarisation en « partis », et de découvrir « la » solution ayant le plus de chances de réussir. La recherche d'information est essentielle dans ce processus » (5).

---

(5) *Japan as Number One : Lessons for America,* par Ezra F. Vogel, Harvard University Press, 1978 - p. 51.

C'est d'ailleurs pourquoi la « *capacité à collecter et à transmettre de l'information intéressante* » est l'une de celles sur lesquelles le salarié japonais est jugé, et éventuellement promu.

5 - Respect de la hiérarchie

A de multiples signes, on constate que la hiérarchie est acceptée comme légitime. Dans une réunion, les subordonnés laissent parler le chef. Le court-circuit paraît peu pratiqué. Les présidents sont généralement vieux et écoutés. Visiblement, les Japonais n'ont pas « tué le père ». (D'ailleurs, la psychanalyse ne réussit guère chez eux à recruter des clients.)

Il semble que la hiérarchie soit acceptée traditionnellement comme dispositif permettant d'éviter les rivalités entre égaux (personne n'est égal à qui que ce soit, même entre frères et collègues, le plus ancien a la préséance), donc de faciliter le maintien de l'harmonie entre personnes qui ont acquis la maîtrise d'elles-mêmes.

Dans le Japon moderne, la persistance du respect de la hiérarchie semble comporter aussi d'autres causes. L'une d'elles, paradoxalement, est le nouvel égalitarisme et le sens du progrès ouvert à chacun. Je respecte mon aîné parque que chaque année s'accroît le nombre de ceux qui me doivent le respect de l'âge. Je respecte mon chef parce que j'espère un jour être chef moi-même.

Mais d'autre part, cette hiérarchie omniprésente ne se maintient que parce qu'elle ne brime pas le subordonné, le commandement s'y exerçant différemment.

6 - Commandement par concertation ascendante

Assuré de son autorité, mais moralement astreint à maintenir l'harmonie dans son groupe, le chef japonais d'aujourd'hui se positionne naturellement à l'opposé du chef occidental traditionnel. Bien loin d'user de son autorité pour imposer ses décisions (ce qui romprait l'harmonie), il consulte plusieurs fois avant décision. Il pose le problème et laisse le processus de concertation (par de multiples réunions officieuses et contacts informels) se développer jusqu'à ce que mûrisse le consensus qu'il approuvera. Un chef d'entreprise français au Japon nous expliquait :

« *L'habitude est que, sur le problème à résoudre, les subordonnés se concertent jusqu'à ce qu'ils soient d'accord entre eux et avec les services spécialisés concernés* ».

« *Alors ils présentent à ma signature le texte de la décision (note de service, etc.). Il est considéré comme normal que je signe sans modifier le texte. Si j'y change quelques mots, cela remet en piste tout le processus de concertation; et, quelque temps plus tard, c'est un nouveau texte qu'on me présentera, et que je signerai sans le retoucher. Cette règle du jeu ne me gêne nullement : je soulève les problèmes qui me paraissent utiles, mes subordonnés en soulèvent aussi, je n'approuve que les solutions qui me paraissent convenables, et, chacun ayant été impliqué dans l'élaboration, l'application se fait d'elle-même* ».

Dans ce processus ascendant de prise de décision (même s'il est initié par le chef), on peut généralement distinguer deux phases traditionnelles :

— la phase d'*exploration informelle* ou « *nemawashi* » (dialogues) qui vise à clarifier le problème en consultant tous ceux qui en détiennent une facette, de façon à en comprendre la nature et à réunir assez d'informations pour qu'émerge une solution acceptable.

— et la phase de *ratification formelle* ou « *ringi sho* », procédure soumettant le texte du projet de décision à l'approbation successive des responsables concernés, en procédant de bas en haut : de sorte que le grand chef, constatant l'accord de tous, n'a plus qu'à consacrer la décision en y apposant son sceau qui lui donne valeur exécutoire.

Dans l'entreprise moderne grande ou moyenne, la concertation ascendante occupe une place qui nous surprend. Souvent, le chef japonais s'attend à ce que les initiatives viennent du bas, son rôle étant d'arbitrer et de communiquer avec les autres services.

Dans d'autres cas, la concertation prend forme de communication à tous les services des projets de décision, à charge pour eux de présenter leurs observations et amendements, et de les commenter aux différents comités (à plusieurs niveaux) où la question sera discutée. Et, suivant le principe d'harmonie, la concertation continue jusqu'à ce qu'un consensus se dégage.

A ce point le Français décroche; n'a-t-il pas constaté que, chez nous, une telle concertation risque fort de s'enliser, avec constitution de plusieurs clans qui défendent obstinément des positions opposées, y mettant même leur point d'honneur.

Le comportement différent qu'on observe au Japon se rattache sans doute à trois causes :

— culturelle : valorisation de l'harmonie, absence de dogmatisme (liée à l'absence de dogme religieux), pragmatisme qui aide à se mettre d'accord sur les faits, à reconnaître les mêmes valeurs et à pratiquer l'art du compromis,

— intellectuelle : information (externe et interne) abondante; pratique de l'analyse objective des situations, avec tous les moyens de recueil et de traitement des informations,

— existentielle : conscience permanente des exigences de la survie compétitive d'une entreprise où l'on est pour la vie, et solidarité de groupe, qui facilitent le ralliement des minoritaires à une solution préférable en tout cas à l'inaction.

Dans ces conditions, assez différentes des nôtres, la décision change de nature : au lieu d'être le geste agressif qui tranche et s'impose par force à certains, elle devient constatation unanime d'une nécessité, communion à la fois intellectuelle (faits) et émotionnelle (valeurs) dans la reconnaissance de cette nécessité.

6 - Réseaux de relations; valeurs

Le mode de détermination dans le consensus qui caractérise le management japonais implique d'intenses flux de communications au sein de l'entreprise. Les informations formalisées (par écrit et par télématique) sont très abondantes. Dans de nombreux cas, par exemple, l'ensemble du personnel est informé jour par jour des commandes enregistrées, des rendements obtenus, etc., ce qui lui permet de vivre la vie de l'entreprise « en temps réel », avec suspense...

Les communications inter-personnelles en petits groupes (plutôt qu'en tête à tête) sont plus abondantes encore : les nombreux comités qui, à tous les niveaux, brassent l'information qualitative, n'y suffisent pas; très souvent après le travail, les membres d'une équipe se retrouvent au café pour se détendre en buvant du saké et, dans cette ambiance, échanger des informations plus délicates, plus personnelles.

L'entreprise est donc faite de groupes et réseaux de relations qui traitent la plupart des problèmes de l'exploitation, et qui contribuent à orienter les comportements dans le sens du respect des valeurs jugées essentielles.

Les dirigeants s'efforcent d'ailleurs de rendre visibles aussi les finalités de l'entreprise et son système de valeurs centré sur la survie compétitive et l'expansion au service de tous. Dans l'album illustré retraçant l'histoire séculaire du groupe Sumitomo, une large place est faite à la philosophie du groupe, remontant aux cinq préceptes énoncés vers 1610 par le fondateur Masamoto Sumitomo. Le drapeau et l'hymne maison sont des réponses primaires au besoin sérieux d'offrir aux salariés un moyen d'identification aux valeurs de l'entreprise à laquelle ils consacrent leur vie professionnelle.

8 - Intense compétition... et pourtant politesse attentive

La société du consensus est aussi celle de l'intense *compétition* entre les enfants pour passer les meilleurs concours, puis entre salariés pour être promu, etc. Mais précisément pour être promu, il faut l'image de celui qui réalise de bonnes idées par le consensus, plutôt celle du volontariste égoïste qui joue les « peaux de bananes » et les « faits accomplis ». « Le jeune loup » ne peut guère arriver en dévorant son chef, comme cela se produit chez nous : le respect dû à la séniorité l'en empêche.

La *politesse* l'en empêche aussi. Elle constitue un aspect important des relations humaines et est enseignée méthodiquement aux cadres. Schématiquement, la politesse japonaise paraît comporter deux fonctions complémentaires :

— *éviter les conflits*, par l'expression prudente, la ritualisation des comportements, l'exploration par allusion avant de parler net, etc.,

— *induire la coopération* par l'« art de se faire mutuellement plaisir » (amae noo kozo) : prévenances, paroles aimables, petits cadeaux, etc. Si ce comportement est *réciproque*, il crée entre les partenaires un lien d'interdépendance entre personnes (bonnes relations sociales, amitié... amour) qui peut donner à la coopération dans le travail une dimension affective. L'amitié pour le collègue, le lien étroit chef-subordonné, l'admiration disciple-maître sont considérés comme facteurs d'efficacité, de satisfaction et de progrès personnel.

9 - Egalitarisme

Un paradoxe de la société japonaise fortement hiérarchisée est d'avoir acquis aussi, dans les temps modernes, une forte composante égalitariste, dont on peut citer trois manifestations concrètes :

— d'arès les enquêtes de l'ONU sur les inégalités de revenus dans les différents pays, les pays où l'éventail des revenus est le plus resserré sont, avec la Suède, le Japon et Taïwan (éventail de 1 à 4 entre les catégories de salariés). Il se peut que les statistiques soient imparfaites; mais on constate bien au Japon l'absence de misère et de trains de vie tapageurs.

— Il y a grille unique de salaires pour toutes les catégories de personnel, et les cadres n'ont aucun avantage de statut.

— Quel que soit le niveau de ses diplômes, tout jeune embauché débute à la base, dans des travaux d'exécution puis de maîtrise, et y reste souvent cinq à dix ans : c'est un symbole d'égalité des chances au départ, et plus encore un moyen d'imprégner les futurs chefs d'une profonde connaissance de la base.

C'est seulement vers trente ou trente-cinq ans que le jeune cadre monte en responsabilités. Et alors, avant même qu'il soit chef de service, le système de concertation ascendante lui permet dès ce moment, s'il en a la capacité, de prendre beaucoup d'initiatives, d'être très influent : plus influent parfois que son chef.

10 - Formation, éducation - Polyvalence

Le Japon connaît un boom de l'instruction (et un rush sur les diplômes) plus intense encore que la France. Dans l'entreprise, l'emploi à vie conduit à de très larges efforts de formation pour valoriser chaque salarié et pour le réadapter fréquemment à des fonctions nouvelles, à des métiers nouveaux. Et tout d'abord pour former à l'entreprise le jeune embauché sortant de l'école ou de l'université (6).

---

(6) Le professeur Hirashi Tanaka présente dans *Personnel journal* de février 1980 les résultats d'une enquête sur les programmes de formation pour jeunes diplômés pratiqués par 50 entreprises. Il résume comme suit les objectifs généraux communs à ces programmes d'accueil de futurs cadres :

1 - former les nouveaux diplômés à devenir membres de l'entreprise, en mettant l'accent sur l'autodiscipline et la transition de la vie d'étudiant à la vie d'entreprise,

2 - enseigner le professionnalisme, l'importance et le sens du travail,

3 - fournir de l'information historique et documentaire sur l'entreprise et familiariser les nouveaux salariés avec certaines évolutions significatives du management,

4 - familiariser les nouveaux salariés avec les principes de la maison pour la conduite des affaires, les principales procédures internes et les règles de protocole,

5 - cultiver un climat d'harmonie et un esprit d'équipe parmi les salariés.

Ces thèmes sont enseignés pendant la première année d'emploi, qui est essentiellement consacrée à un stage ouvrier et à des enseignements techniques.

Il est malaisé de comparer globalement l'effort de formation professionnelle continue en France et au Japon. Mais chaque étude monographique fait apparaître dans l'entreprise japonaise une intensité de formation très supérieure : notamment au niveau des ouvriers, à l'occasion de chaque promotion et aussi de chaque changement de service (ils sont très fréquents). A tous les niveaux se développe une *polyvalence* qui rend possible la *flexibilité* partout constatée.

Il semble que l'éducation culturelle (sports, arts, disciplines traditionnelles...) ait également sa part. Enfin, certaines entreprises offrent à leur salariés une formation préparatoire à la retraite : notamment à la retraite active à partir de cinquante-cinq ans, au re-positionnement professionnel et familial, etc.

11 - Petits groupes

On a souvent signalé l'importance, dans les entreprises japonaises, des petits groupes chef-subordonnés, formant des équipes très soudées et responsabilisées, jusqu'à la base.

En fait, les tâches et les responsabilités sont assignées à des groupes plus qu'à des individus.

Nous avons effectivement constaté que ces petits groupes naturels jouaient toujours un rôle actif dans les préparations de décision, et que souvent ils assumaient la recherche et la mise en œuvre des améliorations de toutes sortes (cercles de qualité), ou même la gestion semi-autonome d'une section (groupes autogérés ou *jishu-kanri*).

Une des fonctions du groupe est d'inculquer à ses membres les disciplines admises : la sanction étant la réprobation... et à la limite, la marginalisation par le groupe (qui peut amener le « déviant » à démissionner).

Aux groupes permanents s'ajoute une nuée de groupes temporaires, créés en fonction des problèmes du moment. Le petit groupe est aussi le lieu d'enracinement, la « petite famille » de chaque salarié dans l'entreprise. (D'autres « familles » étant la promotion d'école et la promotion d'entrée dans l'entreprise).

12 - Communauté et appartenance

L'entreprise japonaise est aussi une « grande famille » dans laquelle les salariés sont durablement enracinés, une communauté qui les relie, et qui aussi leur appartient sur le plan spirituel.

Soulignons que l'entreprise apparaît commune une *communauté combattante et non conflictuelle,* luttant pour survivre mais sachant traiter les tensions internes (qui sont nombreuses) sans les laisser dégénérer en conflits déchirants. Que cette communauté entretient avec chaque personne un lien moral d'appartenance et de *devoirs réciproques.*

Pour les dirigeants, les actionnaires et les financiers eux-mêmes, l'entreprise est avant tout l'ensemble des hommes qui y travaillent. Ici encore le droit s'incline parfois devant le lien moral. C'est ainsi que, même si les actionnaires et dirigeants sont d'accord pour fusionner deux entreprises, le syndicat jugé représentatif peut s'y opposer : c'est ce qui a bloqué récemment la fusion projetée entre deux banques.

Tout le monde respecte ce veto, car l'entreprise est d'abord la communauté des salariés.

*
* *

Les douze traits que nous venons d'énoncer esquissent *le contexte du consensus* japonais.

Il ne faut surtout pas y voir le tableau idyllique d'une harmonie sans faille. D'après les témoignages que nous avons recueillis, les tensions et germes de conflits sont au Japon aussi virulents qu'en France; notamment il y règne une concurrence exacerbée entre les hommes et entre les groupes. Si l'on débouche plus rarement sur des rivalités ouvertes, des conflits déchirants ou des blocages durables, c'est que ces pulsions sont assez bien contrôlées par l'ensemble de règles morales et de pratiques managériales que nous venons de résumer.

Lorsque ce contexte de consensus est placé sous le signe des exigences de la survie et des ambitions de la croissance, il est assez naturel que le salarié se sente profondément *solidaire* de l'entreprise, *motivé* et *responsabilisé* pour contribuer à sa réussite.

— Nous en avons vu l'application à l'occasion d'une difficile opération de redéploiement comme celle de la Nippon Kokan décrite au paragraphe précédent.

— Des applications plus fréquentes et plus positives sont données par la collaboration apportée par les individus et les groupes aux campagnes d'amélioration de la qualité (voir ci-après « le phénomène des cercles de qualité »), de réduction de coûts, etc. qui ont contribué fortement à la compétitivité de tant d'entreprises japonaises.

Quel est l'envers de la médaille?

Le système japonais de direction par consensus a aussi quelques inconvénients notoires :

- La « pression du groupe » n'est pas agréable à tous les individus.
- La prise de décision est souvent très lente, des blocages se produisent;
- Les ridigités liées à l'emploi à vie et aux obstacles mis aux fusions risquent, en période de moindre expansion, de peser sur l'individu et sur l'économie;
- Peu communicable hors du contexte japonais, et empreint de nationalisme culturel, le management japonais peut poser des problèmes aux futures multinationales nippones.

Ce système social durera-t-il?

Les avis sont partagés.

La plupart des sociologues américains et européens voient dans le tissu social japonais une survivance féodale qu'il est presque inutile d'étudier, puisqu'elle aura bientôt disparu, laissant place libre au Japon pour la rationalité d'une société occidentale (certains universitaires japonais, tels le professeur Hiroshi Mannari, partageant d'ailleurs ce point de vue).

Personnellement, je pense que la position des sociologues occidentaux reflète *une forte dose d'ethnocentrisme* : ils ne reconnaissent de rationalité qu'occidentale, et ne conçoivent pas que l'évolution d'une société puisse la conduire ailleurs qu'au modèle occidental de société libérale avancée et de social-démocratie (7).

Lorsqu'on observe les faits sans a priori, on constate que, bien loin de s'effriter, *le système social japonais se renforce depuis trente ans.* Après la défaite, il y eut rupture de bien des liens et quelques années de démocratie conflictuelle de style occidental. Puis, au cours des années 1949, 50, 51, on vit se former, dans les milieux pensants du patronat et dans ceux de l'Administration, un consensus en faveur d'une sorte de « new deal » : emploi à vie, participation étendue et règles communautaires de gestion du personnel.

Alors vint le redressement du Japon, puis sa réussite, puis son triomphe sur les marchés mondiaux, avec élévation prodigieuse du niveau de vie général. Et chacun semble attaché à un système social qui a permis de telles victoires : surtout si l'alternative est d'adopter le système occidental dont les faiblesses sont aujourd'hui cruellement exposées.

Les structures de transmission des valeurs du système social japonais (famille, écoles, arts et disciplines traditionnels... et entreprises) étant aujourd'hui intactes, notre hypothèse est que *le système se maintiendra au moins la durée d'une génération,* et beaucoup plus s'il sait évoluer.

Des évolutions positives sont déjà visibles.

Au modèle d'autrefois de la firme communautaire animée par un chef entrepreneurial inspiré, on voit se substituer, dans les grandes firmes modernes, un modèle assez bureaucratisé, qui échappe toutefois à la sclérose par l'application à tous niveaux de méthodes modernes d'information, d'analyse, de créativité et de progrès, qui en quelque sorte décentralisent l'entrepreneuriat et maintiennent sa vigueur.

L'emploi à vie s'assouplit en haut de l'échelle, tout en maintenant sa protection aux échelons bas et moyens.

L'emploi des femmes, traditionnellement interrompu au mariage, tend à s'assouplir; le mariage évolue, mais sans rupture (les enfants naturels ne représentent que 0,9 % des naissances).

Enfin, les dirigeants ont un souci constant de se rapprocher de toutes les composantes de l'harmonie. C'est ainsi que d'anciens syndicalistes devenus dirigeants sont de plus en plus cooptés dans les conseils d'administration.

Bref, le consensus japonais n'est pas près de mourir!

---

(7) Cet a priori les amène à prédire régulièrement l'échec électoral des partis conservateurs japonais : prédiction régulièrement démentie, et d'une façon particulièrement spectaculaire lors des dernières élections de juillet 1980.

Annexe au § 1.3

SOURCES MORALES DU JAPON

Parmi de très nombreuses sources, quelques mots sur Confucius et sur le bouddhisme Zen.

Confucius

Confucius (environ 551-479 avant J.-C.) fut un fonctionnaire qui ne réussit qu'à moitié mais un admirable maître à penser. Il accepta la nature hiérarchique de la société féodale de son temps, mais introduisit une composante éthique dans le gouvernement en recommandant que les dirigeants et fonctionnaires soient formés à la vertu et choisis suivant ce critère. Les vertus profondes devaient être complétées par la politesse : l'idéal confucéen étant l'homme supérieur aux manières parfaites.

Le confucianisme devint l'idéologie officielle de la Chine impériale qui succéda à la féodalité au IIe siècle avant J.-C.

Après un long intermède bouddhiste, la Chine impériale adopta le *néo-confucianisme* qui atteignit son apogée au XIIe siècle de notre ère. Aux préceptes du vieux maître s'ajoutent des institutions, telles que le mandarinat, clé de voûte d'une bureaucratie bienveillante.

Les pays voisins, notamment la Corée et le Japon, furent profondément influencés par le confucianisme, qui y constitue la première référence pour l'éthique des rapports humains. Aujourd'hui encore, la tradition des familles et certains enseignants se réfèrent explicitement aux vertus morales, aux principes d'harmonie et de politesse, ainsi qu'aux « cinq codes de relations » :

1 - Entre amis, la confiance,
2 - Entre aîné et cadet, le respect,
3 - Entre mari et femme, la différence des positions et fonctions,
4 - Entre père et fils, obéissance et communication,
5 - Entre prince et serviteur, loyauté.

La transposition de ces cinq relations aux situations de travail dans l'entreprise paraît se faire très naturellement (le code 1, par exemple, s'appliquant aux relations clients-fournisseurs) (8).

Le bouddhisme Zen

Forme spécifiquement japonaise du bouddhisme, le Zen semble constituer une source importante de la vie spirituelle et intellectuelle du Japon. Les meilleurs auteurs, tels que l'Allemand (japonisé) E. Herrigel (9) nous laissent penser que la

(8) Cet entraînement aux cinq relations paraît plus riche que celui de l'« Analyse transactionnelle » du psychiatre américain Eric Berne, qui se borne aux trois relations : domination, dépendance et négociation.
(9) *Le Zen dans l'art chevaleresque du tir à l'arc,* Lyon, Paul Derain, 1961.

Annexe au § 1.3 (suite)

philosophie et les disciplines spirituelles Zen ont inspiré des pratiques japonaises telles que :

— l'entraînement à la maîtrise de soi, dont les arts martiaux sont une modalité,
— le culte de l'honneur qui place l'être au-dessus de l'avoir,
— la modération de l'ego : l'homme n'est libre que s'il dépasse son moi,
— la cérémonie du thé, l'art floral, l'art des jardins, la peinture...
— l'approche intellectuelle d'un problème non par la voie conflictuelle « thèse-antithèse » (qui appelle l'arbitrage hiérarchique), mais par la voie de coexistence organique des contraires (qui conduit au consensus),
— l'idée que pour maîtriser un art, une activité, le but immédiat et les connaissances techniques ne suffisent pas, il faut passer au-delà de technique et viser aussi plus loin.

*
* *

Le confucianisme et le Zen sont certes différents de nos traditions; mais tous les auteurs ont noté de multiples points communs avec la morale judéo-chrétienne, ou même avec la morale républicaine de Jean Jaurès.

Notre principale différence avec le Japon est plutôt d'être atteint par la vague d'« utilitarisme permissif », venue d'Amérique, qui aboutit à priver chacun de normes de comportement sur lesquelles il puisse s'appuyer.

Comme l'exprimait le président Edgar Faure dans une conversation récente (10), une forte règle peut libérer l'homme de l'épuisante gestion du conflictuel quotidien (avec son chef, ses collègues, sa femme...) et rendre ainsi disponible une grande force intellectuelle et spirituelle. C'est ainsi qu'au Japon l'archaïsme engendre le futurisme : les disciplines traditionnelles exaltent la liberté créatrice.

---

(10) Le 10 octobre 1980, à l'ADEC France-Japon.

1.4 - Le phénomène des « cercles de qualité »

Manifestation d'une stratégie compétitive redoutable, qui puise sa force dans le facteur humain, la percée des « cercles de qualité » mérite sans doute d'être présentée avec quelques détails, car elle illustre le style japonais de marche vers le progrès.

Rappelons-nous qu'avant la guerre et dans l'immédiat après-guerre, les produits japonais étaient connus pour leur qualité médiocre (exemple : les montres vendues au kilo...). Aujourd'hui dans un nombre croissant de domaines, les Japonais ont conquis le leadership de la qualité.

Pour comprendre ce renversement, commençons par un bref historique.

1 - Historique

1946-1948 – Les Japonais produisent de la mauvaise qualité. Les idées de base du progrès de la qualité au Japon vont être importées d'Amérique avant d'être développées sur place.

1948 – La guerre de Corée amène l'Armée américaine à amplifier ses commandes à l'industrie japonaise, et à imposer à celle-ci les procédures et normes de qualité de ses cahiers de charges. Ce fut la première initiation.

1950 – Le professeur W.E. Deming introduit au Japon l'enseignement des méthodes de contrôle statistique de la qualité, avec un immense succès. Ces méthodes sont intégrées aux enseignements japonais.

1952 – Création du prix Deming, sorte de prix Nobel de la qualité qui chaque année depuis lors récompense l'entreprise ayant réalisé les plus grands progrès. Toute la presse en parle.

1954 – Le Dr J.M. Juran introduit au Japon l'enseignement des méthodes de gestion de la qualité, puis du « Total Quality Control » qui intègrent toutes les fonctions de l'entreprise dans l'effort de qualité.

Deux signes concrets marquent la profondeur de l'impact obtenu :

— des *chefs d'entreprises*, par centaines, suivent des séminaires d'initiation aux techniques de qualité organisés par la JUSE (Japanese Union of Scientists and Engineers),
— pour toucher *la masse* des cadres moyens, la JUSE diffuse *par radio* un programme qualité simplifié, qui a une très large audience et est soutenu par diverses publications.

Les entreprises créent des « services qualité » et rattrapent assez vite le niveau occidental.

1961 – Le professeur Kaoru Ishikawa, de la célèbre Université de Tokyo, s'inspirant des théories des sociologues américains (Maslow, Hertzberg et Mc Gregor) sur la direction participative, développe le système des « cercles de contrôle qualité » (QC circles) : *petits groupes d'ouvriers volontaires pour se réunir, sous la conduite de leur chef d'équipe, afin d'aider à résoudre les problèmes de qualité de leur secteur.*

Chaque cercle de qualité est enregistré à la JUSE, qui diffuse le premier « Manuel qualité du chef d'équipe », du professeur Ishikawa.

1962 – Lancement du périodique *Chef d'équipe et qualité,* qui apporte à la maîtrise des exemples de réalisations et des discussions de méthodes, utilisés comme support et stimulant pour l'effort de formation au sein des cercles de qualité.

1966 – Quatre ans après sa fondation, le mouvement des cercles de qualité se développe rapidement : on dénombre 10 000 cercles (comprenant environ 100 000 salariés volontaires), qui ont engendré dans l'année des améliorations se chiffrant à 30 millions de dollars d'économies.

1979 – Au Japon aujourd'hui, plus de 700 000 salariés font partie de près de 80 000 cercles de qualité (10), les améliorations se chiffrent à plusieurs centaines de millions de dollars par an, et les industriels japonais ont conquis dans de nombreux domaines le leadership de la qualité.

Devant ce développement spectaculaire, ne tombons pas dans l'erreur naïve consistant à croire que tout a été obtenu tout simplement en donnant la parole aux ouvriers. L'approche des cercles de qualité a été efficace comme couronnement d'un vaste effort d'organisation pour la qualité à tous les niveaux. Citons-en quelques aspects.

Tableau 1-5 – Courbe de croissance des cercles de qualité enregistrés à la JUSE (Source : JUSE, Japon)

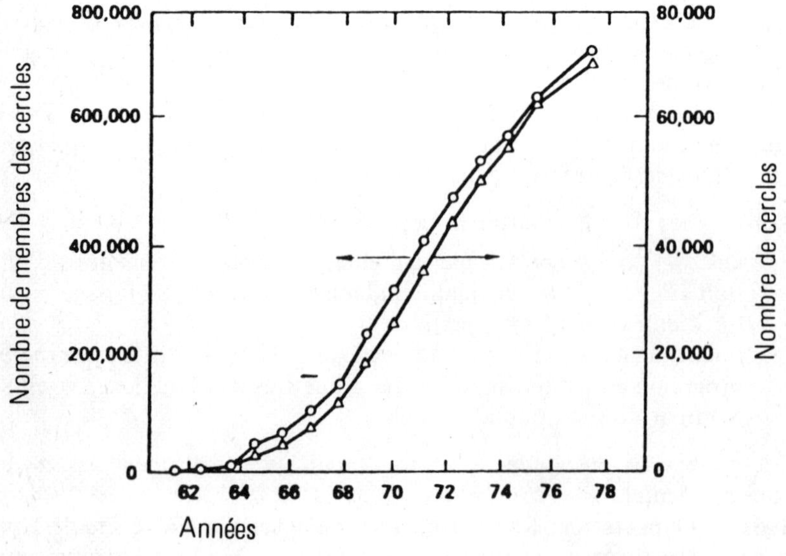

(10) Nous citons ici les cercles de qualité recensés à la JUSE. Si l'on y ajoutait les différentes autres formes d'équipes de base responsabilisées, on obtiendrait des chiffres *décuples* des précédents.

2 - Base technique : gestion de la qualité

Les directions générales, ayant pris conscience de la qualité comme facteur décisif de compétitivité, ont adopté des politiques de qualité ambitieuses, et y ont consacré les moyens nécessaires : création de services de gestion de la qualité, analyse des besoins des clients, établissement de normes, d'inspections méthodiques, de mise sous contrôle statistique de la qualité, d'analyse du coût et de la non-qualité, procédures d'analyse des causes de défauts et de concertation inter-services pour y remédier, actions sur les fournisseurs et sur les clients, automatisation, etc.

3 - Base humaine : formation à la qualité

Le mouvement des cercles de qualité n'a pu être efficace que dans le cadre d'un extraordinaire effort de formation, à tous niveaux, aux techniques, à la gestion et à l'éthique de la qualité. Cette formation ne se limite pas au personnel du service qualité.

Les membres de la direction générale ont suivi pour la plupart un séminaire de quatre jours sur la politique de qualité.

Les chefs de services fonctionnels (commercial, achats, études, méthodes, fabrication...) et leurs adjoints ont été formés aux techniques et procédures de gestion de la qualité.

Et les agents de maîtrise (contremaîtres et chefs d'équipes) destinés à animer des cercles de qualité reçoivent une formation qui souvent s'étend sur deux périodes de trois jours, et leur permet d'acquérir par la pratique les *sept outils de base* des cercles de qualité :

1) Recueil de données, prélèvements, échantillons, feuilles de mesures;
2) Analyse de Pareto (dite aussi analyse A, B, C);
3) Analyse de problème par les causes et effets (diagramme d'Ishikawa en arête de poisson, utilisé avec la méthode interrogative);
4) Histogrammes et méthodes de présentation;
5) Feuilles de mesures, cartes de contrôle (graphique de Shewart);
6) Diagramme de dispersion, calcul de l'écart-type;
7) Processus-type de recherche d'amélioration, chiffrage en coûts et gains.

Mais, pour vitale qu'elle soit, la formation ne rend pas inutile l'organisation méthodique.

4 - Base méthodologique : processus de travail

La plupart des entreprises ont codifié à leur manière les processus de travail des cercles de qualité, jusqu'à constituer des manuels à l'usage des animateurs et membres des cercles.

A travers une grande variété de cas, on retrouve généralement dans le cycle de travail d'un cercle les phases suivantes.

Tableau 1-6 – Objectifs proposés aux cercles de qualité à Matsushita Electric Co.

OBJECTIFS DES CERCLES DE QUALITÉ

Faire connaître les POLITIQUES et les BUTS à atteindre

Maintenir et améliorer la QUALITÉ

— Réduire les défauts liés au procédé
— Eliminer les erreurs dans le travail
— Réduire les retours de produits finis
— Réduire les défauts liés au produit
— Réduire les réclamations des clients
— Réduire les anomalies de qualité
— Améliorer la qualité
— Atteindre une maîtrise stable du procédé
— Minimiser la variance
— Améliorer la fiabilité.

Réduction des COÛTS

— Réduire le nombre d'ouvriers
— Améliorer le rendement matière
— Réduire les frais généraux
— Accroître le niveau d'activité
— Réduire le nombre d'heures d'ouvriers.

Accroissement de la PRODUCTION

— Accroître la production
— Tenir les délais de livraison
— Réduire les stocks
— Améliorer le contrôle des stocks

Promotion de l'ESPRIT DE QUALITÉ

— Améliorer le moral
— Promouvoir la simplification
— Promouvoir les suggestions d'idées
— Renforcer les contrôles de sécurité
— Diminuer l'absentéisme des ouvriers

Renforcements de la GESTION DE LA QUALITÉ

— Perfectionner les normes de travail
— Clarifier les points de contrôle
— Utiliser des cartes de contrôle
— Prévenir la récurrence des défauts.

a - *Identification des problèmes*

Il est bon de partir d'une liste de problèmes provenant du « brainstorming » des membres du cercle, des suggestions d'autres services, et des objectifs proposés par la direction.

A Matsushita Electric Co., la direction a proposé aux cercles des objectifs très larges, résumés dans le tableau 1-6.

Avec une vocation aussi large, un cercle peut renouveler indéfiniment ses objets d'études : certains cercles ont plus de dix ans... Parfois, ils ne s'appellent plus « cercles de qualité » mais « cercles de progrès », du fait de leur vocation élargie.

b - *Sélection du problème à traiter*

Habituellement, le cercle de qualité choisit un problème et le traite à fond avant d'en aborder un autre.

Le choix est guidé par les faits enregistrés (défauts, pertes...) et par les enjeux estimés. A ce stade, l'analyse de Pareto est fréquemment utilisée.

c - *Etude du problème et élaboration d'une solution*

La société Komatsu (matériel de travaux publics) a remarquablement formalisé la méthode afin d'en faciliter la transmission.

Du « Komatsu Co QC Notebook » de 1967, distribué à tous les salariés de l'entreprise et servant d'outil de formation, nous extrayons le texte du tableau 1-7.

Cet extrait du manuel d'instructions d'une entreprise fait clairement apparaître le caractère méthodique, plutôt que spontanéiste, du travail des cercles de qualité.

Lorsque les membres d'un cercle butent sur un problème par manque d'informations ou de connaissances techniques, ils consultent les spécialistes, les invitent à participer à certaines de leurs réunions, ou obtiennent l'appui de groupes d'études de la qualité situés à d'autres niveaux (notamment des « *Quality Teams* », inter-services, constituées autour d'un grand problème).

d - *Présentation à la direction*

La solution élaborée est soumise à l'approbation du chef proche (chef d'atelier...), ou mieux fait l'objet d'une présentation formalisée à la direction (directeur d'usine).

Cette présentation formelle par le cercle complet, avec aides visuelles, graphiques... et mise en évidence des gains découlant de la solution, est un important facteur de communication, mais aussi de formation à l'expression et de motivation des participants. Les matériaux en sont utilisés dans les séances d'échange d'expériences intra-entreprises, ainsi que dans les nombreux congrès et publications sur la qualité.

La décision de la direction est presque toujours d'approuver les solutions présentées, car les suggestions mal fondées s'éliminent d'elles-mêmes dans les phases d'élaboration méthodique, ou par l'influence du chef d'équipe responsable du cercle ou du superviseur (chef d'atelier ou spécialiste qualité) qui suit de plus loin les travaux du cercle.

Tableau 1-7 – Extrait du manuel des cercles de qualité de la société Komatsu

PROCÉDURES D'AMÉLIORATION
utilisant les techniques simples de contrôle qualité.
Le travail d'amélioration doit être conduit suivant la procédure ci-dessous. Attention de ne pas omettre les procédures (2) et (3).

N° PROCÉDURES	ÉLÉMENTS DE RÉFÉRENCE
1 - Découvrir les problèmes importants Vous devez d'abord essayer de découvrir les problèmes dont la solution produirait les meilleurs résultats. Pour cela, il faut les classer par ordre d'importance. (Utiliser l'analyse de Pareto décrite dans Komatsu Co QC Notebook).	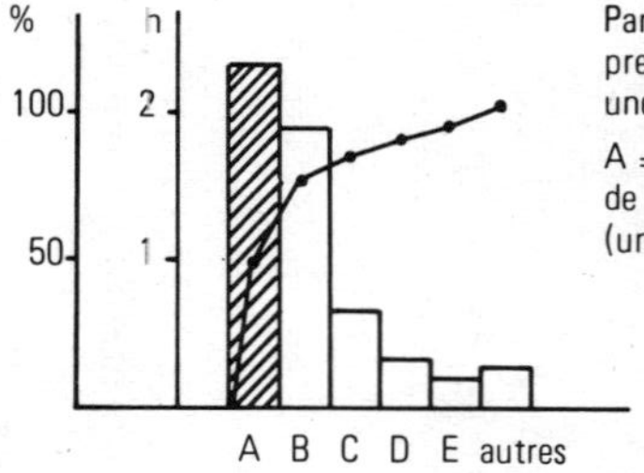 Par exemple, découvrir ce qui prend le plus de temps dans une journée de travail : A = Préparation des brouillons de factures (unité : heure, h)
2 - Découvrir les causes derrière le problème Il est utile de construire un diagramme des causes et effets afin de découvrir systématiquement les causes effectives. Dans la recherche des causes, utiliser aussi **souvent que possible les questions « pourquoi? »** afin de suivre la piste des causes réelles, ... non des apparences. (Se repporter au Komatsu Co QC Notebook, diagramme d'Ishikawa et méthode interrogative).	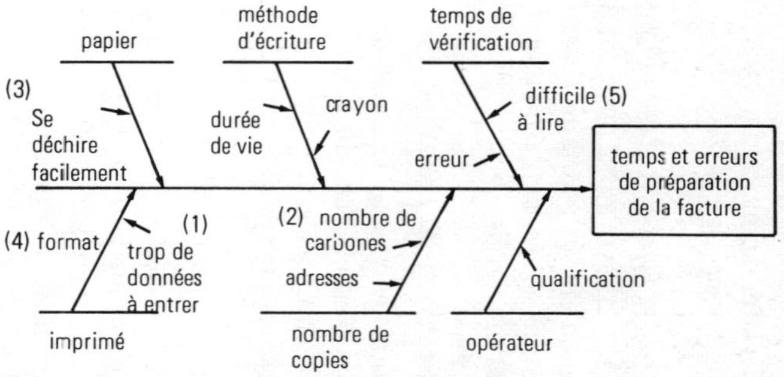 Par exemple : diagramme causes et effets sur le problème

Tableau 1-7 (suite)

3 - Déterminer les causes principales

Par principe, essayer d'isoler les causes et, en recueillant et analysant les données, de les classer dans l'ordre d'importance de leur influence.

Dans les cas où le recueil de données est impossible ou demande trop de temps, lès gens concernés peuvent utiliser une détermination subjective, par vote.

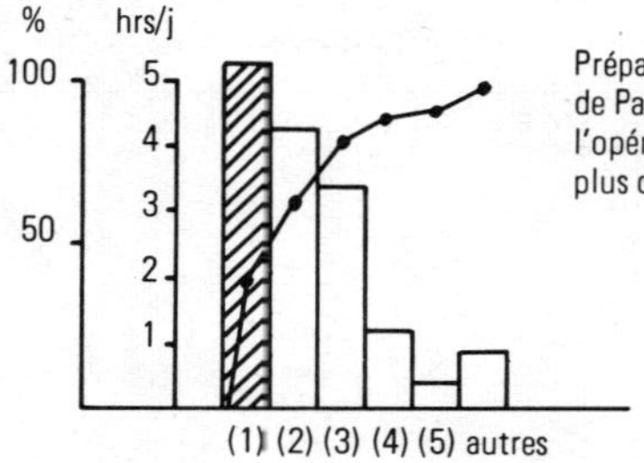

Préparer un diagramme de Pareto pour découvrir l'opération qui prend le plus de temps

4 - Concevoir des mesures correctrices

Dès que les causes d'inconvénients sont identifiées, concevoir des mesures correctrices. L'application des procédures d'amélioration décrites dans le JM TWI peut vous aider à structurer votre pensée. Si l'amélioration requiert une expérimentation, contacter un homme-qualité de votre département.

Les procédures d'amélioration du JM TWI (méthodes interrogatives) comportent ces questions :

(1) Pourquoi est-ce nécessaire?
(2) Quel en est le but?
(3) Où cela doit-il être fait?
(4) Quand cela doit-il être fait?
(5) Qui doit le faire?
(6) Comment doit-on le faire?

Tableau 1-7 (fin)

5 - Exécuter Dès que les mesures correctrices sont clairement conçues, les mettre à exécution sans retard. Si nécessaire, recueillir alors des données. Si vous ne pouvez exécuter de votre seule initiative, consultez votre supérieur pour obtenir son aide, puis passez à l'exécution.	Faire des vérifications pour voir si les choses progressent comme prévu.
6 - Vérifier le résultat Recueillir des données pour vérifier et contrôler comment les choses ont tourné. Si les résultats ne sont pas satisfaisants, recommencer la procédure (1) ci-dessus. Répéter le cycle jusqu'à ce que des résultats satisfaisants soient obtenus.	
7 - Assurer le suivi S'il apparaît que les résultats sont satisfaisants, insérer les nouvelles mesures dans la pratique standard. La standardisation est essentielle, car sans elle un problème similaire se répétera.	1 - Règlements, standards d'inspection, normes de travail? 2 - Liste des points de contrôle? 3 - Liste des points de contrôle intégrés dans le processus? S'il n'en existe pas, à établir immédiatement. S'il en existe, à réviser.

e - *Mesures d'application*

L'intervention de la direction est nécessaire pour certaines mesures d'application (notamment dès que le changement doit dépasser le cadre local), et aussi pour décider d'une récompense (le plus souvent non pécuniaire) aux membres de l'équipe.

Tout l'aspect méthodologique que nous venons de rappeler est essentiel, mais la réussite des cercles de qualité nécessite aussi que le mouvement soit fondé sur une base morale.

5 - Base morale : service compétitif et concertation

Le volontariat pour les cercles de qualité s'est développé parce que la plupart des salariés considèrent qu'ils ont un intérêt évident à ce que leur entreprise marche bien; et parce que la bonne qualité n'est pas seulement un facteur majeur de compétitivité, mais aussi un devoir moral à l'égard du client qui a fait confiance à l'entreprise.

Avec cette motivation et l'instruction reçue, les cercles d'ouvriers peuvent déceler des causes de défauts et découvrir mille petites idées de productivité qui échappent aux techniciens qui voient le travail de plus loin.

Mais pour en tirer des actions concrètes, il faut le plus souvent une concertation entre différents organes pour modifier quelque peu un outil, une procédure de travail, un contrôle, une norme... L'aptitude d'une organisation à accueillir les idées venant du bas ou d'autres services, et à se *concerter pour un consensus positif,* constitue le préalable au développement efficace des cercles de qualité *à la base, c'est-à-dire incluant des ouvriers et chefs d'équipe.* Mais, lorsque les cercles de qualité ont pris racine, ils constituent un puissant facteur de maintien du climat de concertation. Il faut en somme entrer dans un « cercle vertueux ».

Dès 1966, le professeur Juran avait clairement analysé ce « cercle vertueux », qu'il avait d'ailleurs contribué à amorcer, et il concluait un long article par cette phrase :

« Les Japonais visent le leadership mondial pour la qualité, et ils l'atteindront au cours des deux prochaines décennies parce que personne ne progresse aussi vite qu'eux ».

Ceci fut écrit il y a quinze ans, et les faits ultérieurs ont confirmé cette prévision. Il n'y a pas de mystère dans la réussite japonaise, mais seulement le résultat rationnel, prévisible et reproductible de mesures cohérentes. Dans la deuxième partie, nous essaierons d'en tirer la leçon.

1.5 - Communautés inter-entreprises : grands groupes et moyennes entreprises

L'économie japonaise se compose de millions d'artisans et agriculteurs (voir tableau 1-2 ci dessus), et de 176 000 entreprises moyennes ou grandes dont le tableau 1-8 ci-dessous décrit la structure de dimension.

Tableau 1-8 – Répartition des sociétés japonaises et de leurs effectifs suivant le capital social (année 1976)

Capital social (millions de yen)	Nombre des firmes existantes	Nombre total d'employés	Nombre moyen d'employés
3-10	100 701	2 261 171	22
10-100	67 934	4 255 504	63
100-1 000	6 480	2 264 227	349
1 000-10 000	1 130	1 973 910	1 747
10 000 et au-delà	178	2 088 172	11 731
Sociétés d'Etat (Tokushuhojin)	23	847 785	36 860
Total	176 445	13 690 768	78

Source : Statistiques du Premier ministre.

Le nombre total de salariés étant de 33 millions, c'est une minorité de 13,7 millions qui est employée dans les entreprises moyennes ou grandes; les grandes de plus de 1 000 salariés n'employant que 4,9 millions de personnes. N'oublions pas toutefois que beaucoup de moyennes entreprises sont plus ou moins rattachées à des grands groupes.

Les entreprises japonaises forment un milieu *très capitaliste :* on voit que les sociétés d'Etat n'y occupent qu'une part très modeste. Les 1 300 grandes et certaines moyennes entreprises sont cotées en Bourse. La Bourse de Tokyo a une capitalisation sextuple de celle de Paris, et le nombre d'actionnaires y approche les 10 millions. C'est bien le deuxième grand des pays capitalistes.

Les règles du jeu capitaliste sont donc très présentes au Japon, mais elles y coexistent avec un ensemble d'autres règles, découlant de la morale sociale.

Car les entreprises ne sont pas isolées, elles sont reliées entre elles et avec leur environnement par un tissu de liens sociaux de caractère communautaire, entraînant pour chacun des devoirs, que les financiers sont les premiers à reconnaître, et qui influencent aussi la structure et le mode de décision des grands groupes.

Bref, il existe au Japon une « société des entreprises » qui s'appuie d'abord sur la reconnaissance de l'entreprise comme un « être vivant » dont on doit respecter la vie.

1 - Communauté vivante et autonome

Parallèlement au respect des personnes, le Japon pratique plus que nous le respect de ces communautés humaines que sont (après les familles) les entreprises : leur existence comme « être vivant » autonome est en quelque sorte sacrée, et comme telle protégée par des dispositions très concrètes.

— Les *acquisitions d'entreprises* sont impraticables. Les étrangers qui ont voulu s'implanter par O.P.A. se sont heurtés à un mur. Entre Japonais même, l'acquisition, qui porte atteinte à l'identité de l'entreprise, est impossible sauf cas exceptionnels : on n'achète pas un homme, ni une famille; donc pas non plus une entreprise, sauf accord de ses membres. (Notons que le même sentiment existe en France, mais on n'en tient guère compte.)

— Les *fusions* entre entreprises japonaises sont, pour la même raison, très difficiles à réaliser. Outre l'accord juridique des actionnaires, il faut l'accord moral du personnel, alors souvent représenté par le syndicat, et les cas de réussite sont rares. Ceci freine d'ailleurs la rationalisation de secteurs tels que l'automobile et la chimie.

— La participation d'une *banque* au capital d'une société est *limitée à 10 % :* pour faire obstacle à la constitution de groupes financiers dans lesquels les entreprises perdraient leur autonomie.

— Les *faillites* sont assez nombreuses. Mais, chaque faillite signifiant la mort d'une communauté humaine, on cherche à l'éviter par entraide de tous les proches de cette communauté. Nous en reparlerons.

2 - Liens client-fournisseur

La relation client-fournisseur dépasse le plan juridique et les petites clauses du contrat. Elle comporte aussi un lien moral, c'est-à-dire un tissu de relations inter-personnelles, édifié dans une perspective à long terme, sur la base d'une rencontre sur des valeurs communes et des devoirs réciproques.

Ceci explique qu'un accord sérieux avec une firme japonaise exige généralement des échanges de vues répétés, au cours desquels on voit défiler la plupart des responsables de la firme (pour le consensus), et où les rapports personnels, témoignages rituels, échanges de cadeaux, etc., jouent un rôle important : c'est qu'il s'agit d'explorer les bases d'une liaison profonde et durable, comme pour un mariage.

Les *prix* font évidemment l'objet d'une extrême attention; mais une attention extraordinaire est portée à la *qualité* et au *service* (délais, etc.). En effet, dans le pacte de confiance entre fournisseur et client, une sérieuse défaillance de qualité n'est pas seulement une cause de pertes : c'est *une insulte* à qui vous avait fait confiance, donc une menace pour la survie du fournisseur. Ce sentiment profond, ressenti par tout le personnel, a des conséquences concrètes :

— il n'est pas rare que pour réparer un défaut et livrer cependant au jour promis, le personnel accepte comme normal de travailler une nuit entière en supplément (11),

— le système japonais du contrôle qualité effectué à chaque poste par l'opérateur a le même fondement : le défaut de qualité n'est pas seulement un coût, c'est une honte,

— un distributeur français d'appareils Hi-Fi japonais nous a confirmé le zèle extraordinaire que mettait la firme productrice à régler les bavures de qualité et de délai difficilement évitables lors de changements de modèles.

Au-delà de la relation juridique, une certaine solidarité lie le fournisseur au client. Le directeur à Tokyo d'une compagnie pétrolière française nous citait que lors du quadruplement des prix du pétrole en 1973, sa compagnie s'était trouvée liée par des contrats de livraison à prix ferme dont l'exécution entraînait de lourdes pertes. Des essais de négociation avec les grands clients français (EDF, Air France...) ont été rejetés sec : le contrat est le contrat. Approché dans les mêmes termes, qui invoquaient l'équité devant un cas de force majeure, le gros client japonais a reconnu qu'il y avait un problème, a demandé un dossier documenté (impact exact des hausses, compte tenu des stocks, etc.), a négocié longuement, et finalement a accepté de prendre à sa charge une partie du fardeau, au nom de l'équité et des bonnes relations à long terme, c'est-à-dire de la continuité dans les approvisionnements.

Les Japonais ressentent comme déloyale la rupture brutale de liens commerciaux réguliers (comme ce fut le cas de la part de certaines compagnies pétrolières). Mais eux-mêmes sont parfois placés dans des situations de discontinuité. Ainsi, les chantiers navals de Kobé de la Kawasaki Heavy Industries ont vu l'arrêt des commandes les contraindre à réduire à la portion congrue de nombreux sous-traitants de la région. Tandis qu'eux-mêmes mettaient en œuvre un difficile redéploiement, ils ont simultanément aidé à la constitution d'un syndicat des sous-traitants, assumant différents services commerciaux et techniques pour aider à la *diversification des produits et clientèles des sous-traitants,* et contribuer ainsi à leur survie.

3 - Transmission de la M.E. familiale

Le Japon comprend de nombreuses moyennes entreprises à capital familial. Beaucoup ont été fondées après la guerre. Le fondateur en est le chef incontesté, souvent vénéré.

En cas de *croissance modérée* avec bonne gestion rentable, le capital reste familial et le pouvoir passe à un fils ou gendre choisi pour ses capacités. Une dynastie familiale compétente semble bien acceptée, et cohérente avec le système japonais. Garder toutes ses billes dans l'affaire est une façon, pour la famille, de marquer son dévouement à la communauté d'entreprise qu'elle dirige.

---

(11) Ne croyons pas qu'un tel comportement soit inconnu en France. En juin 1980, une grève de l'EDF ayant gêné toute la journée le fonctionnement d'une entreprise lyonnaise qui devait parachever des livraisons urgentes, le patron a demandé des volontaires pour travailler de nuit : tous les ouvriers se sont portés volontaires.

En cas de *croissance rapide,* la famille doit procéder à l'ouverture du capital. Des augmentations de capital sont offertes à la souscription de tiers qui peuvent être :

— des banques, dans la limite de 10 %; des caisses de retraites,
— des industriels (clients, fournisseurs),
— des relations d'affaires ou investisseurs privés,
— la Bourse : la capitalisation de la Bourse de Tokyo est sept fois plus élevée que celle de Paris,
— le personnel : il semble assez fréquent, chez les M.E., d'introduire l'actionnariat du personnel pour renforcer l'autonomie de la communauté d'entreprise.

La solution habituelle en France, c'est-à-dire l'absorption pure et simple par un grand groupe, n'existe guère au Japon sous la forme brutale de contrôle majoritaire, à cause de l'interdiction de l'O.P.A. et du respect de l'autonomie des entreprises existantes. On préfère l'entente souple avec un groupe qui reste minoritaire, pour préserver la responsabilité autonome de l'entreprise.

4 - Autonomie de la M.E. à capital ouvert

Il est d'usage à Paris de dire qu'au Japon toutes les M.E. sont plus ou moins filiales des grands groupes qui centralisent toutes les décisions.

Sur le terrain, nous avons constaté exactement l'inverse : des dispositions méthodiques pour préserver l'autonomie des M.E. à capital ouvert. Nous avons déjà indiqué ces dispositions (pas d'O.P.A., peu de fusions, participation bancaire limitée à 10 %...), il nous reste à les voir en action dans des exemples.

De professions et de tailles différentes, Kawashima (textile, 1 900 personnes) et Omron-Tateisi (électronique, 9 000 personnes) présentent des caractéristiques similaires :

— la famille a ouvert le capital pour financer la reconversion ou l'expansion,
— elle conserve la présidence et la direction bien que n'ayant que 10 à 15 % des parts (par dilution plus que par vente semble-t-il, car vendre les actions de la famille est déshonorant); la direction « à la japonaise » repose d'ailleurs très largement sur la technostructure des cadres salariés,
— outre la famille, le capital comprend des banques, des compagnies d'assurances ou caisses de retraites, des groupes industriels ou fournisseurs, des particuliers et, dans l'un des cas, la Bourse (minoritaire).
— la banque principale est dans un cas celle du groupe Sumitomo, dans l'autre celle du groupe Mitsubishi; mais elles n'ont pas le siège au conseil, et les directives de la Banque du Japon leur interdit sévèrement de s'immiscer dans les affaires de leurs clients,

— le conseil d'administration, qui se réunit tous les mois, comprend quelques membres extérieurs; les autres administrateurs sont des dirigeants de l'entreprise,

Au total, et à condition qu'elles fassent du profit, ces moyennes entreprises ont toute autonomie stratégique et tactique, en concertation souple avec les actionnaires et leurs clients-fournisseurs, qui ne seront amenés à sortir de leur réserve qu'à l'occasion de difficultés.

Sachant qu'il est mal vu de vendre ses actions et que les dividendes sont généralement très modérés, on peut se demander : *que rapporte l'entreprise aux actionnaires familiaux?*

Au fondateur, puis aux descendants dirigeants elle rapporte :

— de l'honneur, du pouvoir de direction,
— quelques dividendes,
— un salaire de dirigeant, avec avantages annexes, notes de frais, etc.,
— des relations, un réseau d'informations et de contacts.

Aux descendants actionnaires non dirigeants, elle apporte :

— quelques petits dividendes,
— et la connexion avec un groupe influent, un réseau de relations utile pour orienter ses affaires, sa carrière.

Ce n'est pas négligeable, mais on est loin des sommes accessibles en France ou aux Etats-Unis à qui veut « faire charlemagne » (12).

Les Japonais s'en contentent : actionnaires à vie, *ils sont piégés et contents.* C'est cohérent avec le concept d'entreprise-communauté qui se traduit aussi par : l'emploi à vie, la concertation jusqu'à la base, le faible éventail des salaires.

N'y voyons pas de l'altruisme, alors que c'est plutôt de l'intelligence : trouver les pratiques grâce auxquelles l'entreprise développera sa compétitivité sans conflits internes et sera dans la société « comme un poisson dans l'eau ».

5 - La M.E. en difficulté

Les faillites sont au Japon aussi nombreuses qu'en France (1 500 par mois), mais le problème qu'elles posent est sans doute ressenti différemment.

Que son capital soit ouvert ou fermé, la M.E. en difficulté pose un problème à son environnement financier, commercial et humain : car la mort d'une communauté est un malheur à éviter.

Il m'a fallu venir au Japon pour comprendre la profession de foi que le conseil en management Shoichi Tanabe place en tête de sa plaquette :

« En aucune circonstance, il ne doit être permis qu'une entreprise disparaisse. Quelle que soit sa taille, elle doit survivre. Personne n'a le droit de faire

(12) Se retirer du jeu après avoir gagné (d'après le Petit Robert).

disparaître une entreprise. Car l'entreprise a une vie, qui peut être pleine de promesses... ».

Cette affirmation très excessive touche, chez les Japonais, une corde sensible.

Dans le concret, lorsqu'une M.E. est en difficulté, c'est-à-dire qu'elle paraît hors d'état de redresser elle-même sa situation, il n'est pas rare que, sur l'initiative d'un banquier ou d'un fournisseur, les différents intéressés (clients, fournisseurs, banquiers) se concertent discrètement autour d'une fiole de saké. Ils échangent leurs informations, prennent des contacts informels avec la direction, les cadres et le syndicat, ce qui fait émerger finalement un diagnostic et un plan d'action. Dans les cas bénins, il suffira d'une extension de crédits; dans les cas graves, il faudra un changement de direction (désignation du dauphin); à l'extrême limite, l'absorption ou la faillite. Mais généralement un assainissement radical de la position stratégique. Plutôt qu'un replâtrage, le plan de redressement comportera s'il le faut un redéploiement vers de nouveaux produits, avec acquisition de technologie. Discrètement, le plan sera « vendu » à la technostructure et au syndicat, sans que quiconque perde la face, et appliqué avec la contribution de chacun. Pour aider à passer le creux, le banquier prolongera ses crédits, les clients maintiendront leurs achats, les fournisseurs consentiront quelques facilités et les salariés accepteront de n'avoir ni bonus ni hausse; et tous comptent bien que la réorganisation permettra une amélioration de productivité-qualité dont ils profiteront tous.

La preuve que ce processus fonctionne effectivement se trouve dans la structure des bilans : dans le haut niveau d'endettement (les dettes représentent 80 % du bilan moyen dont plus de 20 % à long terme) que peuvent assumer les entreprises japonaises sans exposer leurs créanciers à des risques excessifs.

Il reste les cas nombreux (proportionnellement moitié moins nombreux qu'en France) où la faillite reste inévitable. Cela n'empêche pas que l'existence d'un tissu social inter-entreprises assez dense permet de traiter avec finesse et de résoudre une fois sur deux des problèmes de survie qui sont pris en charge chez nous par de brutales institutions juridiques ou par le chantage politique.

Le résultat de cette coopération inter-entreprises, c'est moins de faillites, davantage de crédit, donc (à égalité de fonds propres et de profits), plus d'expansion, donc plus de compétitivité et d'emploi... Encore un cercle vertueux!

Le lien professionnel *et moral* client-fournisseur se substitue partiellement au droit pour résoudre les problèmes, sans que les intérêts soient perdus de vue. Une perspective à méditer.

Mais il est temps d'en venir aux grands groupes dont on parle tant.

6 - Les grands groupes et leurs satellites

Avant-guerre existaient les *zaibatzu*, grands conglomérats d'origine familiale, coiffés par une société holding centralisant tous les pouvoirs comme en Occident.

Après-guerre, sous le pro-consulat du Général McArthur, un vaste train de réformes démocratiques a comporté la dissolution des zaibatzu, qui ont été scindés chacun en plusieurs dizaines de sociétés indépendantes.

Finalement, ces sociétés ont été autorisées à conserver le nom et la marque du zaibatzu d'origine, tout en restant financièrement indépendantes, avec seulement quelques participations minoritaires croisées.

De sorte qu'aujourd'hui, un grand groupe comme Sumitomo se situe comme suit dans le tissu économique :

a) le *groupe proprement dit* se compose de *21 « sociétés-mères »* (dont 15 cotées en Bourse), qui n'ont entre elles que des participations croisées très minoritaires. Ces 21 sociétés Sumitomo sont spécialisées dans différents secteurs, y compris banque, assurance et commerce international. Pas de holding, pas de services communs, mais un esprit de famille et de coordination souple entre entités autonomes, que nous analyserons plus loin. Ces 21 sociétés et leurs *filiales majoritaires* font un chiffre d'affaires total de 29 milliards de dollars (non consolidés, car il n'y a pas d'unité juridique ou financière).

b) Les *sociétés associées* au groupe par un lien fiancier léger (10 à 20 % du capital) restent autonomes juridiquement et financièrement, mais établissent un lien « de famille » avec le groupe, lui donnent préférence à prix égal, et savent qu'il constitue le recours en cas de difficultés. Il semble que le chiffre d'affaires de la « famille » Sumitomo, incluant ces associés, totalise 50 milliards de dollars.

c) Les *sous-traitants* du groupe sont une catégorie dont on parle beaucoup au Japon. En France et en Amérique aussi, il existe d'innombrables sous-traitants de l'automobile, de l'industrie lourde, etc. Au Japon, ils sont peut-être plus nombreux, et il semble que souvent ils aient été *créés sur l'initiative de la société du groupe qui en ressentait le besoin*. Plutôt que l'intégration organique, les Japonais semblent favoriser la multiplication de cellules autonomes et responsables — mais parfois très dépendantes commercialement de leur client principal.

d) Les sociétés *clientes de la banque* du groupe ne font pas partie du groupe. Toutefois, elles ont avec lui un lien spécial si cette banque est leur banque principale. Il semble qu'au Japon il soit avantageux d'avoir une banque principale, pour ne pas trop souffrir en période de restriction de crédit; et pour avoir un recours plus net en cas de difficulté pour polariser les efforts de redressement (voir ci-dessus).

Lorsqu'abusivement on fait l'addition de ces quatre catégories, on conclut que les grands groupes contrôlent 60 % du PNB japonais, et qu'ainsi cette économie a une structure hautement centralisée.

C'est une vue d'autant plus fausse que chaque groupe est lui-même hautement décentralisé en unités autonomes.

7 - Le sommet du grand groupe

Après deux heures d'entretiens avec douze dirigeants du groupe Sumitomo, nous avons commencé à comprendre sa structure au sommet.

Juridiquement, il n'existe aucun organe qui coiffe les 21 sociétés Sumitomo, spécialisées chacune dans un secteur.

Il existe des participations croisées, allant jusqu'à 20 et 30 %. La banque du groupe y joue son rôle, dans la limite de 10 %, mais les lois l'empêchent d'être interventionniste. Il y a peu d'administrateurs communs. Les 15 sociétés les plus importantes sont cotées en Bourse.

L'existence du groupe Sumitomo semble se ramener à deux notions :

— l'unité de nom, de marque, d'histoire, d'éthique; l'esprit de famille et d'entraide,
— le déjeuner mensuel qui réunit les 21 présidents, avec présidence tournante.

Ce déjeuner est la seule instance formelle de contact entre les sociétés. Lorsqu'on sait que les présidents japonais sont généralement âgés et peu enclins à traiter de problèmes de détail, on conçoit que les informations échangées et les problèmes traités se situent à un niveau élevé.

1er exemple : *coordination des nouveaux développements* — Deux sociétés du groupe (électricité et mécanique) ont abordé le domaine nucléaire. Dans un premier stade, les présidents ont stimulé la coopération de ces sociétés et d'autres (chimie) pour réussir une importante fourniture. Puis, à la suite de réflexions approfondies (évidemment étayées par une accumulation de faits et d'opinions compétentes), le consensus s'est réalisé entre les présidents pour constituer une nouvelle société consacrée au nucléaire, par apport d'activités et d'actifs de diverses autres sociétés du groupe. Ainsi naquit Sumitomo Atomic Energy Industries Ltd.

2e exemple : *aide à une société en difficulté* — Il y a quelques années, Sumitomo Heavy Industries s'est trouvée en difficultés sérieuses. Le plan de redressement impliquait d'importantes réductions d'effectifs. Le consensus des présidents a facilité une entraide active faite d'achats, de crédits, mais surtout de transferts de personnel à d'autres sociétés du groupe pouvant en recevoir. Certains personnels reviendront d'ailleurs à leur société d'origine après redressement. Les frais de formation, de transfert et parfois de sureffectifs sont considérés comme une contribution normale à la prospérité d'ensemble du groupe dont chacun tire profit.

Les dirigeants et cadres du groupe pensent que le démantèlement de la holding et de l'état-major du zaibatzu a permis un meilleur développement du groupe en multipliant les centres d'initiative et de responsabilité.

8 - Autonomie et bourgeonnement

Différents exemples cités dévoilent l'existence au Japon d'une sorte de culte de l'autonomie de chaque entreprise ou unité de gestion : on respecte celles qui existent, et on en crée de nouvelles par bourgeonnement, qu'il s'agisse de se créer des sous-traitants, ou de créer en commun la société autonome qui exploitera un nouveau secteur. C'est aussi par bourgeonnement que les entreprises dégraissent leurs structures sans réduire l'emploi total : approche à méditer. C'est par ces voies, plus que par initiatives individuelles, que semble se faire aujourd'hui la création de nouvelles entreprises industrielles.

Mais cette autonomie responsabilisante s'exerce dans le contexte d'un tissu relationnel serré, qui guide et soutient.

Au tissu de relations sociales et de liens moraux que nous avons trouvé dans l'entreprise, fait pendant un *tissu social inter-entreprises* dont la richesse et la finesse semblent contribuer puissamment à l'efficacité économique et à l'équilibre humain.

9 - Intense compétition quand même...

Nous avons braqué le projecteur sur les liens inter-entreprises, notamment dans les relations clients-fournisseurs et au sein d'un groupe. Cela ne doit pas faire oublier la *concurrence virulente* qui règne au Japon entre entreprises de groupes différents, ou sans groupe. Il existe sur ce vaste marché un grouillement concurrentiel, fait des multiples initiatives des firmes, y compris de celles qui tentent une percée à partir de la petite taille, et une richesse dans les ressources de sous-traitance qui font penser aux Etats-Unis.

Il semble toutefois que certaines pratiques de concertation inter-entreprises soient perçues par certains étrangers comme des ententes... contre l'importation. Calomnie, affirment nos amis japonais. Nous n'avons pas assez d'éléments pour en juger.

10 - Handicaps du Japon

Ayant souligné différents points positifs du système économique et culturel japonais, il est utile de mentionner aussi ses points faibles.

L'absence de ressources en énergie et matières premières n'a pas empêché l'essor passé de l'économie japonaise. Mais après les récentes escalades du prix du pétrole, qui a entraîné un profond déficit de la balance commerciale, on peut se demander si ce handicap ne va pas désormais peser très lourd.

Les règles sociales que nous avons décrites constituent autant de *blocages potentiels*, qui ont été surmontés en période d'expansion rapide, mais qui, avec la bureaucratisation et le ralentissement de la croissance, peuvent se révéler plus nocifs. De même, l'archaïsme de leurs canaux de distribution.

La spécificité des Japonais, la complexité de leur langue, leur conscience d'être différents de tout ce qui est étranger, peut freiner leur intégration à une économie vraiment internationale. Exporter ne suffit pas : sauront-ils animer des entreprises réellement multinationales?

Enfin, on observe des traces d'un certain orgueil de la réussite, mêlé à l'amertume de se sentir mal aimés partout, y compris dans les pays voisins de l'Asie du Sud-Est. Cette attitude peut porter le germe d'un cercle vicieux d'incompréhensions et de réactions négatives. Il reste donc au Japon d'importants obstacles à surmonter avant de pouvoir prétendre à la prééminence mondiale. Mais quels progrès en trente ans!

1.6 - L'État, l'entreprise et les organismes professionnels : communication et respect mutuel

La relation Etat-entreprises présente au Japon des aspects contrastés qui se relient sans doute à la conjonction réalisée récemment entre :

— le fond culturel qui admet la suprématie de l'Etat, la subordination des intérêts privés,
— et la greffe culturelle américaine (autonomie d'initiative des entreprises dans une économie de concurrence) qui a porté au Japon des fruits exceptionnels.

Résumons quelques aperçus de la situation présente.

1 - Séparation des rôles et concertation

Lors de la révolution Meiji de 1868, les Japonais, comme tant d'autres depuis, cherchèrent d'abord à réaliser l'industrialisation par des *entreprises d'Etat*. Il ne leur fallut pas plus de vingt ans pour comprendre la médiocre efficacité de cette approche et pour jouer la carte de l'économie privée, notamment de 1890 à 1930 (avant l'intermède militariste de 1930 à 1945).

L'Etat japonais ne prétend pas tout faire et joue la séparation des rôles. Il gère les grands équilibres et élabore les perspectives économiques de la nation. Officiellement, il n'a pas à contrôler directement l'économie ni à intervenir dans les décisions des entreprises, sauf cas spéciaux qui vont devenir plus nombreux dans la nouvelle économie des années 80.

C'est en principe aux entreprises de prendre les initiatives de développement et de redéploiement. « Elles sont mieux placées pour cela, *Adam Smith n'est pas mort* », nous dit un haut fonctionnaire du MITI qui, tout en ayant une haute idée de son rôle, a la modestie de ne pas identifier l'Etat à la Nation.

Un échange d'informations incessant entre l'Etat et les entreprises permet d'ailleurs de nourrir les perspectives élaborées par l'Etat et d'éclairer les décisions des entreprises. La communication passe au niveau des fonctionnaires et à celui des commissions annexes au Parlement. On ne concevait pas une décision de l'Etat sans consultation préalable des intéressés.

Comme chez nous, les hauts fonctionnaires proviennent d'écoles illustres (ici, l'Université de Tokyo) au concours d'entrée très sélectif; comme chez nous, il leur arrive de « pantoufler » à un poste important dans une entreprise privée. Mais ils réussissent à administrer le pays avec dix fois moins de textes réglementaires (peut-être à cause de cette écriture si difficile...) et avec un prélèvement fiscal inférieur aux deux tiers du nôtre.

Cependant, lorsque le gouvernement émet une directive, par exemple sur la pollution ou sur le plafond de hausse des salaires, il n'a pas besoin d'une législation coercitive et détaillée, l'objectif qu'il donne sera suivi, s'il est bien expliqué.

2 - Initiatives patronales

Les milieux patronaux admettent la suzeraineté de l'Etat mais savent prendre des initiatives dans leur domaine propre.

Ce sont eux qui ont forgé la politique du personnel (emploi à vie, consensus...) qui fait la force du Japon.

Ils ont su développer des organismes privés d'étude de conjoncture et de prévision (l'un des plus connus est le Nomura Institute).

Tout récemment, ils ont pris position sur les problèmes très actuels du *redéploiement industriel.* L'organisation patronale Keizai Doyukai a élaboré diverses études de développement économique, en s'appuyant sur des enquêtes auprès des entreprises. En décembre 1979, elle a publié les résultats d'une étude sur le développement des huit secteurs de pointe qui seront le pivot de la restructuration industrielle dans la *perspective du XXIe siècle.*

L'intérêt de l'étude n'est pas dans l'énoncé (assez banal) des huit « frontier industries » :

1) biens d'équipements, automatisation
2) ordinateurs
3) développement urbain
4) énergie nucléaire
5) informatique et communications
6) exploitation des océans
7) bio-industrie
8) aérospatial

Ces thèmes ressemblent fort à ceux que la France a choisis. Mais l'intérêt de l'étude vient de ce qu'elle est focalisée sur les *conditions et moyens* courants pouvant favoriser le développement dans le tissu entrepreneurial de ces industries de pointe : création de la demande, financement, taxation, éducation, développement international, le tout sans abandonner le principe de concurrence.

Pas de description de la société future : on indique qu'elle devra seulement « respecter la diversité des valeurs auxquelles adhèrent les gens ». Pluralisme du meilleur goût.

3 - Actions conjointes : éthique de la productivité

Les Japonais se rallient volontiers à une autorité qui conseille et qui présente une analyse convaincante des faits.

Sur un thème vital tel que la place de la productivité dans les valeurs de la société, le ton est donné par le « Japan Productivity Center », organisme *tripartite* qui rassemble des représentants de l'Etat, des employeurs et des salariés en vue de promouvoir une doctrine et des réalisations.

Les textes qui suivent, extraits d'une brochure du J.P.C., reflètent les efforts déployés pour entretenir et élargir le consensus sur l'impératif de productivité.

Annexe au § 1.6

DOCTRINE DU JAPAN PRODUCTIVITY CENTER

Définitions de la productivité (1955)

La productivité est, par-dessus tout, une attitude d'esprit, C'est l'attitude d'esprit qui recherche l'amélioration continue de ce qui existe. C'est la conviction qu'on peut faire aujourd'hui mieux qu'hier, et que demain sera meilleur qu'aujourd'hui. C'est aussi une suite indéfinie d'efforts pour adapter les activités économiques à des conditions toujours changeantes, et pour y appliquer de nouvelles théories et méthodes. C'est une démarche de confiance dans le progrès des êtres humains.

(Extrait du rapport de la Conférence de Rome — Association Européenne de Productivité)

La production résulte de la combinaison de quatre ressources principales : la terre, le capital, le travail et l'organisation. La productivité d'une de ces ressources est donc le rapport entre la quantité produite et la quantité de cette ressource consommée dans le processus de production.

(Définition de la productivité par *International Labor Organization* - ILO)

Trois principes directeurs du mouvement de productivité (1955)

Afin de faire face aux multiples changements, intérieurs et étrangers, qui ont affecté si radicalement l'économie du Japòn, l'amélioration de la productivité dans tous les domaines de l'activité nationale est indispensable pour parvenir à une économie saine et stable.

La première « conférence de liaison sur la productivité », tenue le 21 mai 1955 et composée de représentants du gouvernement, des salariés et des directions, a adopté les trois principes directeurs qui résument comme suit leur compréhension de la nature et de la finalité du mouvement de productivité :

1 - A long terme, l'amélioration de productivité *accroîtra l'emploi.* Toutefois, transitoirement, avant que les pleins effets d'une productivité améliorée ne deviennent apparents, le gouvernement et les gens, en vue de minimiser les frictions temporaires qui pourraient troubler l'économie nationale, doivent coopérer pour trouver des solutions viables, telles que transfert de salariés en excédent à des zones où l'on a besoin d'eux, afin d'éviter le chômage.

2 - Dans la mise en œuvre des mesures concrètes pour accroître la productivité, les représentants des salariés et la direction, dans le cadre des conditions existant dans les entreprises respectives, doivent *coopérer* dans la discussion, l'étude et le choix de ces mesures.

3 - Les *fruits* de la productivité améliorée doivent, selon les conditions de l'économie nationale, être *répartis équitablement* entre l'entreprise, les salariés et les consommateurs.

Déclaration du 20e anniversaire du mouvement de productivité au Japon (1975)

Le mouvement de productivité est une campagne internationale qui a relevé l'économie de la dévastation d'après-guerre et l'a conduite à la prospérité d'aujourd'hui. Bien que le mouvement de productivité ait débuté au Japon avec plusieurs années de retard sur les nations européennes, son remarquable succès a été reconnu dans le monde entier.

A son début, le mouvement de productivité s'est fixé pour buts l'indépendance de l'économie nationale et l'amélioration du niveau de vie. Cette cible recueillit l'adhésion commune de tous les segments de l'opinion, de même que la nation entière se déterminait à relever le pays par des voies pacifiques. La modernisation de l'industrie par l'innovation technologique et l'accent mis sur l'industrie lourde et la chimie furent l'objet d'une forte adhésion dans le cadre du consensus national. Le résultat fut le maintien durable d'un fort taux de croissance, que le monde salua comme un miracle, et l'apparition du Japon comme un géant économique inimaginable à l'inauguration du mouvement. De fait, l'indépendance économique était obtenue et le niveau de vie était considérablement amélioré.

Toutefois, le fort taux de croissance de notre économie stimula une telle expansion des industries lourdes et chimiques qui en formaient le noyau, que les investissements sociaux, les services publics, et la lutte contre la pollution ont pris du retard, avec une sérieuse détérioration de l'environnement.

Sur le plan international, le déclin du dollar comme axe monétaire a aggravé les problèmes de changes et, plus encore, la révolution des structures de prix du pétrole et la montée du nationalisme chez les pays détenteurs de matières premières se sont cumulées pour provoquer commotion et confusion dans l'ordre existant de l'économie internationale.

L'économie d'aujourd'hui aborde un tournant dangereux. La limitation des ressources impose de sévères contraintes aux activités économiques. L'économie japonaise a dû prendre pour consigne la conversion de la croissance forte à la croissance ralentie, ce qui suppose que l'on déplace de l'expansion en quantité vers le progrès de la qualité.

Dans cette situation, nous avons réexaminé la logique de la productivité et l'orientation du mouvement, et avons abouti à la conception suivante.

Nos activités économiques ont pour but l'amélioration du bien-être public, elles nous confèrent comme mission sociale la production de valeur et sa répartition impartiale. La productivité est le concept fondamental qui explicite le *taux d'accomplissement de leur mission* pâr les activités économiques.

Le mouvement de productivité est impliqué au premier chef dans les activités économiques, et les principes fondamentaux de ce mouvement demeurent ce qu'ils sont. Toutefois, le changement de l'environnement économique dans notre pays et à l'étranger exige une réorientation du mouvement et sa réorganisation pour de nouveaux problèmes. Le moyen de satisfaire cette exigence est pour nous essentiellement de déplacer notre point de vue du simple accroissement de productivité en quantité vers l'amélioration de *productivité en qualité,* dans un contexte de liberté et de justice.

En conséquence, sur la base des vingt années d'histoire du mouvement de productivité et en considérant la conjoncture des années 75-80, nous pensons que les réalisations suivantes s'accompliront comme objectifs du mouvement.

Annexe au § 1.6 (suite)

1 - Avec le libéralisme comme principe de base, nous nous efforçons d'établir et de publier une *conception de l'entreprise* qui soit en accord avec la nouvelle phase atteinte par notre société et notre économie.
2 - Nous promouvons des systèmes de *participation* conformes à notre héritage national, et nous cherchons à pousser plus loin la modernisation des relations entre salariés et direction dans le *consensus.*
3 - Nous promouvons l'utilisation efficace des ressources par le moyen de *réduction des coûts* dans les entreprises et de rationalisation des structures dans les professions.
4 - Nous promouvons la systématisation de *l'innovation* et des *technologies nouvelles,* qui sont à la base des structures industrielles avancées.
5 - Nous nous efforcerons d'améliorer le bien-être par une juste *répartition des fruits* de la productivité et une équitable redistribution de revenus.
6 - Nous visons la participation à construire un nouvel ordre dans l'économie internationale, autant que le renforcement de notre *compétitivité internationale.*

Centre de productivité du Japon, 1er mai 1975

On voit que le Centre de productivité du Japon, loin de se saborder après dérive comme l'a fait son homologue français à la fin des années 60, a accentué son action en l'adaptant aux conditions nouvelles. Ceci a contribué à maintenir le consensus sur l'impératif de productivité.

4 - Actions conjointes : politique salariale et productivité

Au MITI, dans les organisations patronales et dans les entreprises, nous avons rencontré la même analyse claire et chiffrée de la relation productivité-salaires-emploi, avec mise en évidence que toute hausse de salaires dépassant les progrès de la productivité diminue la compétitivité et compromet l'emploi.

Les chiffres qui suivent sont empruntés au Centre de productivité du Japon.

En amont de ses multiples actions de formation et d'entraînement à la productivité et à la qualité, le Centre fait un grand effort pour faire comprendre le rôle de l'amélioration de la productivité *au service du bien-être public,* et pour mettre en évidence les contraintes économiques que seule la productivité peut desserrer.

En moyenne de 1955 à 1978, on observe au Japon les *taux de croissance* suivants :

— Productivité du travail	8,8 % par an
— Salaires nominaux	11,8 %
— Salaires réels	5,6 %
— Prix à la consommation	6,2 %

On voit que l'exceptionnelle croissance des salaires réels, qui, à raison de 5,6 % par an, ont triplé en vingt-deux ans, a été possible grâce à un accroissement de productivité encore plus élevé (8,8 %), permettant une croissance parallèle des profits, des investissements et de l'emploi. La figure 1-9 présente l'évolution parallèle des salaires et de la productivité.

Si l'on analyse le détail des années 1972-1978, on constate une anomalie : en 1972 et 1973, la hausse des salaires a atteint le niveau excessif de 16 et 24 % et *en 1974, sous le coup du premier « choc pétrolier »* les salaires ont augmenté de 26 % tandis que l'accroissement de productivité *s'annulait*, du fait du sous-emploi.

Conséquence de cette hausse de salaires sans productivité : en 1974, les prix ont grimpé de *25 %* et les salaires réels n'ont rien gagné.

Mais l'économie était en déséquilibre et les entreprises en pertes. Le rétablissement a exigé des compressions de tous les coûts (notamment salariaux, par mise à la retraite, réduction d'horaires et de primes), une remontée de la productivité et un ralentissement des salaires nominaux que les syndicats ont accepté comme conforme à l'intérêt de leurs mandants.

En 1978, le rétablissement était aussi complet que possible dans le nouveau contexte pétrolier :

— Productivité du travail	8 %
— Salaires nominaux	6,9 %
— Salaires réels	2,9 %
— Coût de la vie	4 %

Pour « l'offensive de printemps » de 1980, les syndicats ont limité leur exigence à une hausse nominale de 6,5 %.

Les explications chiffrées présentées de toutes parts ont bien fait percevoir à l'opinion qu'*une hausse de salaire non gagée par un progrès de productivité n'améliore pas le niveau de vie, mais détériore la compétitivité et l'emploi.*

Il semble exister au Japon un consensus national sur cette vérité démontrable. Mais ce consensus ne tombe pas du ciel (exemple : le dérapage de 1974). Il est le fruit d'*un effort de tous les responsables* qui ont la capacité d'analyser les faits et le courage de dire le vrai.

Le vrai, c'est notamment que la seule base solide pour l'accroissement du bien-être public est l'amélioration de la productivité.

C'est aussi qu'à l'époque où la croissance en tonnage est limitée, la croissance en valeur, c'est-à-dire en qualité utile à tonnage constant, permet à la *productivité qualitative* de prendre le relais, avec des perspectives indéfinies.

C'est enfin que la productivité fonde la compétitivité qui crée l'emploi.

En somme, les Français ont besoin de se focaliser à nouveau sur la productivité. Paradoxalement, c'est à *des sources françaises* (notamment à l'ouvrage *Civilisation et productivité* d'André Giraud (13)) que le mouvement japonais de productivité à sa naissance a puisé une partie de ses idées. Ne serait-il pas temps, en retour, de nous inspirer des doctrines et pratiques de la productivité au Japon?

---

(13) Librairie générale de Droit et de Jurisprudence, Paris, 1954.

Figure 1-9 – Evolution des salaires nominaux, de la productivité et des prix à la consommation au Japon, de 1956 à 1978.

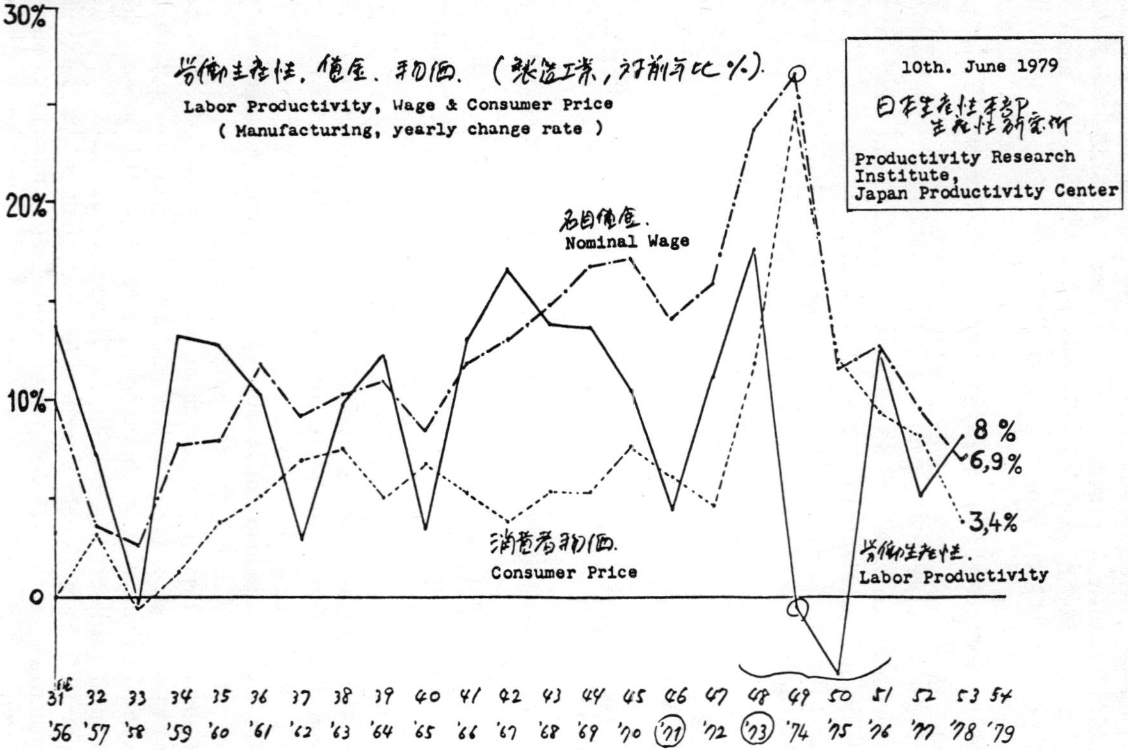

N.B. Les dates inscrites au bas du tableau reflètent le calendrier japonais, qui repart à zéro au couronnement de l'empereur : 1979 est ainsi l'année 54. Le document étant destiné à des Occidentaux, les dates de notre calendrier ont été rajoutées au-dessous.

Quelles leçons pour la France?

Entre l'Etat et les entreprises, la France pratique peu le *respect mutuel* qu'on voit au Japon; la simple modestie qui empêche qu'on s'identifie à la Nation; et le souci d'harmonie qui exclut que l'on songe même à réglementer sans consulter, ou à pénaliser sans entendre. Notre zizanie nationale a des origines bien évidentes.

Une autre leçon du Japon est *le courage de dire le vrai.* Une vérité qui domine l'économie française est le fait qu'en accroissant plus vite que nos concurrents les salaires réels des gens employés (et beaucoup plus vite encore les charges annexes à ces salaires), on réduit la compétitivité, donc l'emploi. Le choix implicite est « d'engraisser » ceux qui sont en place et de sacrifier les chômeurs (notamment jeunes). Au Japon, tout le monde explique les conséquences négatives d'un tel choix et l'opinion comprend. En France, personne n'ose l'exprimer clairement. Et faute d'analyse claire, pas de consensus.

1.7 - Contrôle social intégré au réseau des relations professionnelles

A ce stade de notre recueil d'informations sur l'entreprise japonaise, tentons une première réflexion de synthèse.

Tous les observateurs ont noté l'abondance des informations qui circulent et l'importance du travail en petits groupes : le Japonais est rarement seul, il communique surtout au sein de groupes de travail, il est *inséré dans un réseau de relations professionnelles très denses.*

Tout le monde a constaté cela (qui s'observe aussi dans la famille, le village... et les relations inter-entreprises).

L'idée que nous voudrions souligner est la suivante : *ces réseaux de relations omniprésentes remplissent simultanément les deux fonctions de gestion professionnelle et de contrôle social* et prennent en compte simultanément les solutions technico-économiques et les comportements des hommes.

Or souvent, les deux fonctions ont été décrites séparément.

La fonction de *gestion professionnelle* remplie au Japon par les réseaux de relations est bien connue, car tous les observateurs ont décrit les groupes de travail permanents ou temporaires, la recherche collective de solutions, les liens de parrainage et l'esprit de corps, la transmission d'informations, la concertation ascendante, la décision par consensus, et de multiples applications particulières telles que les cercles de qualité, etc. En somme, l'entreprise japonaise est organisée pour et gérée par une *intelligence collective.*

Mais il faut voir que la fonction de *contrôle social* est assurée aussi par ce même réseau de relations professionnelles au sein de groupes de travail. En effet, « l'homme n'est pas une machine »; dans le groupe de travail technique, il apporte avec lui ses problèmes humains. Le groupe (ou le réseau) doit prendre en compte sa personne et ses problèmes, sinon le travail technique se fera mal, faute d'harmonie et de communication : on s'attachera donc dans le groupe à traiter les griefs et à régler les problèmes personnels. Et réciproquement, l'individu subit dans le groupe l'influence de ses interlocuteurs, qui réagissent à ses apports techniques mais aussi à son comportement. De ces interactions naît la perception de comportements approuvés ou désapprouvés, donc de règles de comportement souhaitables, de devoirs réciproques et de valeurs admises. Le réseau de relations professionnelles est aussi le support d'une morale sociale; et l'on s'aperçoit que, dans l'entreprise japonaise, le comportement des salariés est, dans une large mesure, contrôlé par une *morale de groupe.*

Nous avons déjà évoqué, notamment au § 1.3, certaines des valeurs clés de la morale sociale de l'entreprise japonaise; nous avons vu qu'elles tendaient toutes vers le maintien de la confiance et de la coopération; nous voyons maintenant que ces valeurs sont inculquées par le fonctionnement même des groupes de travail professionnel.

Nous distinguons donc bien les deux fonctions, professionnelle et sociale, du réseau de relations.

Reste à bien saisir le point clé : pour un fonctionnement efficace, *les deux fonctions doivent être présentes au sein de chaque groupe de travail :* car chacun a besoin d'apports professionnels *et* de comportements de coopération. La réussite d'un groupe de travail (entre gens supposés compétents et informés) dépend en effet de la séquence :

— morale de groupe (comportement de respect mutuel, devoirs réciproques, « renvoi d'ascenseur »),
— qui entraîne confiance réciproque,
— qui entraîne coopération, communication, créativité,
— qui entraîne intelligence collective et solutions compétitives.

On comprend qu'un responsable de groupe (atelier, bureau, ...) qui sent une mésentente, un malaise, un conflit au sein de son groupe s'efforce, toutes affaires cessantes, d'élucider avec les intéressés les faits et les causes pour rétablir un comportement de respect mutuel qui conditionne l'efficacité. Il faut éviter le cercle vicieux suivant :

— comportements cyniques (« peaux de bananes », fait accompli...),
— qui engendrent la méfiance réciproque,
— d'où non-coopération, rétention de l'information,
— d'où faible intelligence collective et faible compétitivité.

En somme, les organes et réseaux de relation qui assument sur le plan professionnel la gestion et le progrès technique, doivent assumer aussi à leur niveau le contrôle social en contribuant au respect d'une morale de groupe, et c'est la clé de leur efficacité.

L'intelligence collective ne peut fonctionner sans morale de groupe

« L'homme n'est pas une machine », pas même une machine à sous! Pour qu'il se donne à un travail d'équipe, il lui faut aussi un lien moral qui touche sa personne. Pour qu'il communique ses idées, il faut qu'il se sente en confiance : et c'est la clé de la créativité de groupe.

Citons une autre application de la même idée. Elle s'appuie sur l'observation suivante faite par l'un de nos collègues (14) au sujet de la *circulation de l'information :* « Ce qu'on privilégie surtout au Japon, c'est la *descente systématique de l'information* à tous les niveaux pour en accroître le rendement. Ce processus est organisé; et la communication facilitée par l'absence de cloisons dans les bureaux.

Schématisons deux *conceptions de l'information :*

Centralisée (France)	*Décentralisée* (Japon)
— captation — retenue, voire rétention — réservée à l'initié (privilège)	large diffusion
= conception de l'information comme *source de pouvoir*	= conception de l'information comme *moyen d'action*

(14) Maurice Reyne, Directeur à la Cégos, auteur de *L'approche technico-économique du développement des produits,* Editions Hommes et Techniques, Boulogne-Billancourt, 1980.

Comment fait-on, au Japon, pour que l'information soit, moins que chez nous, captée à des fins de pouvoir? C'est moins une question de règlement que de morale : seule *la pression d'une morale de groupe* peut être assez forte et subtile pour infléchir ainsi les comportements. *Pas d'information ouverte sans morale de groupe.*

A ce point de l'analyse, nous voyons émerger un trait qui distingue le Japon des autres pays développés : c'est le pays où la morale joue un rôle très important à tous les niveaux du processus de travail et du contrôle social.

C'est sans doute là son « secret » le moins facilement imitable.

1.8 - Une société construite sur la morale plutôt que sur le droit : modèle d'hier ou de demain?

Nous venons d'apercevoir que le fonctionnement de l'entreprise japonaise reposait largement sur le « contrôle social » découlant d'une morale de groupe.

Mais l'entreprise est le microcosme de la société. Toute valeur essentielle de l'entreprise a son reflet dans la société, et vice versa; impossible de comprendre l'un sans l'autre. Ceci nous impose une comparaison entre les sociétés dans lesquelle s'insèrent les entreprises japonaises et françaises.

Tâche difficile et ingrate, sortant de notre domaine d'expertise, et pour laquelle nous demandons au lecteur de pardonner nos erreurs inévitables, car les mots eux-mêmes nous trahiront souvent.

Un épisode révélateur de la société japonaise se situe vers 1868, au début de l'ère Meiji, lorsque les Japonais se lancèrent dans l'importation des techniques et institutions occidentales. Leurs experts s'efforcèrent de transposer notre Code civil, mais se heurtèrent à un problème sémantique : dans la très riche langue japonaise, il n'y avait pas de mot pour exprimer le concept de *droit;* la société entière étant construite en terme de *devoirs* et de liens moraux. Il fallut inventer le mot *kenri* (15).

Un problème inverse se pose aujourd'hui à nous lorsque nous voulons exprimer le fait qu'au Japon la morale prime le droit. Le mot *morale* bloque la compréhension du Français d'aujourd'hui :

— il s'identifie pour la plupart à une liste de tabous arbitraires, standardisés, imposés de l'extérieur,
— l'idée d'une société construite sur la morale est alors accueillie avec un sourire gêné, comme vraiment rétro.

En vérité, il faudrait peut-être un nouveau mot pour que le concept de morale retrouve son sens d'un art de vivre en groupe, qui a pour fonction vitale d'endiguer le déchaînement des agressivités et de préserver les intérêts à long terme, par le moyen de règles, d'actions et de valeurs communes fondées sur l'expérience et la raison, inculquées par l'éducation et le contrôle social, notamment par la voie des relations interpersonnelles ou en petits groupes qui forment le tissu de toute société vivante. C'est à ce concept de morale sociale dont les devoirs réciproques sont le reflet de liens sociaux que nous nous référerons dans ce qui suit.

La société japonaise est construite sur les devoirs beaucoup plus que sur les droits. L'emploi à vie, de nombreux avantages sociaux, la décision concertée,

---

(15) La notion de règle juridique imposée, de droit objectif (en anglais *law*) était exprimée par le mot japonais *hô*. La notion de droit subjectif protégeant les intérêts des particuliers (en anglais *right*) n'a pu être exprimée que par le nouveau mot *kenri;* mais aujourd'hui encore, « faire valoir ses *kenri* est pour un bon citoyen quelque chose qui pèse sur sa conscience, même s'il les estime justes » (citation « Introduction au droit japonais » par le professeur Yosiyuki Noda, Librairie Dalloz, 1966, p. 175-176.

*Tableau 1-10 – Rapport des recettes courantes des administrations publiques au PIB dans quelques pays industrialisés (*Source : *Rexeco)*

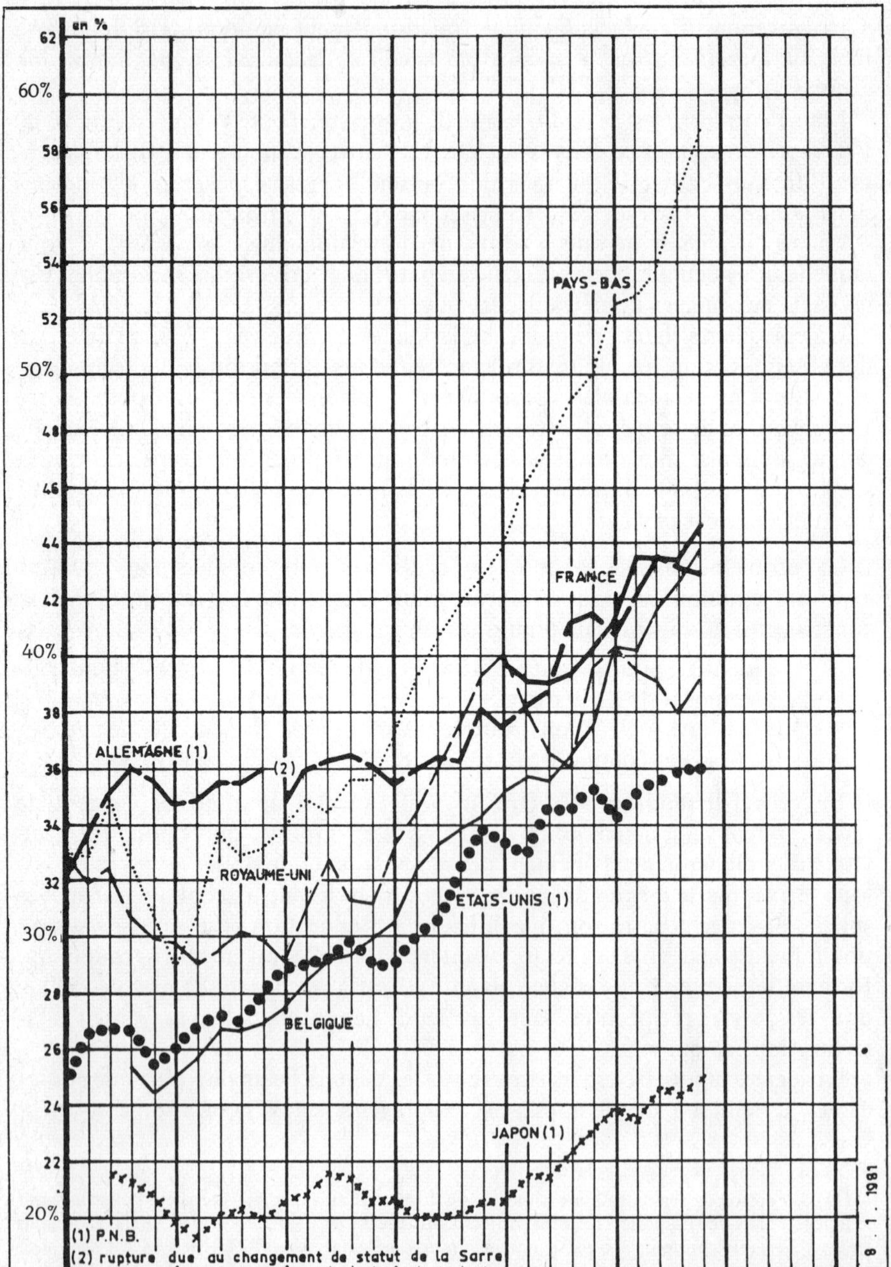

l'information, la formation, etc., sont des devoirs des entreprises. Le dévouement au travail, le perfectionnement incessant, le respect des autres, la maîtrise de l'égoïsme et l'esprit de compromis sont des devoirs des salariés, sanctionnés seulement par l'estime du milieu.

Sans obligation légale, chacun pourtant fait son devoir dans une large mesure, pas du tout par altruisme, mais plutôt par un mélange de sens de l'honneur et d'intelligence de l'intérêt bien compris.

Cette « intériorisation » des règles de comportement a pour contrepartie l'allègement des réglementations externes et des contrôles bureaucratiques... et *l'allègement des frais généraux.*

C'est grâce à la délégation de nombreuses tâches à la « responsabilité morale » d'entités décentralisées (notamment d'entreprises) que l'Etat japonais peut assurer un niveau d'administration, d'éducation, de santé, de recherche et de protection sociale au moins égal au nôtre avec un prélèvement fiscal bien inférieur : 23 % du PIB au Japon contre 44 % en France ou en Allemagne comme le montrent les courbes du tableau 1-10. Notons qu'on ne discerne aucune convergence entre ces courbes : les Japonais ont compris les économies que permet un contrôle social par les liens communautaires et devoirs moraux.

Le tableau 1-11 apporte des chiffres complémentaires empruntés à une comparaison Japon/Etats-Unis. Au Japon, la mortalité est plus faible avec moins de médecins, la criminalité est plus faible (et décroissante) avec moins de policiers, les conflits sont plus rares avec vingt fois moins d'hommes de loi, les auteurs d'agressions sont généralement arrêtés, parce que la foule « fait son devoir » et s'interpose; et pourtant, les prisons sont presque vides, les petits coupables étant relaxés et remis à la surveillance souple de leur groupe social.

Tableau 1-11 – Quelques chiffres significatifs, dans le domaine de la santé et de la criminalité, au Japon et aux Etats-Unis

JAPON	ETATS-UNIS
Santé	
– Espérance de vie (en 1949 : 55 ans) en 1977 : F : 78 ans, H : 73 ans	F : 76, H : 70
– Mortalité infantile (‰) (1933-1937 : 115) 1978 : 9	18 ‰
– Nombre de médecins par habitant	presque deux fois plus
Criminalité	
– De 1948 à 1973, criminalité diminuée de moitié	fortement accrue
– Niveau actuel de criminalité pour 1 000 habitants	5 fois plus
– Nombre de policiers pour 1 000 habitants	3 fois plus
– Nombre d'hommes de loi pour 1 000 habitants	20 fois plus
– % d'arrestation d'auteurs d'agressions nocturnes : 78 %	2 %
– Fréquence de condamnations à prison : faible (5 %)	forte
– Nombre de psychanalystes	100 fois plus

(Source : *The Economist,* 23 février 1980).

Nous apercevons déjà que les éléments apparemment disparates présentés ci-dessus vont de pair avec un système japonais fondé davantage sur les responsabilités morales d'entités autonomes que sur une réglementation omniprésente.

Nous avons abordé l'étude du Japon parce qu'il détenait le record de la croissance du PIB, et le secret d'une compétitivité exceptionnelle. Or, nous voyons que ces performances quantitatives coexistent avec, au plan quantitatif, une société qui cultive les valeurs humaines d'épanouissement dans le respect des autres, la maîtrise de soi, l'effort et l'harmonie; une société qui combine le capitalisme le plus compétitif avec un haut degré de personnalisme et d'autonomie communautaire. Notre intérêt pour cette recherche se trouve donc doublement justifié.

Pour situer la société japonaise par rapport à la nôtre, nous pouvons présenter trois observations concernant :

— les racines différentes de nos deux sociétés,
— les racines semblables,
— les divergences modernes.

1 - Les racines différentes de nos deux sociétés

Notre groupe d'étude a plusieurs fois commenté le fossé culturel existant entre notre société judéo-chrétienne puis aussi freudo-marxiste et une société profondément influencée par les enseignements bouddhiques, zen et confucéens.

— Pour nous, Dieu crée la nature, il est à l'origine et à la fin des temps; pour eux, il s'identifie à la nature, et il inspire le présent.

— Notre Dieu est personnel, la relation personnelle avec lui nous confère un ferment de non-conformisme qui a peut-être permis notre décollage, mais ne favorise pas toujours l'harmonie, qui est pour eux un but suprême.

— Nos religions sont porteuses d'une foi, d'un dogme de vérité qui a parfois incité ceux qui les possèdent à user de la contrainte, ce qui crée naturellement l'opposition. Pour eux, la religion n'a pas de credo à imposer, elle est méthode pour parcourir un chemin, pour réaliser l'expérience de la vie.

Pour lointaines qu'elles paraissent, ces différences ont des conséquences très concrètes que nous avons pu observer dans les comportements aussi bien dans l'appareil de l'Etat qu'au sein de l'entreprise : *chez nous, la vérité vient d'en haut; chez eux, de partout*. Pour nous, la décision c'est le chef qui tranche; pour eux, c'est le consensus sur une nécessité. Notre approche des problèmes de gestion est souvent dogmatique, tandis que la leur est plus concrète, centrée sur les faits actuels et l'action présente.

2 - Les racines semblables

Si nous considérons, non pas l'état actuel mais les *sociétés traditionnelles* française et japonaise d'il y a un ou deux siècles, nous trouvons alors que, malgré des racines religieuses profondément différentes, les deux sociétés ont un *tissu social* qui présente sur bien des points des similitudes.

— Les liens moraux entre personnes (dans la famille, le métier, le village, etc.) constituent un tissu social serré qui contribue à la solution des problèmes beaucoup plus que la réglementation imposée de l'extérieur.

— Les relations de devoirs réciproques, de confiance et de loyauté ont plus d'importance que les relations juridiques.

— Les hommes sont groupés en communautés autonomes rassemblées pour survivre et qui sont la source de leurs propres règles internes. Chacune a sa personnalité. L'entreprise, comme la famille, crée entre ses membres un lien spirituel.

— L'autorité de la hiérarchie, le respect des aînés, les positions distinctes de l'homme et de la femme sont acceptés comme des évidences.

— Chaque unité locale assure la responsabilité des services d'assistance et du contrôle social à son niveau.

Ce type d'organisation sociale ne prétend pas être parfait, il est souvent étouffant et parfois impitoyable. La pression du groupe remplace la réglementation, et la sanction est souvent la marginalisation par le groupe. Mais si on réussit à l'établir sur des bases saines, il est à la fois personnalisé, vivant et... économique.

Ces caractéristiques traditionnelles de responsabilité locale se sont maintenues au Japon beaucoup plus qu'en France. Même dans les quartiers urbains s'y créent des collectivités informelles, assumant des fonctions d'assistance et d'utilité, avec assemblée délibérante et cagnote commune.

Notons que la Suisse a préservé davantage que nous les responsabilités locales : tous les citoyens de la commune coopérant au maintien de l'ordre et détenant leur fusil pour cas de guerre, l'entreprise libre de sa gestion et de son plan comptable, le canton assurant l'administration et l'enseignement, cela exprime une société largement auto-contrôlée, dans laquelle l'Etat peut modérer le prélèvement qu'il opère sur le PIB (16) (17).

---

(16) Dans *The Great Tribe*, un universitaire australien, professeur à Tokyo, le professeur Gregory Clark, prétend que la société occidentale est bloquée par la *rigidité* de son système réglementaire et contractuel. Le Japon s'appuie davantage sur les liens sociaux, les responsabilités morales et la confiance qui sont éminemment *adaptables* aux changements de situations (et intègrent davantage le long terme). A quoi s'ajoute l'avantage de *moindres frais généraux nationaux,* chaque unité assumant les problèmes à son niveau. Selon sa thèse, par rapport à une société régie par les droits et règlements, une société régie par les liens moraux a le triple avantage d'être plus adaptable, moins chargée de prélèvements bureaucratiques, et plus proche de l'harmonie heureuse. (Notons que le livre du professeur G. Clark, écrit en japonais, n'a pas encore été traduit en anglais).

(17) Les impôts suisses ne représentent qu'environ 32 % du PIB (mais vont croissant). On vérifie dans ce cas que le contrôle décentralisé par morale sociale entraîne moins de frais que le contrôle juridico-bureaucratique.

Dans le monde des entreprises d'Allemagne et de Suisse, on trouve aujourd'hui moins de juridisme et de dogmatisme que chez nous; on constate plus fréquemment que chez nous le respect de la communauté qui lie tous les membres de l'entreprise, l'effort vers le consensus; et par ailleurs le fait que s'accorder sur un système de valeurs paraît aussi important que s'accorder sur des clauses de contrat.

Ce rapprochement avec le Japon n'est pas fortuit. A des dirigeants japonais, nous demandions « avec quels Occidentaux ils se comprenaient le moins mal ». Après plusieurs détours polis, ils ont fini pas dire : « Les Allemands et les Suisses ». Conséquence vérifiable : ils y exportent beaucoup plus que nous. Et, pour le management par consensus, Francfort est à mi-chemin entre Paris et Tokyo.

3 - La divergence moderne

A partir d'une société traditionnelle semblable sur bien des points à celle du Japon, l'Occident s'en est écarté à l'époque moderne, n'ayant pas su marier l'industrialisation et la démocratie avec son tissu social originel.

Pourquoi? Peut-être parce qu'en Occident le contrôle social par les devoirs moraux a laissé en fait trop de facilités à l'abus de pouvoir par les plus forts. Partiellement déconsidéré par son laxisme moral, le tissu social a mal résisté aux chocs de l'industrialisation-urbanisation; et déçus par les devoirs, tous les espoirs de progrès ont été mis dans la société des droits, puis dans la lutte des classes.

Cette évolution moderne de l'Occident a apporté d'immenses progrès sur le plan des libertés civiques, de la protection des personnes et de l'élévation du niveau de vie. Mais les commentateurs de tous bords constatent que tous ces progrès nous ont menés à une société déchirée de conflits où l'homme est souvent solitaire dans la foule ou devant les institutions. Car cette évolution a comporté, schématiquement, les revers suivants :

— Le démantèlement des « corps intermédiaires » a laissé l'individu seul face aux pouvoirs publics, avec affaiblissement progressif du tissu social localement responsable, puis création par la loi de nouveaux corps intermédiaires à vocation conflictuelle.
— Le contrôle social est devenu un service d'Etat, ainsi que l'assistance, l'enseignement, etc.
— On a créé puis multiplié les droits du citoyen. A chaque nouveau problème on crée de nouveaux droits, et des organes pour les administrer. De la société des liens moraux, on passe à la société des ayants droit.
— L'entreprise se développe comme cellule responsable, mais, dépouillée de sa dimension morale et communautaire, elle engendre la lutte des classes plus souvent que l'harmonie.
— Le mouvement des idées légitime que l'on « tue le père », ce qui signifie à la fois contestation de la hiérarchie, non-transmission des valeurs du passé... et parcage des vieux dans les hospices d'Etat.
— Parallèlement,le précepte de progrès par le conflit déconsidère l'harmonie et légitime les attitudes d'affrontement, d'accusation, de violence.

— Le prélèvement de l'Etat sur le PIB ne cesse de s'accroître, et parallèlement le nombre des conflits, le nombre des juristes et le nombre des psychiatres.
— Le concept de morale est évacué : on n'ose plus enseigner cet art de conduire sa vie parmi les autres, ni même en parler, de peur de paraître vieux jeu dans la « société des droits » avec son idéologie de « sacralisateur du conflit » et d'« utilitarisme permissif ».

Ces quelques traits trop schématiques ne sont pas cités pour renier notre société et les immenses progrès qu'elle nous a apportés, mais pour rappeler que notre modèle de société réglementée par le haut et d'administration proliférante d'ayants droit antagonistes ne peut pas poursuivre son développement sur cette ligne sans aboutir à l'impasse. Et dans l'entreprise, microcosme de la société, nous observons le même phénomène : la décision de haut en bas, le taylorisme anonyme, les rapports sociaux strictement juridiques et la lutte des classes conduisent à une entreprise déchirée et bloquée, à compétitivité médiocre, qui répond mal aux attentes des personnes qui y travaillent.

Le grand message du Japon est de nous montrer que ces frustrations et déchirements ne sont pas une fatalité, qu'il est possible de marier l'économie de marché et le développement technique moderne avec le maintien d'un tissu de relations sociales assurant à chacun participation et protection « personnalisées ». L'ensemble est certes très imparfait, parcouru de tensions nombreuses et imposant des contraintes pesantes, mais il résorbe assez bien les conflits, montre une efficacité très adaptable et semble répondre à des attentes insatisfaites chez nous.

Le moment est sans doute venu de repenser les rôles respectifs du devoir moral et de l'obligation juridique dans l'organisation de la société.

L'obligation juridique est indispensable pour garantir les personnes contre les abus et pour assurer la sécurité des échanges économiques. Mais elle comporte la contrainte, la solution fermée prédéterminée, la sanction externe, la rigidité impersonnelle, le coût d'exploitation élevé, qui empêchent que toute la vie humaine puisse être juridiquement réglementée.

Le devoir moral est certes faillible et incertain, mais il s'appuie sur la décision libre des personnes responsables, il cultive la relation interpersonnelle, il débouche sur des solutions ouvertes et créatives, donc adaptables et décentralisées; et sa fiabilité peut être renforcée par l'éducation du caractère, la conscience de l'intérêt bien compris et le contrôle social du groupe. A ces divers titres, le tissu des liens moraux est nécessaire à une société efficace et heureuse, et doit être réhabilité par une désescalade de l'inflation des droits et de celle des conflits.

Au-delà des records dans la croissance et la compétitivité, c'est l'existence d'une société à la fois technique et humaine qui a été pour nous la révélation du Japon.

Beaucoup prétendent qu'il s'agit d'une singularité culturelle intransmissible.

Notre hypothèse est que *le « modèle japonais » comporte aussi une composante universelle,* dont les Japonais eux-mêmes n'ont pas conscience, et que nous essaierons de dégager dans les chapitres qui suivent.

DEUXIÈME PARTIE

Idées pour le management français

Pourquoi le Japon est-il, depuis peu d'années, si présent dans nos esprits et dans nos conversations? Sans doute à cause de sa réussite surprenante qui nous soumet à un double choc :

— *choc concurrentiel*, qui secoue les professions les plus solidement établies, les entreprises les plus sûres d'elles,
— et *choc culturel*, qui frappe la plupart des dirigeants ayant pu établir un contact profond avec l'entreprise japonaise et la société dont elle fait partie : nous avons essayé de l'exprimer dans la première partie de ce livre.

Ce double choc suscite en Occident un jaillissement d'idées et suggestions de toutes sortes : pour notre part, nous consacrerons à de telles suggestions toute la suite de ce livre.

Non pas qu'il s'agisse de « copier le Japon » : nous ne voudrions inspirer à personne une attitude aussi simpliste.

Ce que le Japon doit nous apprendre, c'est d'abord à nous regarder nous-mêmes. De sorte que les idées que nous proposerons ne sont pas des idées sur le Japon mais *des idées sur nous-mêmes vues du Japon.*

Les *idées applicables* que nous pourrons ainsi proposer seront moins des recettes que des bases de réflexion pour l'action : à mi-chemin entre la technique et la philosophie.

La deuxième partie « Idées pour le management français » se situe principalement au niveau du transfert de méthodes dirigées vers l'application dans les entreprises. Il s'agira d'idées illustrées par le Japon mais faisant déjà l'objet de réalisations européennes positives.

La troisième partie « Morale de l'économie et de la société » se situe au niveau de l'interrogation culturelle. Ayant recueilli au Japon des concepts nouveaux, nous en tirons une grille d'analyse que nous appliquons à la France avec les réserves nécessaires.

La deuxième partie comprend les six chapitres suivants :

CHAPITRE 2

Idée de base : l'entreprise moderne est faite de tous ses hommes

Juridiquement, l'entreprise est une personne morale, instituée par un contrat de société (entre les actionnaires), et qui à son tour noue des contrats avec ses salariés et ses partenaires commerciaux. Economiquement, l'entreprise est un « système ouvert » utilisant des techniques pour servir rentablement des marchés.

Il n'est donc pas banal de dire, suivant l'exemple japonais, que l'entreprise moderne est *d'abord faite de tous ses hommes* : non pas au sens patrimonial, mais *au sens communautaire d'appartenance réciproque.*

Ce n'était pas vrai de l'entreprise taylorienne, qui coordonnait de façon anonyme des pions humains dans un milieu peu développé. Mais cette entreprise se périme rapidement dans le contexte éduqué, informé et développé que nous connaissons. L'entreprise moderne ne peut mobiliser ses ressources humaines qu'en combinant les incitations classiques à une relation d'appartenance communautaire.

Beaucoup de Français pourtant semblent encore partagés entre trois conceptions de l'entreprise, qui sont chacune périmées et/ou incomplètes :

— la « *tradition d'intégrisme libéral* », qui place au premier plan le profit concurrentiel et la gestion rationnelle, le salarié n'étant en somme qu'un moyen parmi d'autres...

— la « *pensée managériale dominante* », pour qui l'entreprise est d'abord faite d'un groupe de *cadres*, noyau central, qui utilisent salariés et machines comme des moyens.

— et le « *discours populiste à la mode* », qui fait du salarié le but de l'entreprise, mais qui, au nom de l'humain, encourage en fait la gestion laxiste qui conduit au malheur.

Seule une minorité (petite mais croissante) d'entreprises françaises ont *en fait* un comportement qui réussit à conjuguer étroitement le centrage sur tous les salariés et le centrage sur la compétitivité. Pour celles-ci, ce ne sont pas seulement les états-majors, ce sont aussi *les fantassins qui gagnent les batailles*. Il est significatif que les leaders de cette minorité (tels Leroy-Somer ou Faiveley) aient parfois été considérés par leurs pairs comme représentant un courant utopiste d'importance marginale.

Or, l'entreprise japonaise typique fonctionne sur des principes très proches de ceux de Leroy-Somer, mettant au premier rang à la fois les hommes et la compétitivité. Et lorsque toutes les entreprises d'une nation fonctionnent sur ce principe, l'efficacité résultante est extraordinaire.

« Le respect des hommes domine le respect envers l'argent, observait un dirigeant, et c'est économiquement plus efficace ».

Nous verrons plus loin comment cette idée de base peut se traduire dans diverses pratiques de direction. Bornons-nous ici à l'exprimer au niveau de la conception même de l'entreprise moderne.

Créée éventuellement par un seul, l'entreprise qui atteint une certaine taille est surtout constituée par les hommes à qui elle offre un moyen de vivre et de s'accompir tout en servant la collectivité.

Cette vocation suppose la survie compétitive, pour laquelle l'entreprise doit s'adapter activement et progresser sur tous les plans, sous l'impulsion des actionnaires ou dirigeants, et avec le plein concours des salariés qui doivent développer leurs qualifications, et qui voient clairement leur intérêt dans la réussite de leur entreprise. Conditionnant emploi, salaires, promotion, cette réussite est à la fois économique et sociale.

Elle est le fruit de décisions souvent difficiles qui seront pleinement efficaces par une large adhésion résultant d'une politique d'information, de concertation et d'équité facilitant le climat de confiance qui reflète les liens moraux existant entre les membres d'une communauté.

Car l'entreprise ne se réduit pas à la seule dimension juridico-financière (statuts, bilans, contrats, fiches de fonction...); son fonctionnement met en jeu des relations entre personnes qui ne peuvent être réduites au seul formalisme juridique ou taylorien, car leur épanouissement efficace repose aussi sur un tissu de liens moraux, de devoirs réciproques.

La compatibilité entre les exigences du marché concurrentiel et celles de devoirs humains pose certes des problèmes difficiles. Hors le cas de bouleversement sectoriel, ces problèmes peuvent être résolus par une information active qui intériorise chez les salariés les contraintes du marché et permet de concerter leur adhésion aux changements nécessaires. *Ce processus d'ajustement fait partie des règles du jeu de l'entreprise civilisée.*

Il n'est pas facile de trouver des solutions à la fois économiques et humaines. Mais cette recherche est rentable, car « *l'homme n'est pas une machine* », et il est plus efficace dans une organisation qui le considère.

* * *

L'Occident s'est jusqu'ici borné au concept d'une entreprise dirigée technocratiquement, qui accepte comme inévitable d'être déchirée par la lutte des classes, les conflits sociaux, les cabales de clans, les rivalités irréductibles et handicapée de ce fait par maints blocages insurmontables.

Quelques entreprises françaises et beaucoup d'entreprises japonaises nous montrent qu'il est possible d'ambitionner un plus haut niveau d'organisation, considérant les salariés comme des personnes (et non plus seulement comme des numéros), et permettant tout à la fois de diversifier l'information sur les problèmes et de diminuer l'énergie gaspillée sous forme de conflits et blocages.

Telle est l'idée de base à laquelle se rattachent plusieurs des idées particulières que nous allons maintenant analyser dans les chapitres suivants.

*
* *

Tout autant qu'un système juridico-technique, l'entreprise moderne est une *communauté* à la fois *combattante* (vers l'extérieur) et *peu conflictuelle* et *peu bloquée* (vers l'intérieur), qui atteint ainsi les meilleurs atouts de compétitivité.

Pour cette entreprise, *le profit est indispensable* :

— comme test d'efficacité,
— comme levier de financement du développement,
— et comme facteur de motivation;

il constitue un moyen essentiel mais *non la finalité* de l'entreprise. La finalité ultime est le service apporté aux clients, aux salariés et à la société.

C'est ce qu'illustre la devise affichée par Matsushita depuis soixante ans :

« La finalité primordiale de l'entreprise est de servir la société en échange de l'usage qu'elle a fait des ressources de la société : hommes, capitaux, terrains, services publics... C'est seulement par les activités qui contribuent à la société que Matsushita peut raisonnablement espérer la croissance ».

CHAPITRE 3

Huit idées stratégiques

Sur le plan des stratégies produits-marchés, le Japon n'offre pas, à première vue, de méthodologie originale. Les concepts stratégiques sont pour la plupart importés d'Amérique et ils sont bien connus : mais les Japonais les *appliquent à fond*, comme d'ailleurs les meilleures entreprises occidentales.

En y regardant de plus près, comme nous l'avons signalé au paragraphe 1.2, on observe que les entreprises japonaises appliquent les concepts stratégiques américains avec quatre différences significatives, qui découlent moins des méthodes que des valeurs :

- pensée stratégique plus décentralisée et omniprésente, mais moins formalisée,
- critère de choix qui est moins le profit que la survie et la croissance durable, c'est-à-dire rentable,
- moindre considération pour le court terme et prise de risques courageuse pour le long terme,
- investissement massif (corporel et incorporel) en vue d'une position compétitive à long terme, et financement par endettement long.

Les suggestions que cela nous inspire ne constituent donc pas un système de planification, mais concernent plutôt des attitudes dans l'action qui, suivant les cas, peuvent contribuer à donner au plan stratégique tout son mordant. Nous les avons regroupées autour de huit thèmes :

3.1 - L'expansion en valeur (et en emplois) est illimitée, si nous assumons le risque d'entreprendre.
3.2 - Une double stratégie de l'information.
3.3 - Flexibilité.
3.4 - Priorité à l'avance technologique.
3.5 - Viser la compétitivité mondiale.
3.6 - Spécialisation des entreprises.
3.7 - Vendre au marché japonais.
3.8 - Malgré la crise : aller de l'avant en limitant les risques.

3.1 - L'expansion en valeur (et en emploi) est illimitée, si nous assumons le risque d'entreprendre

Après l'importance des hommes, la deuxième grande leçon du Japon est le caractère illimité du marché et de l'emploi. Nulle part, nous n'avons entendu parler de débouchés fermés, de croissance zéro, de chômage devant s'accroître sans espoir. Partout se développent activement de nouveaux produits-marchés, et le chômage reste stable à 2,3 %. « Le potentiel de nos progrès défie nos prédictions », déclare le président d'une grande entreprise japonaise.

Les raisons de ce relatif optimisme sont exactement applicables à la France. Il peut être utile de les rappeler, d'abord pour atténuer notre présente morosité, mais surtout pour nous encourager aux actions de redressement.

1 - La thèse de l'expansion illimitée (en valeur et en emploi)

Résumons-la en quelques points.

a - *L'expansion mondiale continue*

C'est un fait objectif : malgré toutes les catastrophes, et jusqu'à fin 1979 l'expansion mondiale continue au taux moyen de 4 %, à peine inférieur à celui (5 %) des années 60. Bien plus, les échanges internationaux continuent de s'accroître à un taux plus élevé de moitié, soit 6 % par an. L'économie mondiale et marchande est au plus haut niveau de tous les temps, il n'y a pas de crise mondiale mais une répartition différente de la croissance. La « loi des débouchés » (1) continue de s'appliquer, il n'y a de croissance zéro que pour les économies qui ne s'adaptent pas : c'est le cas de certains pays européens, hier en tête du peloton, qui sont aujourd'hui à la traîne.

b - *Les dangers de pénurie à long terme ont été exagérés*

Pour l'énergie, les risques pétroliers à court terme sont certes préoccupants, mais dans dix et vingt ans la conjonction des nouvelles prospections, du surgénérateur, des énergies nouvelles, et aussi de l'inépuisable fusion nucléaire nous rapprochera progressivement d'une ère durable d'énergie abondante. Et pour les matières premières rares, le génie inventif saura bien trouver des substituts.

---

(1) Enoncée au XIXe siècle par J.B. Say, pour réfuter les craintes de ceux qui, à l'époque, annonçaient que le machinisme allait entraîner une montée irrépressible du chômage, *la loi des débouchés* constate seulement que la création d'une nouvelle production, répondant à un besoin marchand, crée simultanément (par tous les éléments de son prix de revient) un surcroît de pouvoir d'achat de valeur égale : pour l'ensemble des productions marchandes bien orientées et réorientées, les débouchés sont donc illimités. Les productions non marchandes (notamment celles couvertes par l'impôt) suivent le mouvement, à condition que leur proportion dans l'ensemble ne s'accroisse pas trop.

c - *Même si la croissance* en volume *est un jour plafonnée, la croissance* en valeur *(et* en emploi) est indéfinie

Ce point essentiel est démontré par toute l'évolution récente :
Le contenu du PNB en quantités d'énergie, d'acier, etc., diminue constamment par :

- meilleurs rendements, élimination de gaspillage, recyclage;
- allègement, puis miniaturisation des produits;
- accroissement de la part omniprésente d'information et de service.

Ainsi, l'homme de demain sera employé à produire (et appelé à consommer) des valeurs croissantes, même si les tonnages sont plafonnés. Et ceci, tant qu'il existera des besoins marchands et des entrepreneurs capables de trouver le moyen d'y répondre, employant pour cela les ressources disponibles et assurant la croissance de l'emploi.

d - *La croissance contribue à la compétitivité*

Lorsque s'allongent les séries, les coûts baissent plus vite, les frais généraux sont dilués. La croissance motive les hommes et les rend plus efficaces.

D'ailleurs, la croissance rapide des meilleures entreprises doit aussi compenser le déclin de beaucoup d'autres.

e - *Caractère entrepreneurial de la création d'emplois*

C'est une véritable *découverte*, difficile, concrète, finement segmentée, risquée donc entrepreneuriale, qui conduit aux nouvelles activités porteuses de croissance, qu'il s'agisse par exemple :

- des nouveaux produits et procédés, de l'innovation technologique,
- des nouveaux besoins de la société développée d'une part, du Tiers-Monde d'autre part,
- du foisonnement des nouvelles activités de services,
- et de la gestion créative et rigoureuse qu'il faut pour que les reconversions se fassent et que les activités nouvelles (ou modernisées) soient compétitives et rentables.

En économie de marché, il est clair que *la croissance de l'emploi passe par la multiplication des réussites entrepreneuriales :* cette vérité paraît évidente aux Japonais (même aux syndicats japonais), d'où leur faible chômage.

En France, différents facteurs ont contribué à ralentir l'élan entrepreneurial.

2 - En France : les déblocages à réaliser

Évoquons-les très brièvement, sans songer à développer ici ce sujet immense. (2)

---

(2) Notamment, nous disjoignons le rôle que joue le niveau relatif de la monnaie et des salaires dans l'équilibre des échanges, donc dans la situation de l'emploi.

nos entreprises en viennnent à refuser tout investissemnet présentant un risque : *ils exigent une rentabilité assurée*, et passent donc à côté des meilleures occasions.

Du temps de la « croissance en ligne droite » des années 60, l'essentiel des investissements concernaient l'accroissement de capacité : avec un bon marketing et une bonne analyse stratégique, on pouvait en calculer la rentabilité avec peu de risques. Aujourd'hui, les principaux développements innovent profondément dans le procédé, le produit ou le marché : ils ne sont accessibles qu'aux entrepreneurs capables de prendre des risques : ils sont refusés par les dirigeants à l'esprit comptable, qui se replient sur la rationalisation de secteurs vieillissants.

Esquissons les critères complémentaires qui devraient être plus largement utilisés.

a - *Deux niveaux de risque*

Lorsqu'existe une *opportunité définie* de développement dans un secteur bien balisé, l'investissement (corporel et incorporel) nécessaire pour exploiter cette opportunité comporte ce que nous pouvons appeler un *risque classique* : celui qui est lié aux erreurs de prévisions, aux aléas externes (conjonctuels, législatifs...) et aux surprises concurrentielles (un concurrent prend les devants). C'est ce risque classique que les critères de décision habituels prennent en compte; et ce n'est pas suffisant.

Car pour l'entreprise qui doit diversifier son activité, ou refondre complètement ses procédés (pour automatisation, etc.), ces développements nécessaires ne se présentent pas sous la forme d'une opportunité définie (comme les extensions simples d'autrefois), mais comme une *possibilité à découvrir,* une *solution à déchiffrer,* par un processus difficile et aléatoire d'*exploration des possibles* techniques ou commerciaux.

Donc, il n'apparaîtra de projet de développement à rentabilité chiffrable et à risque « classique » modéré, qu'aux entreprises qui auront préalablement consenti et mené à bien un investissement d'exploration stratégique, à haut risque, non calculable, fait de recherche et d'expérimentation de différentes approches.

Les entreprises françaises ont pris dix ans de retard dans les machines-outils à commande numérique, parce qu'une telle novation n'est pas rentable d'emblée, mais seulement après avoir cherché, essayé et trouvé des domaines où elle s'applique avec fruits.

L'investissement d'exploration stratégique peut prendre les formes les plus variées. Un industriel maîtrisant bien les productions de série voulait aborder les composants électroniques; mais lesquels? Pour s'orienter dans ce champ complexe et évolutif, il a commencé par acquérir une firme de négoce en composants, comme moyen d'obtenir en deux ans de gestion et d'analyse attentives une bonne connaissance des qualités critiques, des circuits commerciaux, des évolutions techniques... pour être en mesure peut-être d'identifier un créneau à exploiter. Ce long détour est un investissement d'exploration stratégique : il ne vise pas la rentabilité directe, mais la découverte d'opportunités rentables.

produits », ce qui fut un grand progrès. Et dans cette période d'expansion en ligne droite, la productivité suivait d'elle-même.

Aujourd'hui et demain, dans de nombreux secteurs, la croissance se fera par des produits diversifiés, et il est temps de *penser à des stratégies de production* répondant au défi concurrentiel en réalisant :

— *le doublement de la productivité en dix ans,*

— *le passage à un très haut niveau de qualité-fiabilité,*

— et une *flexibilité largement accrue* (moins de délais et moins de stocks).

Les entreprises qui n'ont pas un plan de progrès sur deux au moins de ces trois axes sont menacées à terme de difficultés graves. Et sur ces terrains aussi, elles doivent engager des investissements d'exploration stratégique.

d - *Résumé pour l'action*

La suite de ce livre apportera quelques éléments pouvant éclairer l'orientation du développement, mais nous pouvons dès maintenant résumer quelques idées directrices et critères de choix.

— Pour assurer son avenir, toute entreprise doit être compétitive dans son activité d'aujourd'hui, mais aussi *produire du progrès pour son activité de demain*. Cette indispensable production de progrès prend la forme d'améliorations, de recherche, d'exploration stratégique et d'investissement. Une part doit lui être réservée dans l'allocation de ressources de chaque année.

— Le budget des ressources affectées au progrès doit être classé en cinq grandes catégories :

1) Recherche et investissements de *capacité* dans les métiers actuels, ou nouveaux connus 2) Recherche et investissement de *productivité* et de *qualité* dans les métiers actuels	Utilité *mesurable* : critère de *rentabilité*
3) Recherche et investissement de *survie à long terme* ou de sauvegarde contre la menace d'un nouveau procédé ou d'une nouvelle approche commerciale 4) Recherche et investissements *d'exploration stratégique*, pour découvrir de nouveaux projets rentables 1 et 2 et en acquérir les connaissances (techniques, commerciales, culturelles...) 5) Recherche et investissements *humains et sociaux* : valorisation des qualifications, conditions de travail...	Utilité peu mesurable Critères qualitatifs Budget et objectif par projet

— Pour l'entreprise servant des marchés en croissance rapide, l'essentiel du budget de progrès doit être investi dans les catégories 1 puis 2, avec critère de rentabilité par projet.

— L'entreprise dont les marchés sont stabilisés peut porter un grand effort sur la catégorie 2 (productivité-qualité) pour acquérir le leadership compétitif. Mais le plus souvent, ce sera par des procédés nouveaux exigeant exploration stratégique 4 et investissement humain 5.

— Une autre voie est la diversification, qui exige évidemment exploration stratégique et investissements humains.

— Pour piloter son progrès, l'entreprise a donc besoin, en plus des procédures classiques, de deux éléments trop peu présents dans le management contemporain :

— Vigilance technico-commerciale des menaces compétitives et des voies éventuelles de progrès (produits, procédés, hommes), d'où l'on déduit un programme d'explorations stratégiques à rentabilité non chiffrable, choisies suivant des critères qualitatifs de préférence (proximité, accessibilité, ampleur de l'enjeu, durée de l'avantage, etc.);

— Dans le cadre de l'enveloppe budgétaire de ces projets de progrès sans rentabilité mesurable, *contrôle des résultats* obtenus par projet et des *flux financiers* par grand secteur de développement.

En période de récession, il faut évidemment restreindre les dépenses. Mais gardons-nous de couper tous les efforts de progrès sans rentabilité mesurable : car c'est par eux que nous sortirons de la récession. Ne coupons que les projets qui ont à moitié échoué (il y en a toujours). Quant aux plus prometteurs, maintenons-les car ils portent en eux la survie et l'expansion rentable de demain.

3.2 - Une double stratégie de l'information

Nous avons découvert au Japon, et vérifié en France par le cas d'entreprises qui ont la même pratique, que l'entreprise pouvait être véritablement transformée dans sa physiologie par une stratégie de l'information qui apporte à chacun plus de compétence et d'implication professionnelle, et simultanément plus de participation et de motivation humaine.

1 - Un plan d'information japonais

Tous les observateurs ont constaté l'énorme importance de l'information dans les entreprises japonaises. Résumons un plan type en cinq points.

a) Chacun a le devoir d'apporter des informations utiles.
De sources multiples viennent les informations sur l'extérieur (marchés et techniques) et l'intérieur, qui sont soigneusement diffusées, accumulées, utilisées pour la préparation des décisions.

b) Suivant les lignes hiérarchiques, l'information est discutée autour des quatre thèmes ci-après :

— Où passe l'argent que nous versent les clients : commentaire du compte d'exploitation et perspectives.

— Qu'avons-nous donné en retour aux clients : qualité, service, améliorations...

— Quel est le contexte extérieur : marchés, technologies, concurrents, succès, échecs, défauts de qualité, points forts, points faibles.

— Quelles améliorations sont en préparation : nouvelles stratégies produits, améliorations de productivité et qualité, économies d'énergie, reconversions d'hommes par formation, avantages sociaux, etc.

Voilà un plan d'information délibérément extraverti et entrepreneurial.

c) La préparation des décisions est faite en groupe, en puisant de façon peu formalisée dans le stock d'informations perçues par tous les intéressés : chacun a eu accès aux faits déterminant la problématique concernée, et cette large information préalable est, comme nous le verrons, une composante essentielle du fameux « consensus ».

Cet exemple doit nous inspirer quelques réflexions sur la pratique française traditionnelle.

2 - Une tradition française d'information pauvre

A l'égard de leurs publics externes (opinion locale, média...) ou internes (salariés), les entreprises françaises ont généralement une tradition d'information restreinte. A travers mille variantes, on peut schématiser trois positions typiques.

a - *Information minimale*

Dans la vieille tradition du secret, certains chefs d'entreprises, par ailleurs fort avisés, restent dans une sorte d'intégrisme pour lequel toute information comporte un danger ou un risque; c'est par méthode qu'ils la réduisent au minimum, tant vers l'extérieur que vers l'intérieur. Même les informations de gestion sont peu abondantes et restent confidentielles; on cherche à s'en tenir aux ordres et aux comptes rendus car on sait notamment que : « *Marge connue, marge foutue!* ». Sur tous les problèmes délicats, un principe constant : « *En dire le moins possible* », car tout ce qu'on dit engage et peut se retourner un jour contre vous. Face aux contraintes et incompréhensions de toutes sortes, certains vont jusqu'à dire : « *La bonne gestion ne peut être que clandestine* ».

Cette position intégriste n'est pas sotte, elle est justifiée dans certains domaines particuliers, mais, pour une entreprise de quelque dimension, elle exclut la décentralisation et ferme les portes de l'avenir.

b - *Information de gestion*

Beaucoup d'entreprises ont réalisé un progrès important en développant pour usage interne l'information de gestion, en apportant à chaque salarié (cadre ou exécutant) toutes les informations jugées utiles pour qu'il remplisse efficacement sa fonction : objectifs, plans, budgets, écarts, coûts, résultats, rendements, modes opératoires, documentation technique, etc., règlements internes, procédures à suivre et services à consulter face à différents aléas ou problèmes.

Un tel système d'information interne, soutenu aujourd'hui par les moyens informatiques, accroît, s'il est bien conçu, l'efficacité de l'entreprise et devient vite indispensable; mais il n'est pas suffisant. Dans sa logique taylorienne, il a le défaut du centralisme et du réductionnisme : on distribue à chacun l'information dont « le centre » juge qu'il a besoin pour sa tâche, qui est celle de rouage d'une horloge. Chaque rouage a sa portion d'information et pas plus, pour ne pas perdre de temps. « *Ça ne concerne pas votre fonction* », ou « *D'autres sont payés pour penser à ces problèmes* », restent les maximes en usage; et beaucoup de données utiles ne sont pas saisies par le système. On gagne en rationalité mais pas en adhésion ou en flexibilité : blocages et conflits subsistent.

c - *Informations de gestion et de relations humaines*

Au cours des années récentes, beaucoup d'entreprises ont fait un pas de plus : à l'information fonctionnelle (technique et de gestion), elles ont ajouté tout un système *d'informations de relations humaines et de relations publiques*. Le principe est d'apporter aux salariés d'une part, aux publics externes d'autre part, les informations « non fonctionnelles » reconnues (après étude) comme répondant à leurs intérêts ou à leurs ignorances. Dans cet esprit ont été développés des *émetteurs centraux* d'information (journal d'entreprise, présentations audio-visuelles, articles de presse), et des canaux décentralisés de communication plus personnalisée faisant appel aux cadres comme relais et comme agents de dialogue. Dans son excellent ouvrage, *L'information dans l'entreprise* (3), François Gondrand présente :

— neuf occasions d'informer,
— et trente moyens d'informer : oraux, écrits, audio-visuels et combinés.

Ces développements sont positifs. Mais dans de nombreuses réalisations concrètes, on décèle le défaut *d'information unilatérale*, peu crédible pour le récepteur et peu motivante pour le cadre « émetteur de relais ». Le contenu et la forme ne suscitent qu'un faible intérêt, et au total les tensions et blocages ne sont guère atténués.

3 - Pour une nouvelle stratégie de l'information

Les dirigeants doivent prendre conscience du fait que, pour maîtriser les défis du monde moderne, *leurs entreprises doivent acquérir une physiologie plus tonique*, et que ce progrès exige *une nouvelle stratégie de l'information.*

Vers l'intérieur, le but doit être que chacun reçoive non seulement l'information fonctionnelle utile à sa fonction stricte, mais aussi les informations de toutes natures pouvant lui faire comprendre la vie marchande, technique et

(3) Les Editions d'Organisation, Paris, 1975.

entrepreneuriale de la maison assez clairement pour qu'il puisse à son niveau, *s'identifier aux problèmes et aux enjeux de l'entreprise*, et y contribuer avec plus d'initiative, de compétence et de motivation. Notons qu'on ne s'identifie bien qu'à une entité qui vous respecte et que l'on peut influencer. Même très incomplète, cette identification permet au commandement de s'exercer moins par la contrainte et davantage par la concertation à partir d'une information riche; elle renforce la légitimité des décisions arrêtées, donc atténue les blocages et conflits et permet une plus grande vitesse d'adaptation.

Vers l'extérieur, le but doit être d'apporter à chaque partenaire principal (gouvernement, collectivités locales, presse, groupements de consommateurs...) assez d'informations utiles et éclairantes pour eux, et assez de flexibilité pour s'adapter à leurs demandes légitimes, pour que le climat de relations vire de la froideur à la coopération.

Le postulat est que la plupart des problèmes peuvent être à moitié résolus par un flux pertinent d'information factuelle, de dialogue ouvert et d'ajustements constructifs. Les entreprises qui l'ont joué à fond ont vu la force froide de la rationalité recevoir l'appui de l'influence chaleureuse des réseaux d'opinion, pour faire triompher les solutions positives.

Comment obtenir concrètement ce changement de physiologie?

4 - Quelques suggestions pratiques

Nous ne pouvons ici ni énoncer les conditions générales à réunir, ni même proposer un plan sur le seul terrain de l'information. Nous nous bornerons à énoncer quelques suggestions pratiques qui ne sont peut-être pas les plus importantes, mais plutôt celles qui ont été le plus souvent émises.

a - *Information sur le monde extérieur et la position entrepreneuriale*

Plus encore que d'informations internes et communautaires (qui sont fort utiles), les salariés ont besoin d'informations sur le monde extérieur et la position entrepreneuriale de la firme :
— les ventes, les clients, les marchés, les techniques,
— la qualité et ses défauts; les concurrents et leurs performances,
— les évolutions en cours, etc.

b - *Documentation professionnelle*

Dossiers techniques, catalogues, normes, méthodes... banques de données et bibliothèques professionnelles : avec contenus accessibles transférés si nécessaire par le moyen de la formation.

c - *Sources multiples : chacun a pour mission d'être source d'information*

Il faut abandonner l'idée que toute l'information utile puisse procéder d'une source unique, ou de quelques services centraux spécialisés. Sans amoindrir le rôle de ces services, il faut décentraliser la fonction de saisie et transmission. Chaque salarié (dans les services commerciaux, techniques administratifs...) doit avoir la *mission de saisir et transmettre toute donnée hors routine qu'il juge utilisable pour l'action.* La direction doit encourager cette attitude à tous les niveaux, en reconnaissant explicitement le mérite de ceux qui apportent ainsi le plus d'information utile. En stimulant sur ce terrain une saine émulation, on alimente l'entreprise en informations d'une variété inaccessible par approche centralisée — et d'un coût très faible.

d - *Information factuelle, analytique, « en temps réel »*

Comme le savent bien les journalistes, mais comme l'ignorent souvent les hommes d'entreprise, les « récepteurs » sont rebutés par l'information générale, synthétisée et diffusée de loin en loin, dont le prototype est le « rapport annuel » : bien souvent l'information trop digérée n'est même pas lue.

Mais le récepteur est friand de faits partiels concrets, présentés au fur et à mesure qu'ils surviennent, permettant de vivre « en temps réel » la vie de la firme et de participer à son « suspense ».

e - *Les mauvaises nouvelles autant que les bonnes*

Comme l'a fortement exprimé McLuhan, ce sont les mauvaises nouvelles qui créent la dynamique de l'information. Une information expurgée de ses mauvaises nouvelles n'intéresse pas, est peu lue, n'est pas crédible, ne suscite pas la confiance, ne prépare pas à l'effort et au risque. Les données factuelles diffusées devront donc comprendre les échecs commerciaux, les pépins techniques, les conflits d'opinion, les erreurs humaines, etc. Il ne faut pas croire que ces nouvelles démoraliseront le personnel : qu'on le veuille ou non, c'est surtout de cela qu'on parle dans les couloirs. Et comment faire vivre l'entrepreneuriat si on en cache les risques? Comment légitimer un changement si on a longtemps caché les faits qui le rendent nécessaire?

f - *Diffusion générale et dispatching segmenté*

Une partie de l'information doit avoir une diffusion générale à tous les salariés, par les voies appropriées. Mais tout le reste doit faire l'objet d'un dispatching segmenté par secteur ou par niveau. Chaque chef de service assure aussi le dispatching au sein du service des informations qui lui parviennent.

g - *Filtrage*

Nous avons déconseillé de censurer les mauvaises nouvelles; mais il faut toutefois un filtrage pour éliminer les nouvelles fausses ou biaisées, pour alléger le flux des données exactes qui ne semblent pas constituer des informations utilisables, et parfois aussi pour améliorer la formulation ou la présentation.

h - *Réseaux personnalisés pour l'information qualitative*

En marge de l'information formalisée, aisément transmise par chiffres, lettres ou graphiques, il ne faut pas méconnaître le rôle important de l'information qualitative, floue, émergente, qui ne peut être saisie, traitée ou transmise que par *relations interpersonnelles*. Les solutions concernant l'innovation, la qualité, les problèmes personnels, etc. doivent être alimentées en faits qualitatifs par des canaux relationnel adéquats.

i - *Interfaces latérales de « traduction », d'enrichissement, de créativité*

Entre spécialités différentes, l'information ne circule bien que si elle est « traduite » dans un langage compréhensible par le récepteur. Deux disciplines qui ont ainsi réussi à établir entre elles un interface de dialogue peuvent l'utiliser pour enrichir l'information d'apports pertinents au problème posé : processus éminemment favorable à la créativité.

j - *Propositions ascendantes*

Il convient de favoriser particulièrement le courant d'information qui, ayant sa source dans une proposition émanant d'un étage inférieur, aboutit à un examen de la proposition à un niveau supérieur et éventuellement à une décision d'application. L'ouverture à ce courant est caractéristique du degré d'avancement et de maturité d'une organisation.

k - *Information sur les enjeux stratégiques, les règles internes et le système de valeurs de l'entreprise*

Il s'agit là d'informations synthétiques, mais d'un haut niveau de signification pour tous les membres de la communauté que constitue l'entreprise. Elles peuvent être le thème de réflexions et débats internes, notamment à l'occasion d'incidents actuels ou d'applications controversiales qui en auraient été faites.

Nous arrêtons ici une liste fort incomplète de suggestions pratiques. C'est par cette voie de l'information vivante que l'entreprise peut progresser vers davantage de compétence, de consensus et d'adaptabilité.

Les *supports* de ces informations? Les principaux sont la feuille ronéotée, le terminal informatique, l'entretien en petit groupe et, dans quelques cas, la présentation audiovisuelle.

Le *coût* de ce flux abondant d'information n'est-il pas écrasant? Il le serait si toutes les saisies de données étaient centralisées. Mais lorsque la plupart des données hors routine proviennent de l'initiative de chacun, en « sous-produit » de son travail, le système est largement automoteur — ou plutôt surgénérateur comme les futures centrales nucléaires : produisant plus d'énergie humaine qu'il n'en consomme.

5 - Exemples français — Le cas de Majorette

Les Japonais nous montrent sur une vaste échelle le double impact stratégique et humain d'une politique moderne d'information qui réellement *transforme l'entreprise* en un organisme plus anticipateur, créatif et agile, moins conflictuel, plus compétitif et finalement plus heureux. Mais sur notre terroir, il ne manque pas d'entreprises qui ont joué la même carte gagnante avec une efficacité au moins égale à celle des Japonais.

Citons le cas exemplaire de la société Majorette, fondée en 1961 et aujourd'hui vedette de la Bourse de Lyon.

Dans un exposé sur sa pratique d'actionnariat du personnel, M. Emile Véron, Président fondateur de Majorette, affirmait que tous les collaborateurs de l'entreprise peuvent utilement contribuer aux grandes décisions de l'entreprise, à condition d'être informés, et il s'écriait : « Si l'information est suffisante et renouvelée suffisamment souvent — et ceci je l'atteste par une expérience qui a déjà neuf ans — chaque employé ne réagit pas différemment d'un actionnaire ordinaire. Mettez-vous bien dans l'esprit, Mesdames et Messieurs, qu'il n'y a pas deux races d'hommes, il n'y a pas les cadres, il n'y a pas les patrons, il n'y a pas les ouvriers. C'est faux. *Les hommes réagissent de la même façon. Seul leur niveau d'information est différent, c'est tout!* » (4).

Aucun préjugé, aucun blocage ne résiste à une information adéquate et continuelle; et la participation des salariés aux décisions même stratégiques devient alors possible.

Fondant sa réussite sur l'information, source de meilleures décisions et de consensus pour le progrès, Majorette a décrit comme suit certaines de ses pratiques :

« La place donnée à l'information s'inscrit dans le climat de participation que les responsables se sont efforcés de développer depuis la création de l'entreprise en 1961.

« L'information est automatiquement répercutée par la voie hiérarchique;

« Des réunions mensuelles permettent à chaque chef de service de réunir son personnel.

« Trois fois par an, une réunion générale regroupe l'ensemble du personnel. Les comptes rendus de réunions du comité d'entreprise sont distribués à l'ensemble du personnel.

« Des cours d'initiation à l'économie compréhensibles par tous sont donnés par la direction et l'encadrement, sur le temps de travail, deux ou trois fois par an.

« Ils permettent de bien comprendre le fonctionnement et les problèmes d'une entreprise et de donner les moyens aux membres du personnel de mieux exercer les responsabilités que confère la qualité d'actionnaire salarié.

---

(4) Extrait du compte rendu de la session CEGOS du 25.10.1977 sur l'actionnariat des salariés, p. 80.

« En outre, cette politique de formation et d'information systématique a permis de décentraliser la gestion et la préparation des budgets au niveau des responsables qui travaillent en étroite collaboration avec leur personnel.

« L'ensemble des équipes de travail sont ainsi extrêmement motivées. »

« La valeur de l'action a été *multipliée par six* en quelques années » (5).

D'autres exemples existent, issus de notre terroir. Sachons mieux manier en France le puissant levier de l'information.

3.3 - Flexibilité

Les Français ont vécu trop longtemps dans le mirage du produit génial ou du plan cohérent grâce auxquels on espère être tranquille pour vingt ans de croissance en ligne droite.

Mais on n'est jamais tranquille. Surtout dans l'économie moderne, il y a toujours du nouveau et de l'imprévu, et *pour survivre* il faut savoir changer : c'est-à-dire assumer des douleurs et des risques; en sachant que différer l'adaptation ne fait qu'accroître les douleurs et les risques futurs.

Grande loi qui s'impose à tous les niveaux, la flexibilité exige de tous un haut degré de *lucidité* et de *courage,* pour surmonter les innombrables difficultés financières, techniques, humaines.

Pratiquement, ces dispositions d'esprit générales peuvent se traduire par un comportement de direction où l'on observe les traits suivants :

a) Perception attentive

Effort incessant de décryptage du présent *et de* prévision *des conséquences qui s'en déduisent directement. Ce point se raccorde à ce que nous avons dit sur la recherche d'information menée en temps réel, avec utilisation de nombreuses têtes chercheuses. Et il paraît utile qu'une certaine expression des menaces et opportunités fasse régulièrement l'objet d'information au personnel.*

b) Flexibilité tactique

*Si les faits nouveaux ne remettent pas en question la ligne suivie, ils doivent permettre d'*intégrer incessament *des améliorations dans des plans* flexibles : *volume accru, coût abaissé, produit amélioré, service complété, etc.*

---

(5) CNPF-CODESE, *Amélioration des conditions de vie dans l'entreprise*, Editions Hommes et Techniques, 1980, p. 67, 285 et 373.

Dans certains cas, un haut degré de flexibilité tactique peut engendrer un mode de gestion performant, c'est l'exemple de Toyota dont les stocks et en-cours sont réduits à 7 heures de production par le système JIT (Just In Time); chaque poste de travail passe commande aux postes amont *au fur et à mesure* de leurs besoins, et ceci remonte de proche en proche jusqu'aux sous-traitants. Jointe à la polyvalence et à la maîtrise de la qualité, l'extrême flexibilité permet l'écrasement des stocks et des coûts.

c) Flexibilité stratégique

Si les faits nouveaux contredisent (même à terme) la ligne suivie, il faut accepter la remise en question radicale plutôt que la tentation du replâtrage. *Chercher à minimiser le changement est le signe d'une direction faible : faible dans sa capacité d'analyse de la situation concurrentielle, ou faible dans sa liberté d'action, c'est-à-dire dans sa capacité à surmonter les blocages financiers ou humains.*

Plus précisément, il faut envisager tout ce qui peut conduire à une position réellement compétitive et rentable. *Le changement profond à réaliser malgré les obstacles est celui qui assure une solide position compétitive. Et d'ailleurs,* les obstacles seront franchis grâce à la rentabilité du plan et à sa précocité. Sa *rentabilité permettra de mobiliser les moyens financiers nécessaires; et sa précocité permettra d'étaler dans les temps les changements d'emploi et de qualification de façon à éviter les traumatismes.*

Au chapitre 1 (parag. 1.2), nous avons cité l'exemple de la Nippon Kokan qui a réussi une difficile reconversion sidérurgique sans traumatisme social : en étalant dans le temps par anticipation stratégique, et en payant les frais par la haute compétitivité d'une usine optimale.

On peut citer aussi de nombreux exemples français : frappé en 1975 à la fois par la baisse du marché intérieur et l'importation massive de moteurs venus de l'Est, Leroy-Somer a cependant supporté le choc sans pertes (ni licenciements) grâce à une grande flexibilité interne redéployant les effectifs sur les produits et marchés porteurs.

Il existe certes dans certaines profession des à-coups de conjoncture qu'une entreprise seule peut difficilement assumer, mais ces cas doivent rester l'exception. La règle du jeu de l'entreprise reste *l'autonomie par la flexibilité.*

3.4 - Priorité à l'avance technologique

Dans un grand nombre de livres et de conférences, on entend répéter le petit couplet suivant :

« Il y eut dans l'entreprise l'ère des techniciens, du temps où la demande dépassait l'offre.

Puis l'ère des financiers.

Enfin l'ère des hommes de marketing, de communication et d'animation, dans un monde où l'offre dépasse la demande et où les tensions sociales s'intensifient ».

Non dépourvue de vérité, cette vue schématique nous gêne un peu, notamment par l'incitation qu'elle peut donner à une sous-estimation de la technologie.

Or, dans les entreprises performantes du Japon ou d'ailleurs (Texas Instruments, Michelin, Hoechst...), lorsque l'observation du marché est bien assurée, *la grande préoccupation est technologique*. Cela est particulièrement frappant au Japon, où les dirigeants semblent obsédés de technologie, mais ne parlent guère de plan, jamais de contrôle de gestion ou de finances : *c'est l'intendance qui suivra si la technologie prend de l'avance.* En effet, la technologie est la principale source d'avantages distinctifs de *coût* ou de *qualité,* elle est le principal facteur de compétitivité et aussi le principal terrain où l'avantage soit durablement verrouillable par brevet ou secret (qu'on pense au pneu Michelin).

Et ceci dans les deux dimensions principales de l'avance technologique : le *produit* et le *procédé.*

La France a une tradition d'initiative technologique qui doit être mieux mise en valeur qu'au cours des années récentes :

— *L'avance technologique doit être reconnue comme atout vital, non seulement dans les « secteurs de pointe », mais tout autant dans les* secteurs dits traditionnels : *l'industrie américaine de l'habillement utilise de plus en plus de haute technologie (coupe au laser guidée par ordinateur, automatisation, etc.), ce qui contribue à son offensive d'exportation mondiale.*

— *Chaque entreprise doit s'informer des technologies employées par ses concurrents ou préparées par ses fournisseurs, et ne pas hésiter à acquérir celles qui lui conviennent afin de maintenir sa compétitivité.*

— *Nos moyennes entreprises, très habiles à perfectionner* leurs *techniques, sont en retard lorsqu'il s'agit d'y combiner des technologies nouvelles : hier, nous avons pris du retard dans les machines-outils à commande numérique, tâchons d'être plus rapides à utiliser les microprocesseurs et les robots.*

— *L'avance technoiogique se réalise dans les laboratoires ou bureaux d'études, mais aussi par des mises au point et suggestions venant de la maîtrise et des opérateurs : d'autant plus que seront encouragés les formations courtes et un climat de coopération.*

— *Développer la « culture technologique » à tous les niveaux pour une meilleure créativité (vers la base) et pour de meilleurs choix stratégiques (au sommet). (6)*
— *Alimentée par toutes les informations disponibles, la créativité technologique doit être méthodiquement orientée par la recherche d'une meilleure satisfaction des clientèles visées, ce qui signifie performance, mais aussi prix et qualité : la combinaison des trois constituant la compétitivité.*
— *La France forme des ingénieurs, mais les entreprises n'assurent leur carrière que s'ils quittent la technologie pour la gestion. Et d'autre part, mille obstacles (administratifs et psychologiques) freinent la collaboration des entreprises avec les laboratoires universitaires. L'impératif d'avance technologique ne justifie-t-il pas que certaines habitudes soient modifiées?*

3.5 - Viser la compétitivité mondiale

Le temps n'est plus où il suffisait de tenir solidement un marché régional, puis national, puis européen. La mondialisation d'un nombre croissant de marchés fait que pour se développer, et simplement pour survivre, il faut viser la compétitivité mondiale.

Cette règle s'applique aux grands produits dont tout le monde parle (automobile, informatique, biens d'équipement...); mais elle s'applique tout autant à de nombreux petits produits qui ont un marché étroit mais mondial : telle spécialité mécanique, telle gamme d'ingrédients chimiques, etc.

La firme prospère sur son marché local, mais ne s'occupant pas des autres pays, peut connaître des réveils douloureux. Ses ventes se maintenaient à peu près, mais au fil des années des firmes étrangères ont chez elles renouvelé le produit et accumulé de l'avance technique et des forces tant humaines que financières. Le jour où elles attaquent notre marché jusque-là tranquille, il est peut-être trop tard pour réagir. Manque d'anticipation stratégique.

Raisonner en termes de marché mondial, c'est assumer le défi de *se mesurer au plus performant;* c'est, moyennant certains coûts et certains risques, s'enrichir d'idées au contact d'autres clientèles, et notamment des plus avancées et plus exigeantes; c'est enfin amortir sur de plus grandes séries les sommes investies dans le progrès technologique, la compétitivité, la marque, le service.

Quelques comportements types des entreprises qui jouent la carte mondiale :

a) *Etudier les besoins et marchés*

Recueillir l'information sur les besoins, les conditions d'utilisation, les pouvoirs d'achat, les prix, les concurrents, les règlements, etc. dans les pays inté-

(6) Dans cet esprit, CEGOS-DOTIS a amplifié récemment ses programmes de formation aux technologies nouvelles.

ressants. Discerner les besoins ascendants et les contraintes m
première base de réflexion.

b) *Penser produit compétitif*

Ne pas se disperser : n'envisager d'extension mondiale que
leurs produits, situés dans des secteurs d'avenir. Pour ces produits,
l'excellence compétitive par un dosage spécifique des trois facteurs : performance, prix, qualité.

c) *Penser procédé compétitif*

Ne pas oublier qu'à performance de produit similaire, un avantage de prix ou de qualité peut constituer l'arme absolue. La créativité-procédés est donc indispensable.

Encore faut-il ne pas se tromper de perspective, comme beaucoup le firent récemment à propos de la *chaîne de montage.*

Les fausses prévisions d'il y a dix ans niaient l'avenir du « travail à la chaîne » dans les pays développés, et annonçaient :

— le transfert en pays sous-développés des chaînes classiques avec O.S.,
— et en pays développés, le « cassage des chaînes » dans le style Volvo ou Olivetti.

Aujourd'hui, le Japon démontre que la perspective d'avenir est différente et, en pays développé, passe schématiquement par les phases d'évolution suites :

— phase 1 : chaîne de montage classique avec *O.S.* et différents *aléas,*
— phase 2 : accession à la complète maîtrise du procédé, de la *qualité* (zéro défaut aussi en amont), avec des ouvriers plus qualifiés et plus *responsabilisés,*
— phase 3 : progressivement, *automatisation simple* de la chaîne (valable aussi pour les chaînes d'usinage), ce qui permet de *doubler la productivité,* avec ouvriers qualifiés,
— phase 4 : progressivement, utilisation de la *robotique* qui permettra un bond de productivité encore plus grand, avec uniquement des techniciens.

Les chaînes des phases 3 et 4, exigeant un très haut niveau technologique, sont réservées aux pays les plus développés. Exemple : la FANUC construit une chaîne automatisée pour l'assemblage... de robots.
Il est donc important de ne pas se tromper sur les techniques d'avenir.

d) *Cas du Tiers-Monde*

Il faut exporter dans les deux parties du Tiers-Monde :

— Evidemment dans les pays du Tiers-Monde riche, notamment dans les pays pétroliers : et pour cela concevoir les systèmes, combinant produits et services, qui peuvent le mieux répondre à leurs besoins. C'est nouveau, donc difficile, donc intéressant si l'on se place sur un terrain où l'on maîtrise certains atouts.

— Il faut exporter aussi dans le Tiers-Monde pauvre, en recherchant les prestations qui peuvent le mieux valoriser ses ressources. Exemple : vendre à certains pays tropicaux des pompes à eau solaires, permettant de développer une petite irrigation paysanne sans importation de pétrole. C'est la voie entrepreneuriale pour aider ces pays.

e) *Conseils divers*

— *Les produits dont la qualité est difficile à maîtriser sont intéressants pour les entreprises avancées.*

— *Reconvertir les secteurs faibles est une nécessité : parfois en supprimant l'activité antérieure, parfois en extrayant de sa gangue une partie d'activité qui peut devenir compétitive.*

— *Combiner dans chaque cas la standardisation technique et la prise en compte des particularismes locaux : ceux-ci influençant parfois la technique, toujours la vente et le service, parfois le statut même de l'exploitation.*

— *Pour chaque grand produit ou procédé, avoir un* plan de progrès *à moyen terme, mis en œuvre par étapes coordonnées dont chacune a son impact sur la compétitivité pour l'une de ses composantes : performance, coût, qualité. Et s'il n'y a plus de progrès en vue, changer de métier...*

3.5 - Spécialisation des entreprises

Une stratégie novatrice et orientée par les marchés conduit souvent l'entreprise à *diversifier* ses activités : c'est souvent une adaptation nécessaire mais parfois une facilité dangereuse (Les échecs de diversification sont innombrables).

L'avantage est de rajeunir la gamme d'activités, de diviser les risques et de permettre entre différentes fluctuations d'activités des compensations favorables à la stabilité du chiffre d'affaires total et de l'emploi total.

L'inconvénient réside dans la *complexité de gestion d'une affaire multimétiers :* la structure devient plus lourde, les frais généraux plus élevés, les décisions moins rapides, les comptes et les communications moins clairs, l'identification du personnel moins motivante.

Car il n'existe rien de plus efficace que la moyenne entreprise mono-métier, dirigée par un bon manager du métier qui dispose d'autonomie tout en ayant des comptes à rendre.

Pour bénéficier de cet atout tout en esquivant le danger de vulnérabilité, on peut préconiser une *structure de groupe* (qui peut être de taille moyenne); le groupe pourra se diversifier mais en maintenant une spécialisation pour chacune des sociétés le composant.

Ceci nous conduit à observer quelques règles pratiques :

— *Dans la mesure du possible, la structure d'un groupe sera faite d'unités de base constituées par des entreprises mono-métier. Le concept de mono-métier doit toutefois être entendu dans une perspective dynamique : la machine-outil incluant sa commande numérique, la confection, son laser, etc. et des réarrangements s'imposant lors d'évolutions majeures des métiers.* Notons aussi qu'il existe des jumelages efficaces de métiers différents mais complémentaires par le lieu, la saisonnalité, etc.

Cette idée générale conduit à plusieurs voies d'application :

— *Groupe financier.* Souvent, le patron-propriétaire qui diversifie crée une deuxième, puis une troisième entreprise indépendantes de la première sauf par l'actionnariat. Si chaque entreprise acquiert ses moyens de direction, cette voie peut être très efficace.

— *Groupe industriel avec filiales.* C'est la voie suivie par la plupart des grandes entreprises qui constituent chacune de leurs activités spécialisées en filiales (et sous-filiales) disposant de moyens autonomes. Dans l'application, il faut toutefois réaliser un délicat équilibre entre le téléguidage par la maison-mère (qui reconstitue toutes les faiblesses de la direction multi-métiers), et l'incoordination des filiales (qui conduit à un bourgeonnement anarchique des activités). Maintenir l'équilibre efficace n'est pas mince performance.

— *Large sous-traitance.* Illustré par les constructeurs japonais d'automobiles, c'est le concept de la grande entreprise qui ne fait que ce qu'elle est seule à pouvoir faire (conception, montage et certains composants) et qui soustraite tous le reste à des fournisseurs spécialisés, flexibles, compétitifs, avec lesquels elle entretient des liens étroits de coopération technique en vue du progrès commun. C'est l'inverse de l'intégration verticale des vieux empires industriels.

— *Dé-intégration.* C'est l'entreprise qui, faisant un pas de plus dans la même voie, constitue en fournisseur externe ce qui était un service interne (d'impression, de transport,...), ou renonce à opérer elle-même sur certains tronçons de sa propre filière (tissage, confection...) pour les sous-traiter à des spécialistes et se concentrer sur les tronçons où elle peut viser la compétitivité internationale. Nous en reparlerons.

3.6 - Vendre au marché japonais

Le Japon, qui n'occupe que 0,3 % des terres émergées, représente 3 % de la population mondiale, et produit près de 10 % de la *valeur ajoutée mondiale* (ou 12 % si l'on ajoute les quatre pays voisins de style économique similaire (7)). C'est le plus vaste marché du monde, après les Etats-Unis. Et qu'y exportons-nous pour payer nos achats de motos, autos, Hi-Fi et composants électroniques? A peine 0,8 % de nos exportations totales, avec un poids important pour les rubriques : art, parfums, vêtements, alcools et cuirs... Nous ne sommes guère présents sur les marchés nouveaux où se joue la compétitivité de demain... et en conséquence notre balance commerciale ne peut être que lourdement déficitaire.

Est-il donc impossible d'exporter au Japon et de s'y implanter? Nullement, comme le prouvent les positions solides des Allemands, des Suisses, et aussi d'un certain nombre de firmes françaises telles de l'Air Liquide, Rhône-Poulenc, Michelin, L'Oréal, Bic... qui ont compris avant d'autres les efforts que justifiait le deuxième marché du monde.

L'une des idées stratégiques que nous rapportons du Japon est en somme *d'aller chez eux porter la concurrence.* Mais sachons qu'il ne faut pas partir sans biscuits.

Renvoyant aux spécialistes pour le choix entre les différents modes d'implantation (exportation directe, joint-venture avec un distributeur, ou avec un fabricant, etc.), nous nous bornerons ici à énoncer quelques conditions générales de réussite :

— *Il faut au départ un produit ou procédé ayant par rapport à la concurrence des avantages importants : par exemple un coût inférieur de 15 ou 20 %. Si, par contre, on part à 7 % de la concurrence avant que celle-ci ait réagi, l'échec est probable.*

— *Il faut savoir s'intégrer au milieu et à ses coutumes, pratiquer les longues négociations, tisser patiemment des relations d'amitié, inspirer confiance.*

— *Parmi les exigences du milieu, il faut respecter scrupuleusement celles qui concernent la qualité du produit, le respect des délais, le service, sans lesquels aucune image positive ne peut se construire.*

— *Jouer la confiance est nécessaire, mais il faut aussi être attentif à ne pas perdre le contrôle de certains points clés. Dans une joint-venture à 50-50 gérée en langue japonaise, le partenaire français peut en fait n'avoir guère de contrôle sur les hommes, les développements nouveaux, les facteurs de coût, etc. Il est bon de le savoir à l'avance, et de prévoir une importante structure de communication (avec des Français parlant japonais) si l'on veut une collaboration durable en profondeur.*

---

(7) Corée du Sud, Taïwan, Hong-Kong et Singapour.

— *Pour tout cela, il faut, comme pour tout investissement, de l'argent et du temps. La récompense n'est pas seulement le vaste marché dont nous avons parlé, mais aussi la communication créative avec des clients et fournisseurs porteurs de technologies avancées : nous pouvons y enrichir nos techniques, et enrichir aussi notre management au contact de cet art particulier que les Japonais consacrent à l'harmonie des relations humaines.*

3.7 - Malgré la crise : aller de l'avant en limitant les risques

Depuis six ans que nous sommes en « crise », le mot même est devenu banal. Il faudrait un mot plus fort pour désigner la phase dans laquelle nous sommes entrés depuis 1979 : lourde des menaces les plus graves (pétrole, conflits...), mais riche aussi d'opportunités dans certains marchés porteurs.

Beaucoup de responsables d'entreprises hésitent à embaucher et à investir de peur d'accroître leur vulnérabilité; mais ils savent qu'une attitude de simple repli leur fait perdre des marchés et compromet leur avenir.

Comment aller de l'avant tout en limitant les risques?

Placé devant le même dilemme, un industriel japonais nous expliquait récemment son plan de *croissance contrôlée* s'articulant autour de trois points clés :

— abaissement du « point d'équilibre »,
— investissements sélectifs,
— structures souples et décisions rapides.

En France aussi, c'est bien autour de ces trois idées que peut s'articuler une *gestion dynamique dans l'incertain.* Explicitons-en le contenu.

1 - Abaissement du seuil de rentabilité

Le seuil de rentabilité est le niveau d'activité exprimé en francs (ou en % de la capacité, 90 % dans le schéma ci-contre) pour lequel le profit s'annule. Dans un contexte incertain, on encaissera mieux les à-coups avec un seuil de rentabilité à 70 % de la capacité plutôt que 90 % (cf. figure 3.1).

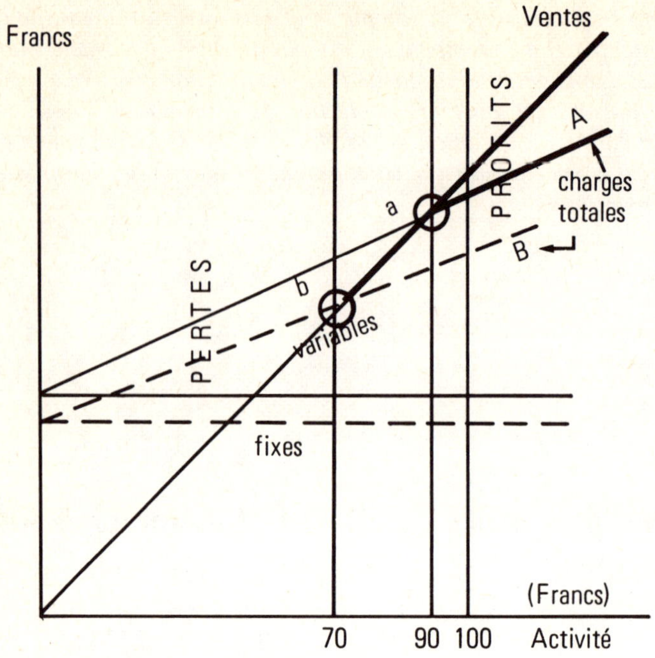

A = Charges totales initiales, avec seuil de rentabilité à 90 % de la capacité.

B = Charges totales abaissées, avec seuil de rentabilité à 70 % de la capacité.

Figure 3.1 – Point d'équilibre abaissé de 90 % (traits pleins) à 70 % (traits pointillés) : la zone de profit s'élargit.

Différentes actions permettent d'abaisser ainsi le seuil de rentabilité :

a) *Croissance sélective, en exploitant et renforçant ses points forts*

Cette approche peut comporter :

— *élagage* des activités les moins rentables et les moins prometteuses,
— *développement* rapide des activités rentables et prometteuses, avec efforts d'amélioration de la *qualité* (d'où accroissement des ventes à bon prix), et de *productivité* (réduisant les frais variables).

b) *Réduction des charges fixes*

Essentielle pour diminuer la vulnérabilité, la réduction des charges fixes est la résultante de plusieurs approches :

— échenillage des dépenses ou structures non nécessaires,
— recours accru à des fournisseurs et sous-traitants.

S'il y a expansion, l'entreprise continuera d'accroître ses effectifs, mais très modérément, une importante partie de l'accroissement se réalisant chez les fournisseurs. De même, on maintiendra un effectif notable de personnel âgé (de 57 à 65 ans et plus) éligible à la retraite en cas d'à-coup conjoncturel.

c) *Ouverture de marchés étrangers*

Les marchés étrangers sont une bonne prime d'assurance contre les à-coups conjoncturels nationaux : surtout si, au-delà de l'Europe des Neuf, il se diversifient progressivement à l'Amérique et à l'Asie du Sud-Est en pleine ascension... sans oublier les pays pétroliers.

Sauf krach général, on observe en effet que les différents groupes de pays ne sont pas tous en difficulté en même temps.

2 - Investissements sélectifs

En période d'incertitude, il ne faut pas arrêter les investissements, mais les choisir avec plus de rigueur sélective :

— évidemment, ils doivent rester dans la limite d'un financement équilibré,
— mais aussi, ils doivent être concentrés sur les points où l'entreprise peut obtenir un *avantage distinctif et une forte rentabilité de l'investissement.*

Ce sera souvent l'investissement de productivité, l'automatisation qui abaisse fortement les coûts; ou celui qui confère des qualités accrues au produit.

Ce pourra être aussi le gros investissement de *réimplantation sur un nouveau site avec un nouveau processus de production* permettant la compétitivité au plan mondial.

Mais ce ne sera jamais l'investissement de « replâtrage », qui maintient en vie quelques années de plus sans assurer une position forte.

C'est dire que les investissements devront être guidés par une *stratégie de compétitivité* qui implique :

— le courage du diagnostic objectif et des remises en question sans faiblesse,
— l'ambition d'une forte position sur les marchés où l'on se spécialise,
— et la mise en œuvre de moyens adéquats pour accéder aux *technologies les plus efficaces :* par recherche interne, acquisition externe ou combinaison des deux.

Car les incertitudes présentes ne doivent pas nous détourner de l'effort pour construire la compétitivité de demain.

3 - Structures flexibles et décisions rapides

Pour garder de l'autonomie de manœuvre dans les à-coups de conjoncture, l'entreprise doit d'abord disposer d'importants *capitaux permanents* : et pour cela être financée par *endettement long* plutôt que par les dettes à court terme.

Pour être en mesure de s'adapter à des situations imprévues, l'entreprise doit avoir des structures *exercées au redéploiement,* dans lesquelles les hommes de *tous niveaux* ont acquis l'expérience du changement de spécialité, ont pratiqué les groupes de travail « par projets », et sont capables de s'adapter rapidement à de nouvelles missions.

Ce style de management, situé à l'opposé de la bureaucratie fonctionnelle qu'on observe parfois, doit comporter aussi des canaux de communication externes et internes assez riches pour que les nouvelles situations soient vite perçues, et fassent l'objet rapidement de décisions de synthèse.

En effet, il peut être utile d'avoir préparé un « plan ORSEC » pour le cas de grave pénurie pétrolière; mais il serait vain de prétendre tout simuler à l'avance. L'essentiel est de *réagir vite au réel imprévu.*

Ceci signifie concrètement que les tableaux de bord, les stratégies et les plans doivent pouvoir être restructurés, et les décisions de réadaptation prises en *quelques semaines* après un imprévu majeur, avec le concours de toutes les fonctions impliquées.

En effet, le meilleur plan doit viser l'avenir, mais savoir aussi coller au présent.

Car les périodes troublées sont riches en opportunités, et un climat général morose n'exclut pas l'expansion rapide d'activités innovatrices et compétitives.

CHAPITRE 4

Neuf idées pour le management des hommes

Le grand échec, le seul échec de l'entreprise occidentale est sa faible capacité à établir avec ses salariés un degré suffisant de coopération et d'harmonie : au point que bien des dirigeants se résignent aux conflits déchirants, aux blocages insurmontables et aux coûts correspondants comme à des inconvénients imposés par la nature des choses.

La grande leçon du Japon est de nous faire toucher du doigt que ces servitudes ne procèdent pas de la nature des choses mais d'erreurs humaines. Dès lors, l'attitude convenable n'est plus la résignation mais l'action.

Pour orienter cette action, il est utile de réexaminer, avec l'éclairage japonais, les expériences occidentales de direction participative. Schématiquement, on peut les classer en deux tendances :

— Dans les unes, on trouve une forte dose de concession à « la mode », ou plus concrètement de concessions aux pressions sociales, avec acceptation de contraintes qui réduisent la compétitivité : leur aboutissement est souvent décevant.

— Les autres visent à développer un système d'organisation plus performant et plus souple, qui suppose une plus large participation des salariés à l'information et à l'étude des décisions : ces expériences évoluent souvent de façon positive

Non pas que la voie soit facile, surtout dans une culture française imprégnée d'autocratisme. Mais l'élan est donné, et l'exemple japonais ne peut manquer d'accélérer le progrès.

Nous présenterons sur ce thème neuf idées qui nous paraissent importantes, mais qui ne prétendent aucunement couvrir tous les aspects d'un sujet immense.

4.1 - Un nouveau concept de hiérarchie,
4.2 - Responsabilités de progrès jusqu'à la base,
4.3 - Gestion personnalisée de chaque salarié,

4.4 - Réseaux de concertation et liens moraux,
4.5 - La décision concertée s'organise,
4.6 - Clarification des valeurs et principes d'action de l'entreprise,
4.7 - Rallier les salariés à l'impératif de compétitivité,
4.8 - Se concerter avec les syndicats qui admettent l'impératif de compétitivité,
4.9 - Négocier plus de flexibilité contre des avantages de salaires et d'emploi.

4.1 - Un nouveau concept de hiérarchie

On observe en France et en Occident un profond courant de contestation des hiérarchies — pas seulement celles de l'entreprise. Et certains ont cru que le progrès exigeait l'affaiblissement de la hiérarchie, voire sa disparition.

En fait, les groupes sans hiérarchie formelle (certaines bandes de marginaux ou de déracinés) deviennent aisément cyniques et conflictuels. Et les organisations très participatives que l'on peut observer (en France, au Japon ou ailleurs) sont toutes caractérisées par une hiérarchie forte et claire... mais différente.

Ce qui est périmé, c'est une certaine tradition (notamment française), du chef qui impose unilatéralement sa volonté au subordonné, sans explication ni dialogue; et qui, en cas de résistance, force l'exécution. Ce chef obsolète use sa force à contraindre ses subordonnés, et gaspille les énergies à diriger *contre eux*.

Certains ont cru que, pour diriger *avec eux*, le nouveau chef devait renoncer à son pouvoir de décision : erreur complète. Pour éviter les conflits, blocages et irresponsabilités, il faut au contraire *une hiérarchie claire, disposant de pouvoirs de décision nets, et capable de pratiquer le commandement par l'adhésion*.

On comprend aujourd'hui beaucoup mieux qu'il y a dix ans les conditions de ce commandement par l'adhésion. L'adhésion n'est pas alignement monolithique; il est le ralliement concerté à une solution commune sans effacement des points de vues particuliers. Résumons quelques points clés du commandement par adhésion :

— Le chef ne doit jamais renoncer à son pouvoir et à sa responsabilité de décider en dernier ressort. Il en usera en cas d'urgence ou de crise. Mais habituellement, il saura obtenir l'adhésion des subordonnés avant d'exprimer sa décision.

— Le chef doit faire preuve de compétence professionnelle et de capacité à tracer des perspectives de progrès; les exigences qu'il impose sont celles de la mission et du métier, les observer est facteur de formation et d'accomplissement.

— Le chef doit informer largement ses subordonnés, non seulement sur les problèmes immédiats, mais sur tout le contexte leur permettant de se former un jugement, individuellement ou en équipe.

— Le chef doit recevoir une délégation assez large pour être en mesure de traiter avec ses subordonnés de la plupart des problèmes (techniques et humains) les concernant : interlocuteur valable, capable de les motiver en répondant à leurs attentes, il est ainsi en mesure d'obtenir leur confiance.

— Enfin, dans le contexte ainsi établi, le chef doit mettre en œuvre les *pratiques de décision concertée* les mieux adaptées à chaque situation. On a fort utilement décrit diverses méthodes pour créer l'esprit d'équipe dans un groupe, pour mener l'étude d'un problème, consulter les intéressés, développer la créativité, etc. Mais il ne faut jamais oublier que l'adhésion repose sur deux piliers : *l'information complète* (pas seulement sur les données immédiates mais aussi sur les buts et critères), et l'existence d'une certaine *communauté de valeurs*.

En effet, le commandement par l'adhésion demande au cadre de pratiquer certaines procédures, mais aussi de partager et faire partager certaines valeurs clés de l'entreprise à l'animation de laquelle il participe.

« Pour unir les hommes, faites-leur construire une tour » disait Saint-Exupéry. Le nouveau concept de hiérarchie prendra corps, non dans la gestion d'une routine statique, mais dans l'engagement de l'équipe à réaliser une œuvre pour l'amélioration ou la rénovation de l'état antérieur. Il s'enracine profondément dans la démultiplication des responsabilités de progrès.

4.2 - Responsabilités de progrès jusqu'à la base

Il y a longtemps que l'on sait qu'une entreprise diversifiée a généralement intérêt à se structurer en « centres de profit » (filiales ou divisions) disposant de moyens autonomes et de pouvoirs de décision délégués : car l'encadrement de chaque division est alors mieux placé pour se battre pour son destin en réalisant à temps les progrès nécessaires.

On sait de même que les usines les plus efficaces ne sont généralement pas celles réduites à l'exécution téléguidée, mais celles incluant dans leur équipe certaines fonctions d'adaptation et de progrès (méthodes, études, personnel, informatique...), ce qui leur permet d'assumer en partie la responsabilité de surmonter les inévitables problèmes de toute vie concurrentielle.

La hiérarchie efficace et acceptée est celle qui responsabilise, qui organise l'*autonomie hiérarchisée* des différentes unités, leur délègue certains moyens d'adaptation et de progrès, et ceci jusqu'à la base.

Comme la division et comme l'usine, quoique suivant des modalités différentes, l'*équipe de base*, formée par l'agent de maîtrise et les opérateurs, sera motivée et efficace si elle assume certaines responsabilités d'adaptation et de progrès à son niveau.

L'opérateur lui-même, ouvrier ou employé, dans une proportion croissante de cas, ne doit plus être considéré comme l'exécutant passif d'un travail pensé ailleurs dans ses moindres détails; le travail et la répartition des rôles doivent être réaménagés pour qu'il puisse apporter aussi une contribution aux problèmes courants et aux efforts de progrès.

Comme au Japon, appliquons le principe que toute unité doit assumer deux productions :

— la production courante de l'atelier ou du bureau,
— et la *production d'adaptation et de progrès* à son niveau.

Les exemples types sont l'ouvrier qui assure aussi l'entretien de sa machine et la formation d'un apprenti; l'équipe semi-autonome qui règle les problèmes quotidiens de distribution des tâches et de planning; le cercle de qualité qui recherche des solutions pour éliminer les défauts et diminuer les gaspillages.

Différents développements actuels de l'industrie tendent à accentuer cette tendance :

— l'automatisation substitue le régleur à l'O.S.; la bureautique élève le niveau d'initiative de la dactylo,
— l'informatique de gestion fournit des tableaux de bord par équipe permettant de contrôler, donc de déléguer les reponsabilités,
— l'évolution des techniques impose aux entreprises bien gérées de recycler leur personnel, donc d'accroître le niveau de sa qualification.

Clair dans son principe, ce mouvement implique cependant des conditions dont la réalisation peut demander plusieurs années d'efforts :

— Une maîtrise bien formée pour assumer les fonctions élargies et le style de commandement transformé que nous avons indiqués.

— Des opérateurs mis en confiance, bien informés des problèmes à résoudre et formés aux méthologies simples permettant de les aborder.

— *Un encadrement supérieur et des services fonctionnels qui, surmontant leur réaction de jalousie à l'égard des prétendues « contributions d'O.S. idiots », ont compris que la base pouvait faire de précieux apports complémentaires de ceux des bureaux techniques, et organisent, suivant les priorités, avec la maîtrise, des campagnes de progrès pouvant porter sur des points tels que les suivants :*

— apprentissage *de nouvelles techniques, polyvalence,*
— *élimination des causes de défauts et rebuts, amélioration de la qualité (méthode des « cercles de qualité » dont nous reparlerons),*
— *simplification du travail, abaissement des coûts,*
— *problèmes de délais, de capacité de production, de mise en service de nouveaux équipements, etc.*
— Et éventuellement des modifications dans les structures et les systèmes d'information.

Chaque équipe assume ainsi sa « production d'adaptation et de progrès », qui, convenablement programmée avec information, objectifs, formation, mise en œuvre et contrôle, génère de l'efficacité et aussi de l'esprit d'équipe et de la motivation.

Soulignons bien que la responsabilisation de la base ne doit en aucune mesure dé-responsabiliser la hiérarchie supérieure et les services fonctionnels : ceux-ci doivent y trouver au contraire des moyens d'action accrus à travers la concertation.

Peu d'entreprises pourront être compétitives demain sans mettre en œuvre dès aujourd'hui un *plan de responsabilisation en profondeur visant simultanément le progrès économique et l'équilibre social et humain.*

Un tel changement ne se réalise pas « par décret ». Il est le fruit progressif de réflexions du groupe de direction, de programmes de formation à tous les niveaux, de plans d'application concrets sur des terrains bien choisis, le tout accompagné d'information factuelle et de concertation avec toutes les personnes et équipes concernées.

4.3 - Gestion personnalisée de chaque salarié

Tout salarié doit d'abord être placé devant les tâches utiles qu'il doit accomplir dans son équipe. mais pour qu'une communication positive s'établisse, il faut aussi que lui-même se sente *pris en compte comme personne*. Comprenons bien ce que cela signifie.

On a souvent abusé de l'expression « produit personnalisé » ou « service personnalisé » pour désigner une prestation qui, en fait, est seulement « segmentée ». Au lieu du produit unique, on conçoit une vingtaine de variantes standards que l'on affecte aux différents clients suivant la catégorie ou segment (jeunes-vieux, citadins-campagnards, diplômés-autodidactes, mariés-célibataires...) dans laquelle l'ordinateur les a classés. Cette approche peut être efficace, mais elle n'est pas personnalisée au sens propre de ce terme.

Une approche et une solution sont personnalisées lorsqu'elles prennent en compte, non seulement les caractéristiques formelles de l'individu, mais aussi les traits qualitatifs de la personne, sa gestalt, ses passions, son histoire.

Comment l'ordinateur le pourra-t-il? Il ne le pourra pas; *la personne ne peut être connue que par d'autres personnes.*

Et pour échapper aux aléas d'une relation intimiste limitée à deux personnes, c'est sur le *réseau de concertation* qu'on se fondera pour développer une approche qui soit à la fois personnalisée et fiable.

La gestion personnalisée de chaque salarié doit faire la synthèse pour chacun des problèmes de travail et des problèmes personnels : ce qui est plus facile si l'entreprise a été structurée en *unités de taille humaine, ayant chacune un vrai chef*. Dans ces unités de 100 à 300 personnes, chacun peut être reconnu comme une personne.

— La gestion personnalisée de chaque salarié résultera ainsi de l'action d'un *réseau de concertation* comprenant en premier lieu le chef direct, mais aussi pour certains problèmes le supérieur de celui-ci, un spécialiste du personnel, éventuellement un professionnel du « métier » du salarié, et aussi les collègues de travail qui forment équipe avec lui, et éventuellement ses subordonnés : ces deux derniers groupes émettant moins des avis formels que des opinions informelles transmises par voies discrètes, et cependant influentes.

— *Les solutions concertées* au sein de tels réseaux sont bien sûr conformes à certaines règles légales, conventionnelles ou coutumières. Mais elles *ne se bornent pas à « appliquer le droit »*, elles expriment aussi l'opinion des personnes concernées, leur sentiment d'équité et d'efficacité, leur appréciation des réactions probables de l'intéressé, bref la prise en compte du lien moral qui les unit. Et l'intéressé fait confiance à un processus émanant d'une communauté dont il fait partie, qui récompense son adhésion en se reconnaissant des devoirs envers lui, et qui ne serait pas insensible à son recours justifié.

— *Cette gestion personnalisée doit concerner tous les salariés jusqu'à la base*, en assumant notamment :

— le traitement rapide des griefs, sur place,
— la formation, l'entretien annuel d'évaluation,
— la gestion des rémunérations, carrières, mutations, promotions, etc.

— *Le point le plus sensible et le plus difficile est sans doute le traitement personnalisé des problèmes d'emploi*. Il sera réalisé si l'entreprise a la capacité de s'astreindre à trouver une solution cas par cas aux problèmes éventuels d'effectifs excédentaires, et si les salariés concernés, en échange de cet appui, contribuent à la solution en se prêtant à des reconversions ou transferts qui, de toute façon, font partie de la règle du jeu de la survie compétitive, dans l'intérêt de tous.

4.4. - Réseaux de concertation et liens moraux

Une entreprise moderne ne peut pas fonctionner sans concertation entre niveaux hiérarchiques, entre fonctions, entre équipes, entre personnes. Ce n'est donc pas sans raison qu'on parle beaucoup de concertation. Mais on ne le fait pas toujours avec la clarté souhaitable.

Beaucoup persistent dans la confusion entre la concertation, qui est ajustement entre personnes d'une même communauté, et la négociation, qui est un affrontement entre puissances indépendantes.

Ceux même qui distinguent clairement la concertation en décrivent surtout les pratiques d'information et de consultation, qui sont certes indispensables, mais auxquelles le processus de concertation ne peut être réduit. Les systèmes de concertation construits comme de simple mécaniques réglementaires sont généralement décevants et peu durables.

Lorsqu'on observe les entreprises où la concertation fonctionne en profondeur, on constate qu'à travers des modalités très variées, elle a pour cadre et pour force motrice :

— *des réseaux de relations* (et pas seulement des listes d'individus),
— *des liens moraux* (et pas seulement des règlements).

C'est lorsque les hommes d'une même communauté de travail entretiennent des relations personnelles réciproques qu'ils se sentent liés par les valeurs qui en découlent, qu'ils ressentent l'*obligation morale de faire l'effort d'une concertation qui aboutisse*. Pour cela, chacun doit « y mettre du sien » : ce qui est improbable dans un contexte où règnent les tactiques de « diviser pour régner », de « surprise » et de « fait accompli ».

En fonction des problèmes et des structures, les processus de concertation prennent des formes très variées. Ils s'appuient le plus souvent sur un *réseau de proximité* (proximité hiérarchique, géographique, de discipline ou fonction... parfois de formation continue). Schématiquement, on peut distinguer plusieurs variantes :

— *La concertation descendante* est largement pratiquée en France par le chef qui consulte le groupe de ses subordonnés directs; plus rarement par consultation *avant* décision de tous les intéressés dépassant ce cercle.

— *La concertation latérale* est l'ajustement entre intéressés qui s'accordent sur une solution, sans décision du chef, mais avec préparation élaborée; très développée en Allemagne entre services fonctionnels.

— *La concertation ascendante,* caractéristique du management japonais, est la remontée au sommet de projets de décisions élaborés avec consensus aux étages inférieurs. Nous en avons donné un exemple bref au paragraphe 1.2-6; et nous présentons au paragraphe 1.4 et au chapitre 5 l'application très importante qui en est faite dans les « cercles de qualité ».

La concertation ascendante est très insuffisante dans la majorité des entreprises françaises : les supérieurs hiérarchiques et les services fonctionnels ont été formés à la voie descendante, de sorte que les idées ne peuvent remonter qu'en « perçant une carapace » souvent fort épaisse.

Il est clair que nos entreprises ne maîtriseront le management moderne qu'en réalisant un progrès décisif dans la concertation latérale et la concertation ascendante. Ce progrès reposera sur des procédures claires et adéquates, mais aussi (c'est le plus difficile) sur le développement de l'entreprise comme réseau de relations et de liens normaux, comme communauté partageant certaines valeurs.

Nous le vérifierons en analysant le processus de concertation, ses échecs possibles et ses conditions de réussite.

4.5. - La décision concertée s'organise

Pour que les idées énoncées dans les quatre paragraphes précédents s'inscrivent dans les faits, il ne suffit pas qu'elles soient comprises et admises, il faut aussi qu'elles s'inscrivent dans des *procédures pratiques* qui modifient les comportements.

Nous illustrerons ce point par la présentation schématique des diverses procédures qui peuvent être suivies pour l'élaboration de solutions et de décisions (hors routine) au niveau d'une direction opérationnelle (direction générale, direction de division, direction d'usine...).

Ces diverses procédures ont en commun le fait que *c'est le chef qui prend la décision finale*; mais autour de ce point fixe, que de variantes! Nous décrirons quatre variantes significatives.

1 - Autocratie, technocratie

Pour mémoire, on peut rappeler le style de l'*autocrate* d'autrefois, qui se réservait toutes les décisions et les improvisait sans organe d'étude.

Le *technocrate centraliste* décide seul, les décisions étant préparées par des organes d'état-major. Ce style est encore en usage dans les entreprises tayloriennes et dans les administrations.

Devant la difficulté à réaliser efficacement par cette voie des changements *complexes* (telles que changement de stratégie, lancement de nouveau produit, changement de structure, etc.), les entreprises ont recherché des procédures de décision plus participatives : et elles n'ont pas toujours réussi.

2 - Participation défensive (et ratée)

Armés des meilleures intentions, certains dirigeants et cadres ont cherché plus de participation, tout en gardant une méfiance défensive à l'égard des déviations pouvant provenir de leurs subordonnés. Et l'on a parfois observé le processus suivant (schématisé au tableau 4-1) :

a) Le chef a choisi sélectivement l'*idée* du problème exigeant décision; il veut y faire participer ses subordonnés, mais éviter les déviations.

b) Il fait donc lui-même un *projet* assez détaillé.

c) *Présentation du projet* en réunion des *subordonnés* pour *recueil d'observations*. Pris à froid, les subordonnés sont frustrés. Ils voient mal la problématique générale et se concentrent sur les détails touchant leur service, leurs prérogatives. Longue discussion confuse qui bute sur les détails.

d) Le chef, qui a pris des notes au cours de cette séance pénible, se remet au travail et met au point un projet modifié, répondant autant que possible aux observations énoncées.

e) Il prend seul la décision d'application.

f) Il communique la décision par écrit aux intéressés pour éviter une nouvelle séance de palabres.

g) Peu motivés, les subordonnés abordent l'application, qui souvent échoue.

En effet, ce processus trop directif, qui suffit pour les décisions simples, est inadapté aux cas complexes et sensibles.

Placé dans un contexte de ce type, un directeur de 50 ans disait de son directeur général : « Il nous traite comme des enfants ».

Et le directeur général disait : « La concertation est bien difficile avec les cadres français! ».

3 - Participation ouverte (et souvent réussie)

Le chef, cette fois, sait surmonter sa crainte de déléguer et responsabiliser ses subordonnés; la gamme des opérations s'en trouve profondément modifiée :

a) Ayant retenu l'idée, le chef se propose de déléguer l'élaboration du projet c'. Mais auparavant, il ménage une phase a' de sensibilisation de l'équipe sur l'idée et de lancement pratique de l'opération. Il faut parfois à ce stade constituer un groupe de réflexion; souvent rechercher des informations. C'est seulement lorsque le groupe a dégagé une vue claire de la problématique et des enjeux que l'on peut passer au lancement du projet.

b) L'élaboration du projet est alors déléguée (avec directives au cahier des charges) à un subordonné (ou deux).

c) Présentation du projet au groupe : le terrain étant bien préparé, la discussion peut être brève et constructive : indications pour modification.

d) Projet modifié par subordonné (le même ou un autre).

e) Décision par le chef : qui est plus libre que dans le cas précédent.

f) Décision communiquée en réunion, recueil de l'adhésion, préparation de l'application, inventaire des tâches à remplir, des informations à transmettre.
Application : généralement plus efficace.

Beaucoup d'entreprises ont mis en pratique des procédures de participation ouverte, ou de décision concertée s'apparentant à celle que nous venons de schématiser. Les résultats ont été inégaux :

— pour les décisions complexes de caractère technique ou sans enjeu émotionnel, le processus fonctionne bien, et l'on parvient généralement à l'adhésion sur une solution concertée,

— mais pour certaines décisions de stratégie, de structure ou d'hommes, mettant en jeu des valeurs sensibles et des émotions, on voit souvent le processus se bloquer au stade *c*) de discussion du projet : il apparaît des désaccords persistants, des césures dans le groupe, par suite de *désac-*

Figure 4.1. — Quatre variantes de procédures d'élaboration de décision selon le degré de participation.

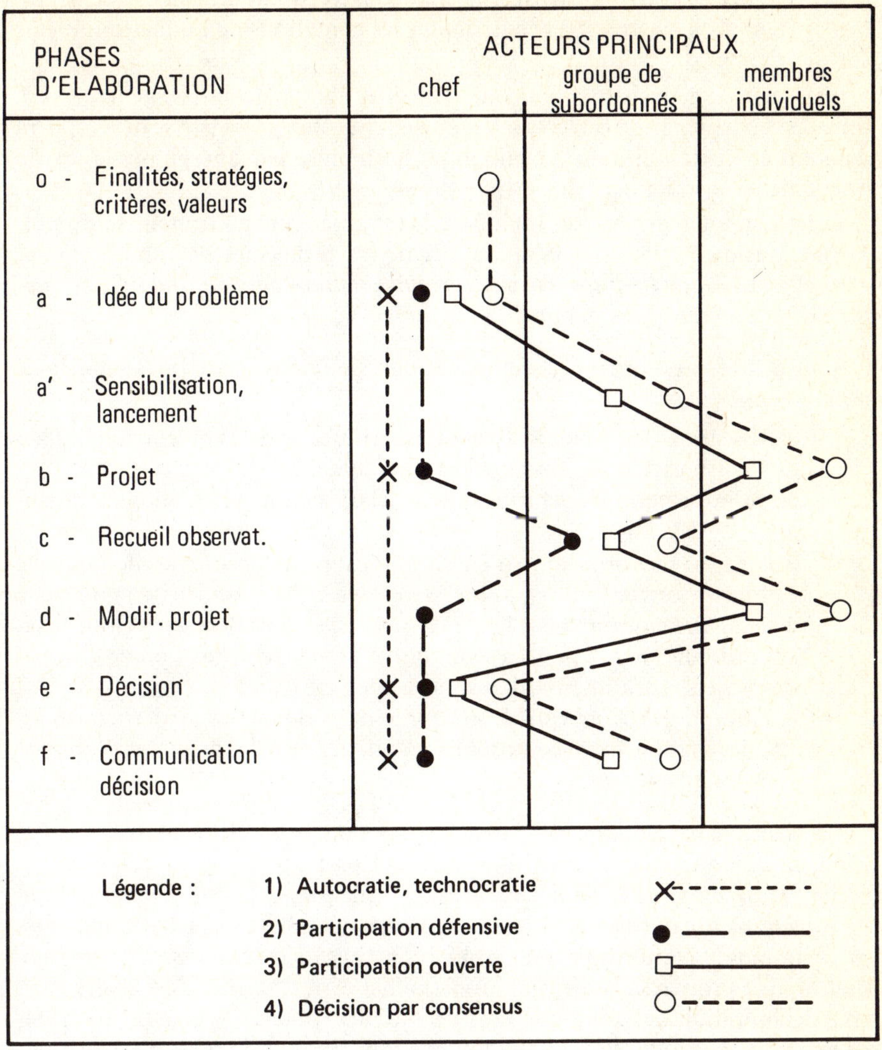

cord sur les arrière-pensées. On s'accroche sur les prévisions de vente parce qu'on est en désaccord sur certaines finalités ou valeurs sous-jacentes. Ainsi piégé, le décideur en vient à regretter d'avoir joué la direction participative.

Ces échecs contribuent à enraciner chez les dirigeants l'idée qu'en France la concertation est un comportement « social » à utiliser pour les petits problèmes, plutôt qu'une méthode capable d'enrichir la préparation de grandes décisions. C'est qu'en vérité pour être efficace sur les thèmes chauds, la concertation exige un terrain préparé en profondeur.

4 - Décision par consensus (applicable même aux problèmes « chauds »)

Dans la décision par consensus, le chef conserve l'initiative et garde le dernier mot, mais il s'astreint à réunir toutes les conditions de l'adhésion, même sur des thèmes difficiles.

S'il s'agit de la décision d'un comité de direction, la démarche générale sera celle de la participation ouverte schématisée ci-dessus, mais elle se développera dans un contexte qui aura été enrichi et harmonisé par une phase de travail préalable de « traitement des arrière-pensées ».

Cette phase 0 (sur notre graphique 4.1) est antérieure au traitement du problème considéré, elle est commune aux divers problèmes de fond à traiter; c'est elle qui *fonde l'équipe sur une certaine communauté de finalités, de stratégies, de critères et de valeurs.*

Sous des formes variées, échelonnées dans le temps, cette phase préalable notamment :

— clarification des finalités, structures, critères de décision et règles du jeu de l'entreprise, avec un degré raisonnable d'adhésion à ce cadre,

— large information opérationnelle et clarification des options stratégiques,

— accord sur une procédure d'élaboration suivant laquelle le chef apporte l'objectif, ouvre l'information, se réserve la décision finale mais incite à ce qu'elle couronne par le consensus une élaboration dans laquelle les subordonnés ont la plus large initiative : étude, constitution de groupes de projets, formulation de propositions, etc.

— création d'une « morale de groupe » qui valorise les efforts constructifs de synthèse et de compromis, et qui déprécie les attitudes d'opposition intransigeante.

La décision par consensus répond, en somme, à une logique très simple. Étant donné que le processus d'élaboration participative peut achopper en cours de route par suite de divergences de principes, il faut « *déminer le chemin avant de s'y engager* ». Prendre le temps nécessaire pour harmoniser les informations et points de vues du groupe constitue *un investissement nécessaire* pour que ce groupe puisse ensuite fonctionner efficacement, c'est-à-dire enrichir l'élaboration des solutions sans les bloquer, obtenir le consensus sur les décisions et la motivation dans l'application. Car « l'homme n'est pas une machine ». Il faut s'occuper de ses sentiments et valeurs si l'on veut sa pleine coopération.

Nous savons que la tradition française est très éloignée de la logique de la décision par consensus : beaucoup de dirigeants ne croient pas qu'il soit efficace de trop soumettre aux aléas d'un comité l'élaboration de décisions graves dont le chef connaît l'enjeu « mieux que personne »; ils y voient même un processus laxiste, démagogique, risqué.

Il faut comprendre que la décision par consensus, dans les situations où elle s'applique bien, est au contraire un processus rigoureux, exigeant et sûr. Essayons d'en analyser les postulats.

Postulats de la décision par consensus

a) C'est une procédure que le chef choisit d'adopter, tout en conservant intact son pouvoir de décision hiérarchique.

b) Les différents membres du comité sont assez bien choisis, informés et formés pour comprendre qu'ils ont intérêt à accoucher de solutions positives, à ne pas saboter le système (les saboteurs systématiques et récidivistes étant éliminés du jeu).

c) « Mieux vaut surseoir que de prendre vite une décision qui divise ». Il faut savoir faire mûrir les problèmes et leur analyse. Les prétendues urgences ou occasions à saisir couvrent souvent une simple impulsivité.

d) « Mieux vaut le consensus sur une solution imparfaite qu'une solution un peu meilleure mais qui divise ». Et ceci pour deux raisons : l'énergie dépensée à surmonter les résistances annule souvent les avantages théoriques; et le désavantage initial peut être effacé par des décisions ultérieures, après expérimentation.

e) Car l'avenir ne se joue pas en un coup, comme à la « roulette russe », mais par le niveau moyen de qualité × adhésion d'une longue suite de décisions.

f) Un comité responsabilisé par les procédures de décision par consensus voit son efficacité croître suivant une « courbe d'apprentissage » qui lui enseigne notamment à renoncer aux facilités de l'immobilisme.

g) Toutefois, il serait illusoire de croire possible la direction par consensus sans le fort leadership du chef, qui doit être triplement qualifié par sa compétence professionnelle, sa capacité méthodologique et son autorité morale. Le chef qui n'a pas ces qualifications doit être formé ou remplacé.

Dans la mesure où ces postulats sont valables et observés, la décision par consensus est prise *avec* et non pas *contre* les membres du groupe, et elle les *responsabilise* profondément. Ceci comporte d'importantes conséquences.

Économie de la décision concertée

Le processus que nous avons décrit *intériorise* en chacun des participants les informations, les enjeux, les critères, et finalement la responsabilité de la décision.

De ce fait chacun d'eux n'est plus un wagon tiré par le chef-locomotive, mais devient *auto-moteur* pour son action propre et *auto-coordinateur* pour la coordination avec les autres.

Ceci libère des énergies, diminue les frais généraux et accroît l'efficacité totale suivant une logique semblable à celle qu'on observe lorsque l'on passe d'une économie bureaucratisée (type soviétique ou autre) à une économie concurrentielle : en milieu concurrentiel, chaque responsable d'unité est *auto-moteur* et *auto-coordinateur*, ce qui diminue le nombre de fonctionnaires, double la productivité et accroît plus encore la flexibilité créative.

De ce schéma on peut déduire le bilan économique de la décision concertée :

— les phases de préparation peuvent être plus longues et plus coûteuses,

— l'exécution est plus rapide et plus efficace,
— les frais généraux d'encadrement et de contrôle sont allégés.

Il ne s'agit que d'un schéma, mais on peut en voir l'expression concrète dans un nombre appréciable (et croissant) d'entreprises françaises.

Champ d'application de la décision par consensus

Plaçons-nous par exemple au niveau d'une direction générale. Il serait illusoire de vouloir traiter par consensus toutes les décisions de ce niveau. On observe plutôt une répartition du type suivant :

— décisions prises par le directeur général sans concertation préalable (beaucoup de décisions courantes ou d'application exécutive entrent dans cette catégorie),
— décisions déléguées à un autre niveau hiérarchique, où pourra jouer un processus participatif à ce niveau,
— décisions par consensus du comité de direction : les plus importantes en nombre limité, en évitant de se perdre dans les détails d'application

C'est ainsi que l'on peut éviter l'engorgement du processus de concertation Mais nous devons mentionner encore la dimension verticale de ce processus

Décision par consensus à plusieurs étages

Obtenir le consensus du comité de direction est un progrès important. Mais pour certaines décisions incombant à ce comité, il peut être essentiel d'obtenir *aussi* le consensus de certains organes qui auront un rôle clé dans la mise en œuvre, mais qui se situent à d'autres niveaux de la structure.

Dans les cas simples, chaque chef hiérarchique fera son affaire de « mettre dans le coup » ses subordonnés concernés. Mais dans les cas complexes, ou lorsque la distance hiérarchique s'accroît (il faut par exemple la contribution de services techniques ou commerciaux situés à trois échelons au-dessous...), c'est la procédure même de préparation des solutions qui doit se subdiviser pour y introduire en bonne place (dans des groupes de travail ad hoc) les compétences utiles, qui seront aussi les motivations pour appliquer vite et bien.

C'est en fonction des situations concrètes que chaque entreprise doit concevoir *avec soin* les procédures participatives les mieux adaptées.

Observons seulement que leur efficacité suppose que soient étendues à tous les étages l'information pertinente, la clarification des règles du jeu, la compréhension des enjeux et l'adhésion aux comportements de coopération constructive.

Et naturellement, un effort de formation à tous les niveaux.

4.6. Clarification des valeurs et principes d'action de l'entreprise

L'efficacité d'action de toute société repose sur deux fondements : les buts d'action choisis par chaque personne ou entité, et les valeurs communes ou règles admises à respecter par chacun dans l'action, pour maintenir la cohérence systémique de l'ensemble (1).

L'entreprise bien dirigée est par nature fortement polarisée vers ses buts d'action : solvabilité, chiffre d'affaires, profits, conquête de marchés, etc. Mais à partir du seuil de dimension, de complexité ou de commandement participatif où il n'est plus question de tout centraliser, l'entreprise ne peut plus être régie seulement par des objectifs et programmes, il faut que les initiatives décentralisées y soient cohérées aussi par des *valeurs communes*, comme dans tout système social complexe. En effet, comme le constatait le dirigeant d'une grande entreprise, « lorsqu'apparaissent entre services ou entre hommes un problème, un blocage, un conflit qui remontent à mon niveau, neuf fois sur dix l'origine n'est pas une erreur de fait, mais une divergence sur les valeurs ».

Très concrètement, la plupart des décisions complexes ne peuvent être homogènes dans l'entreprise que si leurs critères se rattachent à des valeurs communes concernant notamment :

— *la conception de l'entreprise*; finalité et vocation; rôle du marché, de l'innovation, des risques, du *profit*; critères d'investissement et de désinvestissement,

— *la conception de l'homme au travail* : critères d'embauche ou de licenciement; critères de rémunération et de promotion; éthique du commandement; modes de satisfaction et de motivation dans le travail,

— *l'extension des responsabilités* de l'entreprise à l'égard de ses partenaires : actionnaires, salariés, syndicats, consommateurs, pouvoirs publics, collectivités locales... et vis-à-vis de sa propre pérennité.

En contraste avec ce qu'on observe dans les pays étrangers les plus avancés, il existe en France une sorte de pudeur qui dissuade de parler des valeurs de l'entreprise, pour des raisons qui varient suivant les familles d'esprits :

— pour certains humanistes, les seules valeurs sont spirituelles et culturelles; l'entreprise, disait l'un d'eux, n'est pas plus que « l'âne qui tire la charrette »,

— les cyniques ne croient en aucune valeur et ne s'intéressent qu'aux modes d'action directe,

— quant aux technocrates, sans prendre position sur le principe, ils redoutent de perdre du temps en bavardage sur les valeurs : « parlons plutôt des plans et budgets ».

---

(1) F.A. Hayek a développé ce point dans *Droit, législation et liberté,* P.U.F., Paris, 1980.

De tous temps injustifié, ce mutisme sur le système de valeurs de l'entreprise peut devenir aujourd'hui suicidaire. Les entreprises ne survivront dans ce pays comme centres de décision autonomes que si elles sont capables d'*émettre un système de valeurs crédible*. En effet, ne rien émettre, c'est laisser le champ libre à la fois :

— à l'image rétro de l'entreprise autocratique, alors que la conception moderne est centrée sur les moyens d'associer les salariés aux décisions,
— et au système de valeurs anti-entreprise qui submerge nos medias et qui tend à faire percevoir l'entreprise comme un système arbitraire, égoïste, cruel, immoral, inefficace, bref sans légitimité.

Si nous laissons le champ libre aux valeurs qui la nie, l'entreprise perdra sa légitimité aux yeux du plus grand nombre et perdra son autonomie.

Comment clarifier un système de valeurs crédible? Chaque entreprise doit le faire suivant son style, l'impulsion étant donnée par le groupe de direction. En partant de la spécificité de l'entreprise, des legs de l'histoire, des exigences du métier et de la stratégie. En prenant aussi en compte les exigences nouvelles de l'intégration des hommes, et en faisant participer au processus les différents niveaux, suivant une progression méthodique.

Finalement, chaque salarié arrive à voir clairement ce qui fait agir l'entreprise et à mieux s'identifier à la maison qui le fait vivre et qu'il fait vivre.

***

Sans prétendre être complet, nous avons noté ici (cf. Annexe au § 4.5) quelques valeurs montantes observées dans la gestion des entreprises qui réussissent.

Il convient également d'observer les valeurs montantes *chez les salariés*, et de rechercher une conjonction dynamique entre ces deux ensembles complémentaires. Nous aborderons ce point dans la troisième partie de cet ouvrage.

Annexe au § 4.6

QUELLES SONT LES VALEURS MONTANTES
dans la gestion des entreprises?

Dans les entreprises qui ont de bonnes performances économiques et humaines, on observe généralement aujourd'hui la montée de valeurs assez différentes de celles des années 60-70.

1. Stratégie compétitive : Face aux demandes du marché et aux pressions concurrentielles, priorité aux impératifs stratégiques, ouverture aux innovations et aux remises en question stratégiques qu'exige la compétitivité,

- au lieu d'un certain conservatisme appelé tradition.

2. Flexibilité : Priorité donnée à la réalisation de changements adaptatifs; reconnaissance de la valeur de la mobilité, de la polyvalence,

- par opposition au blocage sur les « droits acquis ».

3. Rigueur et progrès : Valorisation d'une gestion rigoureuse, qui dépiste activement tous les gaspillages. Mais aussi d'une créativité tactique qui améliore sans cesse la productivité, la qualité et la qualification des hommes.

- au lieu de laxisme et routine.

4. Personnalisme : Prise en compte de chaque salarié comme une personne dont on respecte les particularités. Pour cela, développement de relations personnalisées et **de liens moraux** pour contribuer à l'élaboration des décisions. Ajustement des politiques pour qu'elles puissent recueillir l'adhésion. Traitement personnalisé des griefs, des carrières...

- au lieu de la réduction de l'homme au numéro ou à la masse.

5. Communication : Compréhension du fait que le progrès économique et humain repose sur un immense développement des informations et communications

— avec les salariés de tous niveaux, et avec l'environnement externe,
— à contenu formalisé et à contenu qualitatif-relationnel,

- au lieu du secret, des cloisons et de la vieille consigne « en dire le moins possible ».

6. Concertation : Exercer le pouvoir de direction en organisant les procédures concertées de recherche de solutions équilibrées (prenant en compte toutes les tendances) et créatives (pour s'approcher d'un optimum, plutôt que d'un terne compromis) : respectant une règle du jeu qui les respecte, les intéressés « co-auteurs » adhèrent à la décision concertée et sont « auto-moteurs » pour son exécution.

- au lieu du pouvoir qui s'exerce en forçant la décision, par surprise, affrontement ou fait accompli, contre la résistance des intéressés.

7. Service à la société : Explicitation des besoins auxquels l'entreprise satisfait, des services qu'elle apporte aux pouvoirs publics, aux collectivités locales, à l'enseignement, à la culture, aux personnes, bref de ses finalités d'« entreprise citoyenne ».

- au lieu de l'égoïsme de l'entreprise introvertie.

Ces valeurs montantes expriment des **voies de progrès** et aussi des **axes d'efforts** pour les directions et pour les salariés.

Chaque cadre doit être capable de pratiquer le commandement par l'adhésion et de développer les valeurs correspondantes. S'il n'a pas ces capacités, il faut le former ou penser à son remplacement.

Mais le cadre ne peut pratiquer le commandement par l'adhésion que si son chef lui-même le pratique; et la clé de voûte est évidemment le chef d'entreprise.

S'il est pratiqué au sommet, le nouveau style de direction pourra s'étendre progressivement à tous les cadres jusqu'à la base. Et l'entreprise deviendra une **communauté combattante,** mieux armée et mieux motivée pour gagner la bataille concurrentielle.

4.7. Rallier les salariés à l'impératif de compétitivité

Les salariés ont un intérêt majeur dans la compétitivité de leur entreprise : emploi, niveau de vie, progression de carrière en dépendent largement.

Cette compétitivité ne peut guère être obtenue *malgré* les salariés, mais surtout *avec* eux. Et réciproquement la décision concertée, que nous préconisons, ne peut pas aller très loin si la compétitivité n'est pas admise par tous comme critère majeur, justifiant des remises en question difficiles.

Il y a donc un *enjeu immense* à rallier les salariés à l'impératif de compétitivité.

C'est difficile à cause de vieilles rancunes et d'un double courant de pensée et de propagande qui vont en sens contraire.

— *L'idéologie traditionnelle de lutte des classes* et d'opposition des intérêts inculque inlassablement :

- deux idées fausses : « Notre intérêt est d'abord de conserver les avantages acquis »
  « Tout ce qui est bon pour les salariés coûte cher au patron »
- et une idée absurde : « Tout ce qui nuit au patron est bon pour le salarié »

qui sont relativement aisées à réfuter par des exemples.

— *L'idéologie récente de la « nouvelle croissance »* et du « consommateur écolo-convivial » touche davantage les intellectuels et les amène à *contester le principe de concurrence* comme incitateur des faux besoins : alors même que les biens du secteur concurrentiel restent de plus en plus demandés (y compris par eux) et que même la nouvelle croissance demande des performances compétitives dans les activités directement concernées de communication, enseignement, recherche, urbanisme, culture, loisirs, etc. Laisserons-nous l'étranger envahir ces domaines faute d'y apporter une efficacité de premier plan?

Il n'est pas question de couvrir des abus au nom de la compétitivité, mais il faut rendre visible l'enjeu qu'elle représente.

Chaque entreprise doit faire un effort de communication et de dialogue sur l'impératif de compétitivité. Elle doit pour cela s'appuyer sur des exemples concrets de la maison et éventuellement s'inspirer des suggestions suivantes :

1 - D'abord être crédible

Une direction générale n'a de chances de rallier les salariés à l'impératif de compétitivité que si elle est *crédible comme défenseur des intérêts communs*. Ce ne sera pas le cas si la direction gère mal, si son éthique est défaillante ou si elle n'assure pas une juste distribution des fruits de la compétitivité. Il s'agit moins ici d'énoncer des règles que d'aboutir à des pratiques qui puissent être expliquées aux salariés et paraître raisonnables à la majorité d'entre eux. C'est un préalable de taille sans lequel, même au Japon, il n'y aurait pas de consensus.

2 - Faire appel au bon sens

Les salariés sont pleins de bon sens. Ils voient la crise mondiale, la concurrence, la gestion laxiste de certaines entreprises conduisant les salariés au chômage, et ils sont prêts à admettre certains redéploiements nécessaires. Beaucoup sont mûrs pour le « recentrage ».

Se méfiant du discours abstrait, ils sont sensibles à la leçon des faits.

3 - Informer concrètement sur les clients et les concurrents

Les salariés sont attentifs aux informations qu'on leur donne sur les clients et les concurrents. Ils accueillent volontiers un commentaire sur telle commande gagnée qui assure tant d'emplois; et sur tel marché perdu qui compromet tant d'emplois.

Dans ce dernier cas, l'analyse objective des causes de non-compétitivité est pour eux instructive. Elle fait apparaître que les gains en *productivité, qualité* et respect des *délais* contribuent à l'emploi et au niveau de vie.

4 - Commenter les aspects qualitatifs de la compétitivité

Comme le montrent les exemples allemands et suisses, la compétitivité ne se réduit pas aux coûts (salaires et rendements), elle dépend aussi de multiples aspects qualitatifs :

— Avance technologique (services techniques, brevets...).
— Équipements modernes (investissements à financer).
— Qualité (à laquelle chacun peut contribuer).
— Délais, service, fiabilité (compromis par les conflits sociaux).
— Vigueur commerciale (en France et à l'étranger).
— Adaptabilité aux conditions changeantes, etc.

Aucun de ces facteurs qualitatifs de la compétitivité ne peut être pleinement assuré sans le concours actif des salariés : chacun à sa place en est pour une part responsable. Seuls les concurrents (notamment étrangers) profiteront des défaillances éventuelles.

5 - Réfuter les objections habituelles

La plus radicale est le *refus de la concurrence étrangère* par le mirage d'une sorte d'autarcie nationale. Il faut montrer que nous devons vendre à l'étranger, donc être compétitifs, pour payer le pétrole, les matières premières et certaines technologies; et que l'autarcie se ferait dans la misère, comme au temps des gazogènes.

La plus insinuante est l'objection qu'en *croissance faible, productivité signifie chômage*. Il faut montrer que si la croissance *en tonnage* (pétrole, acier, ciment...) est nécessairement faible dans notre phase de l'économie, la croissance *en valeur et en emplois* (qualité accrue, miniaturisation, informatique, services...) peut et doit se poursuivre pour répondre aux besoins croissants.

6 - Contester les politiques anti-sociales de certains syndicats

Dans la mesure où ils ont négligé l'impératif de compétitivité, certains syndicats ont parfois mené une politique anti-sociale :

— en enflant les revendications dans les secteurs protégés, ils ont obtenu depuis la crise que les « salariés à statut » soient davantage augmentés que les salariés qui doivent risquer le défi japonais : on favorise les mieux protégés au détriment des plus exposés.

— En rigidifiant les salaires, avec minima élevés, on prive d'emploi les moins habiles et les plus novices; et on freine le déplacement vers les secteurs en développement.

— Là où des syndicats règnent en maîtres sans éthique de compétitivité, c'est-à-dire dans le Livre, les Ports et la Navigation, ils entraînent le recul de la profession française devant les concurrents étrangers même mieux payés (allemands et norvégiens pour la réparation du « France »).

7 - Affirmer et illustrer quelques vérités universelles

— Dans aucun pays, sous aucun régime, les salaires réels ne peuvent progresser plus vite que la productivité (exemples).

— Si les salaires nominaux progressent plus vite que la productivité, la hausse des prix mange la différence et la concurrence étrangère compromet l'emploi.

— La discussion entre employeurs et salariés n'est pas un « jeu à somme nulle », où l'un perd ce que l'autre gagne : s'ils s'entendent pour le progrès et la compétitivité, chacun y gagne. On peut citer mille exemples de solutions qui, accroissant la compétitivité des produits, permet d'en vendre plus et, par là, d'améliorer les salaires et/ou l'emploi.

— Dans l'économie moderne, la productivité n'est plus seulement quantitative; elle doit être étendue à de nouvelles dimensions du progrès qualitatif : qualité du produit et du service, réduction de pollution, économies d'énergie, qualité de la vie au travail... qui ouvrent de vastes perspectives de progrès.

8 - Intéresser les salariés à la bonne marche de l'entreprise

Pour puissante qu'elle soit, l'information a des limites à partir desquelles ce sont les actes qui parlent. Ces actes peuvent comporter :

— la participation des salariés *aux fruits de l'efficacité* : intéressement à la productivité, aux résultats, parfois à l'actionnariat,

— et leur participation *à la gestion du progrès*, par concertation, délégation des initiatives et responsabilisation à tous les niveaux : jusqu'à la base, suivant l'exemple des célèbres « cercles de qualité » japonais.

***

En résumé, les entreprises peuvent mettre en œuvre un important faisceau d'idées et d'actions pour rallier leur salariés à l'impératif de survie qu'est la compétitivité.

Si l'entreprise est de dimension moyenne ou grande, cela peut exiger un préalable : la *formation de l'encadrement à l'économie de l'entreprise*, pour qu'il soit en mesure de transmettre à tous les salariés les messages *concrets* empruntés au contexte de l'entreprise, dont nous venons d'esquisser le cadre.

Un nombre croissant d'entreprises agira dans ce sens, qui est celui de leur devoir et de leur intérêt. Et l'idée pénétrera progressivement l'opinion et les médias.

La vérité servie avec courage est l'une des grandes forces de ce monde. On peut espérer qu'elle nous rapprochera progressivement du consensus social sur la compétitivité.

4.7 - Se concerter avec les syndicats qui admettent l'impératif de compétitivité

Il était temps que nous abordions enfin le problème des syndicats. Pour de nombreux dirigeants français, en effet, l'essentiel de la compétitivité japonaise vient de là. « Au lieu de nos syndicats politisés, disent-ils, donnez-nous des syndicats à la japonaise et nous ferons mieux qu'eux ».

Ce n'est pas faux, à condition qu'on ajoute que, dans une large mesure, chaque patronat a les syndicats qu'il mérite.

Les syndicats japonais ne sont pas des moutons, ils sont durs dans les négociations salariales et plus exigeants que leurs homologues français en ce qui concerne les fusions et l'emploi; simplement ils reconnaissent l'évidence, c'est-à-dire que les salariés ont intérêt à ce que l'entreprise marche bien, et savent accepter certaines flexibilités qui servent à cette fin.

Cette attitude constructive n'est pas spontanée : vers 1905, puis en 1945-1948, au lendemain de la défaite, l'idéologie de lutte des classes se développait rapidement au Japon, à travers des grèves mémorables. Devant le danger, le patronat se concerta et, avec le soutien du gouvernement, développa une politique sociale extrêmement audacieuse comportant notamment : la garantie morale de l'emploi, l'éventail de salaires resserré, l'intéressement de tous aux résultats annuels (le bonus), l'abstention pour une famille patronale de vendre

ses actions et la concertation généralisée jusqu'à la base. On peut dire que *les patrons ont « mis le paquet »* pour que leur pratique de l'entreprise soit acceptée comme pleinement légitime.

Les syndicats aussi ont « mis le paquet », en renonçant aux actions nuisibles à la compétitivité de l'entreprise. C'est ainsi qu'ils s'efforcent d'aboutir par négociation sans grève, ou par la célèbre « grève avec brassard en continuant à travailler ». Ce type d'action a été ridiculisé en Occident comme un symbole d'une faiblesse syndicale allant jusqu'à l'humiliation, à comparer à la fière combativité de nos stratèges des grèves qui font à l'entreprise le plus de mal possible.

On peut aujourd'hui relire le comportement des syndicats japonais comme exprimant d'une part un attachement communautaire à l'entreprise, mais d'autre part un calcul froid et juste : pour obtenir le plus possible de l'entreprise, il faut ne pas compromettre sa prospérité, donc continuer à travailler... avec un brassard qui toutefois contraint la direction à rétablir l'harmonie sous peine de perdre sa légitimité (2). A ce jeu, les Japonais ont gagné des salaires plus élevés que les nôtres. Et notre jeu de guérilla interne, qui compromet notre vitesse de progrès, nous fait trembler devant la compétitivité japonaise.

Sans qu'il soit question de copier le Japon, nous pouvons méditer cet exemple. Nous devons surtout ne pas nous résigner à considérer la guérilla interne comme une nécessité naturelle : la salutaire divergence des impulsions individuelles peut s'exprimer par des voies plus civilisées.

Concernant nos syndicats, nous pouvons observer les points suivants :

— Le pouvoir d'un syndicat est proportionel au soutien que lui donne la base du fait des insatisfactions qu'elle ressent, et aussi au privilège de communication que peut lui accorder la direction.
— Le premier principe d'une politique sociale efficace est en France de s'occuper des salariés (à travers l'encadrement) plus que des syndicats; si les salariés constatent que l'entreprise s'occupe d'eux et de leurs problèmes de façon personnalisée, le syndicat avec ses consignes massifiées cessera d'être l'unique recours.
— Dans un pays conservateur comme la France, une idéologie révolutionnaire fait peur et affaiblit plutôt qu'elle ne renforce le syndicat qui s'en réclame.
— Si toutefois la direction consacre tous ses soins à une illusoire « concertation de bonne foi », avec les délégués révolutionnaires, elle fait pire que perdre son temps, elle renforce de sa considération le syndicat qui nie la vocation de l'entreprise.
— On peut recommander la position de certains dirigeants français, qui n'ont que les contacts légalement indispensables avec les représentants

---

(2) Notons que la « grève avec brassard » suppose une direction générale de haut niveau intellectuel et éthique, qui perçoit tout le poids de ce message discret et agit en conséquence. Face à une direction cynique qui pense : « Je me fous des brassards s'ils continuent à travailler », ce processus civilisé ne peut survivre, et l'on est ramené à notre gâchis de « la grève qui fait mal ».

syndicaux qui déclarent ne pas être intéressés par la compétitivité de l'entreprise, mais qui par contre cherchent des terrains de concertation et de collaboration avec les syndicats qui reconnaissent l'impératif de compétitivité et ses exigences. Souvent très actifs, de tels syndicats jouent un rôle normal dans la société et méritent de devenir des interlocuteurs privilégiés.

— Notons que dans un monde mouvant et concurrentiel, la relation entreprise-syndicat ne doit pas trop se figer dans la conclusion de conventions rigides qui handicapent la flexibilité ultérieure, mais réaliser surtout une concertation des décisions visant le consensus *dans le présent* plutôt que la réglementation de l'avenir.

— Cette approche adaptative favorise la compétitivité de l'entreprise, elle sera bien accueillie par les salariés si l'entreprise peut rendre visible son rôle au service de l'économie et ses pratiques internes au service des salariés.

4.9 - Négocier plus de flexibilité contre des avantages de salaires ou d'emploi

L'intérêt des salariés pour la compétitivité de l'entreprise n'est pas seulement un débat théorique : il peut aussi donner lieu à des négociations très concrètes.

C'est le cas notamment lorsque la compétitivité de l'entreprise est compromise par des *contraintes réglementaires rigides qui coûtent cher à l'entreprise pour peu d'avantages aux salariés* : situation fréquente en matière d'horaires de travail et d'emploi.

Pour faire sauter le verrou, il suffit parfois d'offrir de *partager entre les salariés et l'entreprise le gain obtenu* en levant la contrainte.

C'est ce qu'a su réaliser Lucien Bichet lorsqu'il a fait plébisciter par ses ouvriers la semaine de 4 jours, 10 h par jour (pour un travail peu pénible). Il s'est vu infliger 250 procès-verbaux, mais il a su se faire entendre par les médias et finalement le Parlement a légalisé sa position. Cet esprit d'entreprise pour la dé-réglementation est un exemple qui ne manque pas d'inspirer des imitateurs.

« *La semaine S.D.L.* »

Des contraintes et des sur-coûts pèsent sur le travail de week-end, pourtant indispensable pour les équipements lourds et pour le service du public.

Et voici qu'on apprend que dans une papeterie de l'Ouest et aussi dans une usine textile du Centre, des équipes d'ouvriers et ouvrières ont accepté de travailler 24 h sur trois jours, les samedis, dimanches et lundis (la nuit pour quelques-uns), pour une rémunération égale à celle des 40 h de semaine. Il suffit de petits effectifs ces jours-là pour que l'équipement tourne 7 jours sur 7, ce qui abaisse sensiblement les coûts. Les ouvriers volontaires pour cette formule sont évidemment ceux que ça gêne le moins; à l'expérience, ils semblent même y prendre goût, et la liste s'allonge de demandeurs de « semaine S.D.L. ». Lorsqu'on consulte les gens plutôt que leurs représentants, on a bien des surprises!

Cette formule, actuellement en développement, est l'un des mille cas où plus de flexibilité permet la compétitivité et apporte des avantages à tous.

Gestion personnalisée du désemploi

La mise au chômage étant pour le salarié un traumatisme, on l'a entourée d'obstacles... et l'on a créé chez les entreprises la peur d'embaucher.

Personne n'a songé en France à une autre approche du problème : puisque le coût du chômage est payé de toute façon par les cotisations et impôts des entreprises, pourquoi ces entreprises (éventuellement groupées par bassin d'emploi), ne garderaient-elles pas ces sommes pour *gérer elles-mêmes le désemploi*?

Nous avons présenté cette suggestion dès mai 1977 dans *Les Quatre Vérités* dont nous extrayons les lignes suivantes, parues sous le titre « Nouvelle gestion du désemploi » :

...

« La collectivité des entreprises se trouve placée dans une position exceptionnellement maladroite :

— elle paye les frais d'aide aux chômeurs,
— elle laisse le chômage être mal géré par une administration anonyme,
— et elle recueille tout l'opprobre de ces défauts, avec une image aussi noire que si les licenciés étaient littéralement jeté à la rue.

« Les pouvoirs publics et les partenaires sociaux rient sous cape de voir l'entreprise s'empêtrer dans une situation ridicule, qui ruine son image et son avenir.

« Nous pensons qu'il est grand temps de dépasser les vieux tabous et les vieilles ornières, pour mettre en avant des solutions novatrices répondant aux besoins présents.

« Notre hypothèse est qu'à contribution financière égale, les personnes en désemploi seraient mieux « gérées » par leurs ex-entreprises ou par un groupe régional d'entreprises que par une multitude d'administrations.

« A la limite, le statut administratif de chômeur, traumatisant et inefficace pourrait être supprimé (sauf pour les incurables). A la suite d'accords conclus avec les pouvoirs publics, la personne dont l'emploi est supprimé *resterait transitoirement salariée de l'entreprise,* ou rattachée au *groupement local d'entreprises*, avec usage des services sociaux, sportifs, culturels, etc., donc sans trop de rupture. Sur justification rigoureusement contrôlée de la cessation de travail, l'entreprise (ou le groupement) recevrait des institutions compétentes la contre-valeur des sommes qu'on dépenserait pour la personne si elle était déclarée chômeur et qui lui parviendraient alors en salaires. Et le groupement (ou l'entreprise) « gérerait » la réinsertion de la personne en désemploi, en contact avec les employeurs de la région, avec les différents organismes de formation ou recyclage, et avec les projets locaux de création ou développements d'entreprises, qui pourraient être soutenus à cette occasion. La personne en désemploi se verrait indiquer des pistes et proposer des offres; jusqu'au refus de la troisième offre raisonnable, elle serait assurée contre les risques graves pour elle et sa famille. Ainsi s'accomplirait, avec dépenses probablement moindres, la liaison en souplesse entre deux emplois (le cas des jeunes à la recherche d'un premier emploi étant à traiter séparément, entre enseignants et groupements locaux d'entreprises.

« A partir de l'idée que nous venons d'esquisser, il conviendrait d'établir des projets précis et de les expérimenter dans plusieurs bassins d'emploi, avec le concours des pouvoirs publics. En cas de réussite, on aurait fait un énorme progrès vers l'équilibre social du pays.

« Comment concilier en effet la flexibilité de l'emploi avec la révulsion de l'opinion devant les licenciements, sinon en établissant en somme un *statut des emplois privés* qui supprime définitivement le vieux cliché du salarié jeté à la rue. Le mot de chômeur lui-même devrait disparaître.

« Certains objecteront que les entreprises et leurs groupements professionnels ne sont pas faits pour assumer de telles fonctions et responsabilités. Nous pensons plutôt que la vocation de l'entreprise est précisément de savoir gérer efficacement les techniques nouvelles et les fonctions nouvelles qui répondent à un besoin des hommes et de la société ». *(fin de citation).*

Les autorités responsables n'ont marqué aucun intérêt pour cette suggestion, dont nous voyons aujourd'hui qu'elle se situe assez bien dans la ligne de l'efficacité japonaise.

Préférons-nous toujours les solutions bureaucratiques, pour dégager notre responsabilité?

4.10 - Synthèse pour le management des hommes

Au terme d'un long chapitre où des idées nombreuses et d'inégale importance ont été présentées, nous pensons utile de centrer l'attention sur les *quelques axes d'action concrète* qui correspondront le plus souvent au besoin prioritaire des entreprises françaises.

Nous nous bornerons à quatre points :

1 - En priorité, *la formation de l'encadrement* aux nouveaux styles de communication et de commandement par l'harmonie.
C'est une œuvre de longue haleine, qu'il faut donc aborder sans retard, dans une optique dynamique comportant différentes évolutions de carrière.
La formation elle-même doit le plus souvent être accompagnée d'instauration de nouvelles procédures de concertation, et de clarification des finalités et principes d'action de l'entreprise.

2 - Simultanément, *l'information permanente* de tout le personnel, dont nous avons vu qu'elle constituait un puissant levier d'efficacité et de motivation, notamment par ses composantes externe, entrepreneuriale et professionnelle.

3 - S'il y a lieu, *décentralisation* des structures en *unités de taille humaine* ayant une relative autonomie (division, établissement, service). Car c'est dans un tel cadre où l'on se connaît que peuvent s'établir les relations personnalisées et liens moraux qui contribuent à un nouveau climat d'efficacité.

4 - Et, suivant chaque cas particulier, *responsabilisation de la base*, par la direction participative, la formation, l'enrichissement du travail individuel et la délégation de petits groupes (du cercle de qualité à l'équipe semi-autonome) de *responsabilités de progrès* venant s'ajouter aux responsabilités d'exécution courante.

N'oublions pas que décentralisation et responsabilisation supposent des *tableaux de bord* d'information eux-mêmes décentralisés, et sachons que *l'impulsion de la direction* est dans tous les cas essentielle.

CHAPITRE 5

Politique de qualité et cercles de qualité

Après avoir énoncé assez brièvement huit idées stratégiques et neuf idées pour le management des hommes, nous pensons utile de pousser un peu plus avant, sur ces deux plans les réflexions que nous inspire le phénomène qualité au Japon, afin de déboucher sur des idées d'action :

Elles se regrouperont autour des points suivants :

5.1 - Eveil au rôle compétitif de la qualité.
5.2 - Contenu d'une stratégie qualité de la direction générale.
5.3 - Idées directrices pour organiser la qualité.
5.4 - Extension inter-fonctions : gestion intégrée de la qualité.
5.5 - Extensions aux niveaux de base : versions françaises des cercles de qualité.

5.1. - Éveil au rôle compétitif de la qualité

La qualité a toujours été tenue pour un élément important de la réussite d'une entreprise, mais c'est récemment semble-t-il que cette importance a été reconnue comme prépondérante. Trois constatations y ont contribué.

— Le langage même opposait autrefois les « articles de qualité » aux « articles de grande diffusion ». Et voici que, dans des marchés plus concurrencés, où les défaillances sont de plus en plus lourdement pénalisées, *la qualité devient une condition de la grande diffusion*, elle devient donc la clé de la compétitivité, de l'expansion et du profit.

— Il est vrai qu'en même temps la notion de qualité s'affine. On reconnaît d'abord qu'elle est appréciée *par le client* et non par nous; qu'elle inclut avec le produit tous les services liés, et qu'elle est « relative » par rapport aux concurrents (et non absolue, comme le pensent certains techniciens). Mais si l'on sait calculer par voie statistique une appréciation *globale* de la qualité (1), on doit pouvoir aussi dépasser l'approche globale et *analyser les composantes de la qualité;* distinguer d'abord performance de qualité, puis placer en regard les autres éléments de la compétitivité : prix et communication. Le tableau 5.1 propose un schéma d'analyse de la qualité.

Ces éléments permettent d'analyser l'utilité et le coût d'emploi pour le client, et de clarifier plusieurs *stratégies de qualité.*

— Alors apparut la grande surprise. Depuis toujours, l'idée de meilleure qualité était liée à celle du coût plus élevé. Or, voici qu'apparaissent des stratégies de qualité qui obtiennent *simultanément meilleure qualité et coût plus bas.*

Bien plus, la pratique japonaise mettait en évidence un théorème industriel nouveau :

— *la haute productivité et le coût très bas ont souvent pour préalable la complète maîtrise de la qualité.*

En effet, la maîtrise de la qualité comporte *des coûts :* saisie et traitement des informations sur les défauts, établissement et révision des normes, recherche des causes et des remèdes (cercles de qualité), parfois recours à des matériaux plus chers, souvent investissements.

Mais la maîtrise de la qualité entraîne *des économies :*

— les unes classiques : la réduction ou suppression des *coûts de la non-qualité* : rebuts, retouches, retours, garanties, allègement des inspections,

---

(1) L'une des méthodes de calcul d'un indice global de qualité relative, pour une firme multi-produits, consiste à déduire des opinions dominantes ressortant d'enquêtes d'images auprès des clients, un classement des produits de la firme (et des chiffres d'affaires correspondants) en « qualité égale », « qualité supérieure », et « qualité inférieure » par rapport aux principaux concurrents. Pour une firme dont le chiffre d'affaires se répartit à raison de 30, 45 et 25 % entre les produits d'image supérieure, égale ou inférieure aux leaders de la catégorie, l'indice global de qualité retenu sera égal, par définition, au % du C.A. fait en « qualité supérieure » ici 30 %, diminué du % du C.A. fait en « qualité inférieure », ici 25 %, soit total algébrique de + 5 %;

Tableau 5.1 — Analyse des composantes de la qualité et de la compétitivité d'un produit ou d'un service

FACTEURS DE COMPÉTITIVITÉ	**Performances**	— d'utilité, d'agrément, etc. — qui situent le produit dans un segment de marché
	Qualité	— Conformité aux normes, cahiers des charges — Fiabilité — Maintenabilité — Service, disponibilité, délai — Sécurité — Durabilité — Non pollution, économie d'énergie
	Prix	— Niveau Consommateur — Niveau Distributeur — Prix de revient Producteur
	Communication	— Publicité — Promotion — Relations publiques, etc. qui informent, rassurent

— les autres nouvelles, qui constituent la « *percée japonaise* » *de productivité par l'automatisation simple* (bien avant la robotique), rendue possible par la maîtrise de la qualité.

C'est le cas du système « jidoka » ou « automatisation à caractère humain » utilisé par Toyota sur ses chaînes d'usinage. Lorsque la qualité est maîtrisée et que le « zéro défaut » est atteint, *on peut supprimer un ouvrier sur deux* par automatisation des procédures de mise en marche, de contrôle et d'arrêt des machines, notamment par entraînement automatique d'une machine par la précédente. C'est ainsi que la productivité peut doubler ou tripler. Les sous-traitants ayant également « zéro défaut », on peut supprimer aussi les contrôles de réception... (2).

Un auteur américain titrait récemment « quality is free » (la qualité ne coûte rien). En vérité, la qualité rapporte si on l'utilise comme tremplin de la

(2) Le plus souvent, on ne peut automatiser qu'un processus dont la qualité est bien maîtrisée. Plus généralement, la systématisation d'un processus n'est efficace que sur la base d'un étalonnage de la qualité-client et d'une maîtrise de la qualité technique. Cette règle s'applique à une automobile, et aussi... à la confection d'un logiciel.

Ajoutons que, réciproquement, l'automatisation peut donner accès à des niveaux de qualité à la sortie de machine qui ne seraient pas accessibles dans des opérations à contrôle humain : le non-défaut garanti à un sur un million! Il existe un « cercle vertueux » qualité-productivité-qualité.

productivité. Et si elle est authentiquement fondée sur l'appréciation des utilisateurs, elle constitue l'axe essentiel de la compétitivité.

— La maîtrise de la *qualité-client*, avec analyse des appréciations positives et négatives de l'utilisateur, apporte une troisième retombée positive : elle permet de *concevoir le nouveau modèle parfaitement adapté*, donc de renforcer le *marketing-produit*.

Cette percée des bonnes qualités à coût bas rend indispensable que la stratégie de qualité soit élaborée au niveau de la direction générale.

5.2 - Contenu d'une stratégie qualité de la direction générale

Dès lors que la qualité est reconnue comme un facteur clé de la compétitivité, et que son caractère multi-dimensionnel (tableau 5.1) permet de la promouvoir de plusieurs façons, il devient clair que l'entreprise doit concevoir une stratégie de la qualité et que les choix correspondants, qui influent sur toutes les fonctions et conditionnent toute la réussite compétitive ne peuvent être faits qu'au niveau de la direction générale.

Mais précisons un peu le contenu de ces choix.

1 - Les déclarations vagues sur « la meilleure qualité en toutes choses pour répondre au mieux aux besoins des clients » ne sont pas suffisantes.

Il faut d'abord avoir retenu le *segment* concurrentiel dans lequel on se battra, et défini en conséquence la *zone de performance* du produit (pour l'automobile : segment luxe, ou sport, ou économie, ou familial, ...) : ces premiers choix se rattachent aux théories classiques de la stratégie produits, mais ils ne sauraient suffire. Pour le segment retenu, il faut *choisir le « quality-mix » le plus efficace,* c'est-à-dire *le dosage* de l'effort à porter sur les différents facteurs de performance et de qualité (voir liste ci-dessus) : il n'est pas très crédible en effet de prétendre jouer à fond simultanément tous ces différents facteurs, qui sont d'ailleurs partiellement contradictoires puisqu'une performance d'avant-garde implique parfois quelques défauts de fiabilité. Et comme chaque « quality-mix » a son coût, ce qui compte finalement c'est le « *competitivity-mix » ou dosage stratégique des efforts portés sur la performance, la qualité, le prix et la communication.*

2 - Notons que le « competitivity-mix », fondé d'abord sur les préférences des clients et la position relative à l'égard des concurrents l'est aussi sur les *conditions de production donc de coût.* On peut citer l'exemple du moulin à café de *Moulinex* introduit sur le marché à un *prix* très bas, pour atteindre un très large volume et bénéficier ainsi d'exceptionnelles économies d'échelle. On peut aussi citer l'exemple de *Legrand* qui, pour tel composant d'interrupteur, s'impose un niveau de *qualité* supérieur à ce que demande le marché, car ce

niveau de qualité lui permet d'automatiser le processus de production et par là d'abaisser le coût. C'est donc par ses deux faces, marketing et production, que la qualité influe sur la compétitivité.

3 - Observons aussi que le dosage de la stratégie de qualité *n'est pas fixé une fois pour toutes, mais évolue dans le temps* en fonction de l'âge de vie du produit, de la position concurrentielle de la firme, et de la conjoncture. Par exemple, la stratégie de qualité des automobiles Honda, sur la base de performances toujours correctes, a mis successivement l'accent sur le prix, puis sur la durabilité-fiabilité, puis sur la non-pollution/économie d'énergie : et c'est sur ces deux derniers terrains qu'une avance stratégique a été prise. Par ailleurs, on observe qu'en période de récession économique, de nombreux biens (notamment de consommation) deviennent plus sensibles au prix et moins sensibles à certains facteurs de qualité (durabilité, disponibilité).

4 - Les choix de la stratégie qualité sont trop importants et complexes pour découler seulement de l'« intuition du patron ». Si celui-ci est un vrai stratège, il s'organisera pour fonder ses décisions sur *un double système d'informations quantifiées sur la qualité* (s'ajoutant à celles du contrôle qualité classique) :

— informations externes sur les défaillances *chez le client* et sur l'opinion du client sur notre qualité comparée à celle des principaux concurrents,
— informations internes sur le *coût de la non-qualité :* coût du contrôle, des rebuts, retouches, réclamations, etc. Et sur les automatisations que rendrait possible une complète maîtrise de la qualité.

Les techniques de saisie méthodique puis d'analyse statistique permettent de faire sortir de données d'abord confuses des significations pertinentes... C'est à partir de telles analyses statistiques subdivisées que la direction générale peut éclairer ses choix de stratégie qualité.

5 - Ces choix peuvent éventuellement modifier les objectifs de tous les principaux services (études, méthodes, fabrication, achats, ventes) ainsi que l'organisation du service qualité. Ils peuvent aussi nécessiter le financement d'un plan d'investissement :

— soit, comme chez Kamatsu dans les années 60, l'important investissement *incorporel* d'étude et mise en place rapide d'une organisation de gestion de la qualité de niveau international,
— soit l'investissement *corporel* d'équipement permettant de fabriquer un produit amélioré, ou d'automatiser certaines opérations pour en améliorer la qualité (et le coût).

Tous les choix stratégiques que nous avons cités ne peuvent être décidés qu'au niveau de la direction générale, avec la participation des responsables des différentes fonctions (voir ci-dessus « décisions par consensus », paragraphe 4.5).

5.3 - Idées directrices pour organiser la qualité

La fonction qualité, à qui la direction générale délègue une partie de la mise en œuvre de la stratégie qualité, peut, en fonction des cas, être organisée suivant des schémas très variés. Nous renvoyons aux ouvrages spécialisés qui présentent les outils techniques et les différents schémas organisationnels : contrôle statistique, gestion de la qualité, assurance qualité, etc.

Mais nous croyons utile de présenter aux *directions générales* quelques *idées directrices*, validées par l'expérience, qui peuvent les aider à orienter leur action sur le problème capital de la qualité.

1 - De nombreuses usines produisent systématiquement de la non-qualité

Elles ne s'astreignent pas à « faire bien du premier coup ».

Par exemple, dans telle chaîne de montage d'appareils complexes, les contrôles puis les essais en bout de chaîne décèlent très fréquemment des petits défauts qui donnent lieu à de petits travaux de retouches.

Il y a quelques ouvriers affectés à ces retouches, de sorte que les monteurs de la chaîne n'ont pas de souci à se faire : tout défaut sera réparé. D'ailleurs, ne plus faire de défauts serait en quelque sorte priver les retoucheurs de leur travail. L'existence permanente de défauts est institutionnalisée, et bien des intérêts particuliers sont attachés à ce que les défauts ne disparaissent pas.

2 - Les remontrances-qualité n'améliorent rien

Au vu d'une telle situation, si la direction lance une campagne pour prêcher la qualité et faire des remontrances aux ateliers producteurs de défauts, les effets obtenus sont *nuls* ou *négatifs*.

Psychologiquement, les reproches blessent l'amour-propre des ouvriers et techniciens et entraînent des réactions de dénégation, ou d'accusation d'autres services, etc. Au total, aucune amélioration de qualité, mais souvent une dégradation du climat.

Seule une information objective sur les défauts peut débloquer la situation. Et il faut d'abord en saisir les données.

3 - La base : saisir les défauts-clients et les défauts-essais

Le fondement d'une politique sérieuse de qualité ne peut être que le repérage, la saisie et *l'analyse objective* des défauts constatés chez le client-utilisateur, aussi bien qu'aux contrôles et essais internes.

Convenablement validées par méthodes statistiques, ces données vont fournir *l'information significative* qui permettra de remettre en question le « système producteur de défauts ».

4 - Calculer le coût de la non-qualité

L'information significative sur les défauts doit aussi porter sur leur coût. Les comptabilités analytiques sont souvent indigentes sur ce point. Il est essentiel de rassembler tous les coûts des rebuts, retouches, retours, garantie, inspections, etc., y compris les frais indirects induits. Il est dangereux que ces coûts dépassent 3 % du chiffre d'affaires. Avec les statistiques de défauts, ils doivent figurer dans les *tableaux de bord qualité*.

5 - « Feed-back » aux « producteurs de défauts »

L'information significative sur les défauts ne doit pas rester dans le service qualité, elle doit être projetée en rétroaction sur les services producteurs de défauts : notamment ateliers, achats, entretien, méthodes, bureau d'études...

Il est essentiel que cette information soit présentée, non comme une accusation, mais comme *une aide* pour dépister les imperfections et *progresser dans l'intérêt commun*. Le discours d'accompagnement doit encourager, dynamiser plutôt que culpabiliser.

L'information bien validée est assez forte pour ne laisser personne indifférent, surtout si l'on s'efforce, autant que possible :

— d'informer sur les *défauts chez le client,* qui sont encore plus frappants que les défauts repérés dans l'entreprise,

— d'ajouter aux statistiques, courbes, etc., qui sont indispensables, des *cas exemplaires*, qui produisent une puissante mobilisation de l'attention,

— d'assurer une *identification des lots*, afin que les opérateurs de différents niveaux puissent s'interroger sur leur part éventuelle dans les défauts constatés,

— de présenter aussi un décompte complet du *coût de la non-qualité*, afin d'extirper chez l'encadrement l'idée absurde (mais très répandue) suivant laquelle « la qualité coûte cher »... et « pour tenir son budget, il faut bien laisser passer quelques défauts ».

A ce stade, les attentions sont mobilisées; il faut orienter le déploiement des énergies... vers la recherche des causes.

6 - Recherche méthodique des causes de défauts

Certains défauts se reproduisent depuis dix ans faute de l'effort de remonter aux causes.

La recherche des causes des défauts principaux doit être menée à différents niveaux, et notamment au niveau maîtrise et ouvriers : c'est l'idée maîtresse qui a permis aux *cercles de qualité* de produire des résultats si fructueux.

Si les spécialistes qualité ont la compétence pour saisir et analyser les défauts, les plus compétents pour la recherche des causes sont habituellement *les opérateurs directs* des ateliers, des achats, de l'entretien, etc., — à condition qu'ils aient reçu l'*information* sur les défauts et la *formation* aux principaux outils d'analyse et d'action correctrice.

7 - Concevoir et appliquer des remèdes à la production de défauts

L'analyse des causes conduit aux remèdes, qui consistent en une modification (fût-elle minime) du processus antérieur pour qu'il cesse de produire des défauts.

Des solutions sont proposées par les cercles de qualité, mais aussi par tous les services concernés; et il faut souvent entre eux une concertation active pour la mise en œuvre efficace.

Le processus d'élimination de la « production méthodique de défauts » a remporté un *succès irréversible* lorsque les chiffres des comptables et des vendeurs font apparaître :

— que *la qualité diminue les coûts* (par la suppression de nombreux coûts de non-qualité, et par des gains annexes de productivité),

— et que *la qualité fait vendre*, en améliorant l'image, stimulant les préconisations, etc.

C'est à ce moment que se cristallise le puissant « esprit qualité » qui procure à l'entreprise bien des réussites.

Sur le plan des techniques de production, le succès peut être complet lorsque l'élimination des causes de défauts a été intégrée au processus au point d'obtenir la « *built-in-quality* », la qualité qui découle de la conception produit-procédé (le plus souvent automatisé).

8 - L'analyse de la qualité-client est la base du marketing-produit

L'effort de saisie et d'analyse des défauts chez le client n'est pas seulement le préalable nécessaire à la recherche des causes et des remèdes; c'est aussi la source la plus féconde d'*idées d'amélioration du produit*. Le prochain modèle sera doublement renforcé par l'élimination des défauts antérieurs et par l'incorporation de caractéristiques valorisées par l'utilisateur. L'analyse qualité-client permet ainsi d'affiner le profil du produit souhaitable et d'apporter à la *conception marketing du produit* un renfort décisif.

Les huit idées directrices que nous venons d'exprimer ne sont pas encore bien perçues par de nombreux responsables industriels. Nos entreprises gagneront en compétitivité lorsqu'elles seront largement admises dans la production, mais aussi dans tous les autres services de l'entreprise.

5.4 - Extension inter-fonctions : gestion intégrée de la qualité

Organiser la qualité comme une fonction est une nécessité, mais comme les autres fonctions sont aussi concernées, le progrès peut exiger que la qualité devienne un objectif inter-fonctions : c'est le concept de gestion intégrée de la qualité.

Son idée directrice est d'objectiver *la qualité de chaque fonction* (qualité de la prestation de chaque service) comme composante de la qualité résultante, qui les intègre.

Sa mise en œuvre n'est pas simple, car il ne suffit pas de constituer un *comité qualité inter-fonctions* pour que soient réalisés des *interfaces efficaces* inter-fonctions.

Une liaison souple et constructive ne s'établit *pas spontanément* entre ces différents services qui, surtout en France, ont tendance à s'enfermer dans les exigences de leur discipline propre. La conséquence souvent observée : des normes trop exigeantes; beaucoup de pièces refusées au contrôle; disputes; arbitrage de la direction qui laisse livrer les trois quarts des pièces arrêtées; et chacun ensuite campe sur ses positions dans le scepticisme et l'aigreur.

Pour surmonter ces difficultés de coordination, certaines entreprises ont procédé *par étapes*. Après avoir établi, autour d'un service fonctionnel de la qualité, l'infrastructure indispensable de liaison clients, de normes, de saisie des défauts et de traitement statistique des données, elles ont successivement renforcé les responsabilités qualité :

— de la fabrication : stabilisation de la qualité, campagnes zéro défaut...,
— puis du bureau d'études, qui est l'émetteur principal de normes,
— puis du commercial, qui a le contact avec les clients,
— sans oublier les achats, etc.

Chaque étape doit naturellement être accompagnée de la *formation* du personnel correspondant aux méthodes de base de la gestion de la qualité. C'est essentiel pour établir un *langage commun,* permettant la communication sur des critères objectifs. Mais il faut en outre une action de la direction.

Etablir des procédures et une éthique de concertation constructive entre les grandes fonctions est, en effet, un problème de fond, dans lequel la direction générale doit engager tout son poids pour que la gestion intégrée de la qualité passe réellement dans les faits.

5.5 - Extension aux niveaux de base : versions françaises des cercles de qualité

Les réalisations japonaises nous ont amené aux réflexions qui précèdent sur la politique de qualité au niveau de la direction générale et des grands services fonctionnels; nous avons vu qu'une stratégie et une organisation de la qualité étaient le préalable nécessaire à un progrès dans ce domaine.

Faut-il aller plus loin, et chercher à responsabiliser la maîtrise et la base par une version française des « cercles de qualité »?

Notre réponse est OUI, SI...

OUI, il faut impliquer la base, car c'est possible, c'est une source d'important progrès pour la qualité, la productivité et le climat social.

SI *et seulement si* un certain nombre de conditions favorables sont réunies; La principale condition est de prendre l'opération *au sérieux* et d'éviter notamment l'illusion spontanéiste.

— *Illusion spontanéiste.* Certaines entreprises ont eu la naïveté de croire qu'il suffisait d'animer des groupes d'ouvriers et techniciens pour que les problèmes de qualité fondent comme neige au soleil. Souvent d'ailleurs, des réussites initiales semblent justifier cette illusion : les premiers groupes apportent très tôt des suggestions utiles; mais sans formation de la hiérarchie, concertation organisée entre services et politique de direction claire, les groupes se trouvent vite isolés, et quelque incident entraîne leur suppression : réaction de rejet par la structure.

— *La voie américaine des QC.* Sans la déconseiller, nous ne la croyons pas optimale pour la transposition en France. Poussées par la concurrence japonaise, de nombreuses entreprises américaines font un effort méthodique pour implanter dans leurs usines des *Quality Circles :* chaque année, un congrès des *Quality Circles* présente les meilleures réalisations, et ce mouvement est incontestablement positif. Dans de nombreux cas toutefois, les applications semblent caractérisées par les points suivants :

- Il existe déjà un service qualité et des procédures sévères (et détestées) d'assurance qualité. En conséquence, les cercles de qualité sont placés tout à fait en dehors de l'organisation qualité, et ont surtout un objectif de réduction de coûts.
- Les cercles sont composés surtout de volontaires actifs, qui cherchent une occasion de perfectionnement, de promotion, de prime; et aussi à se faire bien voir pour n'être pas du prochain licenciement.
- La formation donnée aux animateurs et aux membres ne porte guère sur la qualité mais essentiellement sur les méthodes de brainstorming et d'analyse de problème.
- Pour alléger le dispositif et ne pas prendre du temps à l'encadrement hiérarchique, les *Quality Circles* sont rattachés à un *facilitator* qui rapporte directement au directeur d'usine et coordonne le travail des cercles.

— Un *facilitator* pouvant coordonner 10 à 15 cercles de 7 personnes, dans une usine de 2 000 personnes c'est 20 *facilitators* qu'il faudrait pour toucher tout le monde : quel coût et quelle pagaille!
— L'opération *Quality Circles* rapporte initialement d'importantes économies, mais insérée *hors hiérarchie,* elle court sans doute le risque de ne guère dépasser le stade d'expérience-pilote, et d'être supprimée au premier incident par une hiérarchie jalouse d'une action menée en dehors d'elle sur ses hommes et sur ses techniques.

— *Illusion procédurière.* Certaines firmes américaines ont montré une incompréhension profonde de la psychologie des cercles de qualité. *The Economist* du 12 juillet 1980 rapporte que Chrysler vient de conclure avec les syndicats un accord suivant lequel tout ouvrier est invité à dénoncer le contremaître qui (tenu par les cadences) fermerait les yeux sur des imperfections constatées au montage, afin qu'il soit traduit devant un comité qualité paritaire de 4 membres (2 de la direction et 2 du syndicat). Par quelle aberration ces gens ont-ils cru que le climat de confiance et de concertation responsable qui fait fleurir la qualité pouvait être remplacé par un système de délation et par une instance hors hiérarchie à laquelle le management confie le soin de faire perdre la face à son encadrement? Gardons-nous d'imiter de tels contresens.

Problème français : double concertation à renforcer

Dans une entreprise française typique, qui dispose déjà d'une fonction qualité normalement efficace, mais qui souhaite aborder une politique de qualité plus compétitive en y intégrant les différentes fonctions et les différents niveaux hiérarchiques jusqu'à la base, il existe parfois un préalable qui est d'organiser la *concertation latérale entre fonctions* et la *concertation verticale ascendante entre niveaux,* comme l'illustre le schéma du tableau 5.2. En effet, en France plus qu'ailleurs, chaque service et chaque niveau ont tendance à se replier sur leurs problèmes et leurs disciplines professionnelles plutôt que de rechercher avec les autres des synthèses concertées.

Les entreprises françaises qui ont le mieux corrigé ce défaut sont celles qui l'ont pris au sérieux et ont programmé les étapes d'un véritable changement culturel se développant sur plusieurs années et touchant les différents niveaux :

— Impulsion de la direction générale et séminaire des directeurs pour approfondir des thèmes tels que l'enrichissement des tâches et son application à la qualité : le but étant d'énoncer une *doctrine dynamique* de direction participative et de responsabilités de progrès jusqu'à la base.
— Groupes de réflexion et de formation au niveau des cadres, et détection par secteurs de projets concrets d'amélioration de différentes natures, à différents niveaux.
— Sélection et mise en œuvre des meilleurs projets, et rodage à cette occasion des procédures de concertation inter-fonctions.

Tableau 5.2 — Trois niveaux de l'action qualité-productivité

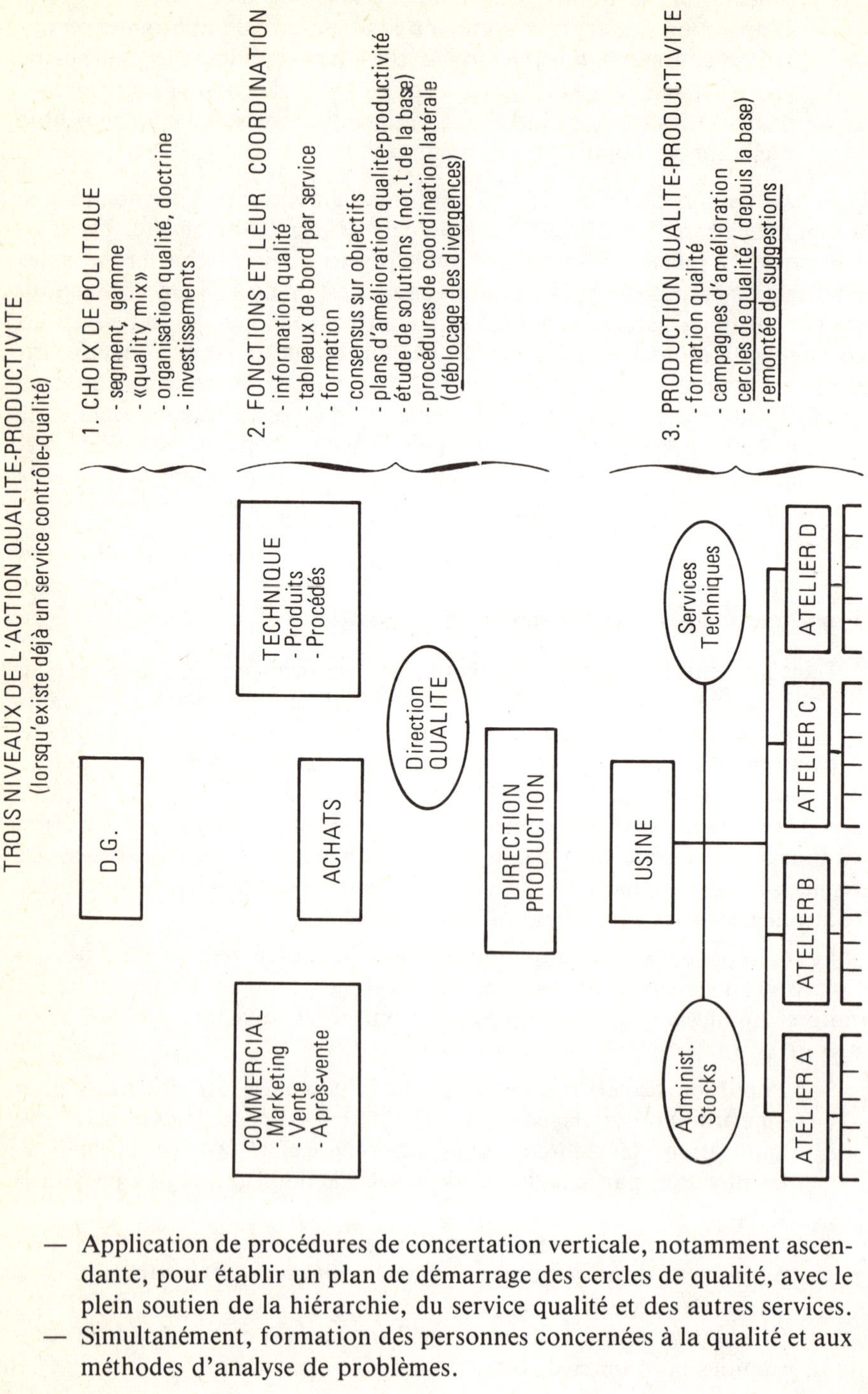

— Application de procédures de concertation verticale, notamment ascendante, pour établir un plan de démarrage des cercles de qualité, avec le plein soutien de la hiérarchie, du service qualité et des autres services.
— Simultanément, formation des personnes concernées à la qualité et aux méthodes d'analyse de problèmes.

Versions françaises des cercles de qualité

L'approche des cercles de qualité comporte des voies françaises, capables de contributions importantes à la qualité, à la productivité et au climat social.

Il n'apparaît pas jusqu'ici de « schéma standard » qui convienne à tous les cas. En fonction de son cas, chaque entreprise doit tracer sa propre voie, en s'appuyant toutefois sur un *tronc commun* dont la plupart des éléments ont déjà été cités (3).

— La direction générale doit non seulement être fortement impliquée dans cette action, mais avoir mené à bien plusieurs préalables : la construction d'une stratégie et d'une organisation de la qualité, et l'instauration d'un climat de concertation latérale et verticale.

— L'opération cercles de qualité doit être planifiée avec soin, notamment en ce qui concerne la composition des cercles, leur mode de fonctionnement, leur communication avec les services, les critères d'acceptation, les moyens de stimulation et les garanties de non-licenciement en cas d'amélioration de productivité.

— La composition des cercles de qualité (toujours conduits par un agent de maîtrise) sera parfois purement ouvriers et maîtrise, parfois panachée de quelques techniciens; et son plan de travail plus ou moins ouvert.

— L'opération doit être précédée et accompagnée par un plan de *formation* touchant toutes les personnes concernées des différents services et différents niveaux. On n'a pas assez souligné qu'une diffusion large des techniques de mesure statistique et des méthodes d'analyse de problème était essentielle pour stimuler l'*identification des défauts* significatifs *et la découverte des causes :* cette formation donne des outils efficaces et crée un *langage commun* qui encourage la coopération active des services, leur « volontariat ».

— Cette formation permettra aussi que la supervision des cercles de qualité soit assurée par la hiérarchie normale, un organe léger au niveau direction assurant l'animation du plan et le suivi de ses résultats.

En fait, le mouvement des cercles de qualité démarrera vigoureusement en France à partir du moment où un certain nombre de PDG auront participé à des séminaires de réflexion et de méthode sur la qualité, et en tireront une vision assez claire pour engager chez eux une action d'ensemble.

Projection commerciale de l'image de qualité

Les dirigeants d'entreprise seront doublement stimulés à cette action s'ils voient comment elle peut d'une part améliorer chez eux la qualité et le coût de la qualité, mais aussi *améliorer l'image de qualité de la firme* auprès des clients et des consommateurs, facteur essentiel de compétitivité. Cette amélioration

---

(3) La réussite en France des cercles de qualité est confirmée par les applications positives que l'on peut observer, notamment celles conduites par B. Poutermann et J.M. Ribault, de la CEGOS, et par d'autres spécialistes de cette approche.

de l'image externe de qualité découle de l'action accomplie par plusieurs canaux :

— l'amélioration *objective* de la qualité est peu à peu perçue par les clients et se répercute positivement sur l'image,
— l'action qualité accompagnée de formation et de responsabilisation à tous niveaux pour toutes fonctions améliore rapidement l'image *interne* de qualité perçue par les membres du personnel, et la projette vers l'extérieur, auprès de leurs amis, relations, etc.,
— l'entreprise peut concourir à un « *prix de la qualité* » (comme au Japon le « prix Deming »), ce qui est une occasion de publier ses efforts, ses résultats, et, le moment venu, d'être couronnée par un jury impartial,
— plus généralement, des actions compétentes de *relations publiques* peuvent, au moyen de publications, conférences, expositions, visites d'usines, concours, etc., faire connaître à un large public les efforts faits et les résultats obtenus pour assurer au client une satisfaction maximale.

Ne traitons pas ces actions de communication comme des gadgets. Elles sont aussi sérieuses que les procédures d'assurances de la qualité et elles ont la même fonction : assurer au client que tout est fait pour qu'il ne souffre d'aucun défaut. Mais au lieu de procédures rigides et coûteuses, il s'agit alors de communications souples, stimulantes, créatives, qui par rebonds stimulent l'effort interne pour la qualité.

En somme, les Américains n'ont pas tort de dire que la qualité passe aussi par Madison Avenue.

CHAPITRE 6

Trois lignes d'action et cinq idées pour les structures et les relations inter-entreprises

Nous avons découvert au Japon un tissu de relations inter-entreprises serré, actif et efficace (chapitre 1), qui réussit à rompre l'isolement de l'entreprise tout en lui laissant son autonomie responsable.

Ceci nous amena à observer d'autres pays : notamment l'Allemagne, où la collaboration est très approfondie avec les clients et fournisseurs, et où la coordination entre concurrents pour l'exportation est notoirement efficace; et aussi l'Italie, où d'extraordinaires réseaux de co-traitance et sous-traitance sur parole mettent de vastes marchés à la portée d'une poussière de petites entreprises dynamiques.

En France, les relations inter-entreprises sont souvent moins riches.

Encore une fois, nous ne proposerons pas d'imiter l'étranger, mais de réexaminer certaines idées qui lui réussissent et qui ont chez nous aussi quelques racines visibles.

IDÉE DIRECTRICE : L'ENTREPRISE ISOLÉE EST DÉPASSÉE; IL FAUT DÉVELOPPER LE TISSU DES RELATIONS INTER-ENTREPRISES

Il existe en France une double tradition de superbe isolement de l'entreprise indépendante, et de subordination totale de l'entreprise qui se vend (le groupe acquéreur tient d'ailleurs fermement à acquérir la majorité, pour être en mesure d'imposer sa volonté, de placer ses gens, etc.).

Universellement reconnu, l'individualisme des chefs d'entreprises français est souvent décrit comme un travers. Pour être juste, ajoutons qu'il est aussi une discipline et une éthique : pour certains des meilleurs patrons de PME, affronter seuls les problèmes est leur fonction, leur devoir, la source de leur efficacité, leur justification; tandis que modifier sa ligne pour profiter des aides et groupements divers est une abdication qui ne présage rien de bon.

Ces positions ont une logique qui était autrefois dominante. On peut douter qu'elle le soit encore dans un contexte plus compliqué, où les essais et erreurs jouent moins puisque la faillite-liquidation n'est plus « politiquement vendable », et où les virages doivent être négociés...

Dans ce monde moderne, et s'agissant d'entreprises de taille moyenne, l'entreprise intellectuellement, financièrement et technologiquement isolée a des chances de rater le prochain virage. Et inversement, l'entreprise déresponsabilisée est inefficace (comme plus d'un groupe absorbeur l'a éprouvé à ses dépens).

Que faire pour relier l'entreprise sans l'asservir? Quel « maillage souple » pourra remplir ce rôle?

Ce problème est actuellement bien perçu, mais on cherche à lui donner une réponse un peu trop « colbertienne » : le rattachement des entreprises à des « entités tutélaires officielles » (ministère, profession, organismes spécialisés pour telle ou telle mission), qui en viennent à quadriller le territoire dans un style préfectoral, avec l'illusion que le progrès vienne d'en haut par voie réglementaire.

Comment dépasser le vieux couple individualisme-bureaucratie qui régit la vie des Français et de leurs entreprises?

Sur la base de réalisations actuellement observables, nous pouvons suggérer cinq idées qui se situent dans trois lignes d'action distinctes :

— la coopération autour d'une liaison contractuelle
  - coopération client-fournisseur; alliance financière entre ME,

— la coopération pour promouvoir une vision commune
  - clubs de réflexion; comité régional pour cas de difficultés,

— le développement des grands groupes par dé-intégration.

Première ligne d'action : coopération inter-entreprises autour d'une liaison contractuelle

Cette voie est probablement celle qui s'accommode le mieux de l'extrême individualisme des entreprises françaises. Elle peut donner lieu à deux importantes idées d'application.

6.1 - Coopération client-fournisseur

Il s'agit d'ajouter à la relation purement commerciale et concurrentielle (appels d'offres, contrats...) une relation de *coopération pour le progrès,* dans un intérêt mutuel et dans une perspective à moyen terme : car si les intérêts s'opposent à court terme (un franc est un franc), la compétitivité future exige un fournisseur capable d'investir, un client solvable, l'un et l'autre irrigués d'idées de progrès.

En d'autres termes, *le débat client-fournisseur n'est un « jeu à somme nulle » que dans une perspective à très court terme. A moyen terme, c'est un processus créatif, un « jeu à somme non nulle » dans lequel les deux partenaires peuvent gagner simultanément en coopérant pour le progrès.*

C'est pourquoi on observe déjà différentes formes de coopération méthodique client-fournisseur, dont les plus typiques se développent :

Enrichissement des relations clients-fournisseurs

- entre G.E. cliente (montage, distribution) et M.E. fournisseurs, pour l'amélioration du produit et de la productivité, le transfert de nouvelles technologies et méthodes de gestion, la politique de qualité (cas célèbres de Marks & Spencer (1), de Toyota (2)),
- entre G.E. fournisseur et M.E. transformateurs-installateurs-distributeurs, pour les politiques de produit, de promotion et de service (cas célèbre de Rhône-Poulenc textile).

---

(1) Entreprise anglaise de distribution qui a détenu, en moyenne sur trente ans, le record mondial de rentabilité, Marks & Spencer a fondé sa réussite, non sur la pression féroce exercée sur les fournisseurs (pratique habituelle), mais sur une coopération étroite avec eux, notamment pour la conception technique et économique du produit, la qualité, les facteurs de baisse de coût, la coordination des programmes, etc.

(2) A certaines époques, on a dénombré 3 500 ingénieurs et techniciens de Toyota détachés chez les fournisseurs réguliers et sous-traitants (de l'ordre de 500) pour leur apporter assistance technique et coopération sur des points tels que : programmation de la production, formation du personnel, informatique, contrôle qualité, cercles de qualité, campagnes de réduction des coûts et de zéro défaut, mise au point technique des produits de conception nouvelle, nouveaux procédés et équipements, automatisation, etc. Grâce à cette coopération, les sous-traitants progressent sans cesse sur la « courbe d'apprentissage », leurs coûts sont les plus bas; le planning et la qualité sont si bien sous contrôle qu'on fonctionne avec un stock de quelques heures et sans inspection à la réception.

Ce type d'« enrichissement » de la relation client-fournisseur (avec visites sur place, études en commun, prestation temporaire de personnel spécialisé, etc.) doit se développer s'il existe concrètement un enjeu suffisant, un progrès potentiel qui vaille la peine. Dans ce cas, il faut encore que les dirigeants se connaissent personnellement, s'accordent sur des règles du jeu et établissent entre eux le minimum de confiance qu'il faut pour collaborer; qu'il faut aussi pour rajuster les objectifs de collaboration en cas de changement conjoncturel. Il arrive qu'en cas de récession, le prix immédiat l'emporte sur les progrès futurs : une entente approfondie doit permettre d'en tenir compte sans rompre la collaboration à moyen terme.

Au total, la coopération client-fournisseur est un art précieux mais difficile, que nous devrions sans doute cultiver davantage. Cela suppose un nouvel état d'esprit : passer de la boxe au judo...

Mentionnons brièvement deux autres formes de coopération autour d'une liaison contractuelle.

Co-traitance (notamment entre M.E.)

Plus encore que les Japonais et les Allemands, c'est ici les Italiens que l'on peut donner en exemple.

On sait avec quelle adresse les M.E. italiennes d'une même profession ou de professions connexes savent se concerter pour assumer conjointement des marchés importants, et pour ajuster entre confrères, sur parole, les inévitables imprévus de l'exécution. Un *réseau électif de connaissance et de confiance mutuelle* rend efficace et souple une coopération technique et commerciale, qui risquerait d'être trop rigide et coûteuse dans le carcan d'une organisation exclusivement administrative et juridique.

Ce type de coopération, qui se fait autour d'un contrat de fourniture et qui respecte l'autonomie de chaque entreprise, a toutes les chances de pouvoir se développer en France.

Comprenons bien toutefois l'avantage que peut avoir un réseau électif de gens qui se connaissent sur le réseau impersonnel de certaines bourses de sous-traitance (qui ont par ailleurs leur utilité).

Actions conjointes à l'exportation

L'exportation est l'un des domaines où les M.E. ne peuvent pas toujours agir seules, et où elles peuvent collaborer autour d'un lien contractuel, qui peut d'ailleurs prendre des formes variées :

— Fournisseurs conjoints et complémentaires d'une société de commerce international.
— Usagers conjoints du réseau international mis à disposition des M.E. par un grand groupe.
— Clients complémentaires d'une société de gestion de l'exportation.
— Actionnaires d'une filiale commune d'exportation, ou d'un G.I.E. d'exportation.

Ces différentes formes d'action conjointe peuvent être pour les entreprises participantes l'occasion de développer des relations constructives dépassant l'objet contractuel initial. Par elles, comme par la co-traitance habituelle, l'entreprise peut atténuer son isolement, et nouer des relations qui pourront se révéler utiles si surviennent des difficultés passagères, un problème de succession, etc.

6.2 - Alliances financières entre M.E. qui se connaissent (par régions ou par secteurs)

L'isolement des M.E. peut aussi être atténué par le développement entre elles de *liens contractuels de type financier,* servant éventuellement de base à diverses coopérations.

Il existe pour cela un besoin objectif, car l'*isolement financier* des M.E. est à l'origine de problèmes sérieux en cas de succession, de développement rapide ou de difficultés à redresser.

Il existe bien sûr la solution classique et radicale : vendre l'entreprise à un grand groupe qui l'absorbe. C'est excellent dans certains cas, mais la généralisation de cette approche appauvrirait le tissu industriel... et alourdirait les grands groupes devenus omni-métiers comme l'IRI italien au déficit incurable.

Une voie différente serait *que les M.E. s'auto-organisent* en constituant, autour des petits réseaux électifs de connaissance mutuelle précédemment décrits, *des moyens d'intervention financière* procédant de leur initiative propre. Citons trois types d'actions pouvant aller dans ce sens :

— Le *rachat* de M.E. par des M.E. pourrait être encouragé par une meilleure organisation de l'information, permettant à l'offre et à la demande de se rencontrer.
— Des groupes de M.E., locaux ou sectoriels ou électifs sur d'autres bases pourraient s'entr'aider par *caution mutuelle,* et développer ainsi leur capacité d'endettement long — moyennant une surveillance mutuelle utile à tous.
— Dans le meilleur cas, cette alliance pourrait prendre la forme de *holding minoritaire* constituée par apport d'actions, permettant de désenclaver le capital, d'établir la liaison avec des associés potentiels, et collectivement d'accéder un jour à la Bourse, et peut-être de drainer l'épargne.

Suivant les données classiques, ce schéma est peu réaliste car l'actionnaire minoritaire d'une M.E. non cotée est « piégé » (et si la holding devient majoritaire, la gestion se relâche). Mais la holding minoritaire a une position acceptable si d'une part elle a exigé statutairement pour sa participation un dividende préférentiel, si d'autre part les membres influents de la holding forment un réseau d'entente (et de pression s'il le faut) pour la bonne gestion, c'est-à-dire éventuellement pour le décorticage rapide à petits frais de l'entreprise qui tomberait en difficultés graves, ou pour la résolution efficace d'un problème éventuel de succession.

Un tel dispositif d'alliance financière élective entre M.E. pourrait constituer le point de départ d'un grand nombre d'initiatives capables d'enrichir le tissu industriel du pays et d'aider les M.E. à mieux négocier leurs différents virages. Mais le mouvement ne démarre que lentement, le plus souvent sous l'égide des grands groupes (ce qui ne saurait suffire).

Ce projet manque d'entrepreneurs.

La création de SOPAREM est un signe de dégel (3). Cet exemple sera imité lorsque l'article 160 du CGI aura été modifié de façon à ne pas faire obstacle à la constitution d'une holding par échange d'actions. Mais il faudrait aussi qu'apparaissent de *nouvelles valeurs*, un courant de confiance dans les fruits de la coopération.

Deuxième ligne d'action : coopération inter-entreprises pour promouvoir une vision commune

Placée en marge des affaires courantes, cette deuxième voie de coopération ne comporte plus de support contractuel mais, pourrait-on dire, *un support idéologique,* un ensemble d'idées communes à promouvoir.

En laissant de côté la défense professionnelle et les autres missions qui concernent toutes les entreprises d'un secteur et sont du ressort normal des organisations professionnelles, nous pouvons suggérer deux idées ayant reçu un commencement d'application.

6.3 - Clubs d'échanges et de réflexion pour le progrès

Par régions, ou parfois par secteurs, ou encore par thèmes, des entreprises que rapprochent des problèmes communs peuvent trouver intérêt à s'organiser en sorte de clubs, pour d'abord se connaître, puis échanger des expériences, et aussi approfondir certains thèmes de fond, publier des études, influencer l'opinion.

De tels mouvements peuvent avoir une structure unitaire (Entreprise et Progrès), ou décentralisée par régions (CJD, etc.). Le mouvement ETHIC comprend des groupes régionaux formés par cooptation pour approfondir notamment les thèmes suivants :

— promotion de l'entreprise de taille moyenne auprès de l'opinion et des pouvoirs publics,

---

(3) Fondée en janvier 1981 avec le patronage de l'I.D.I. et le soutien de l'ETHIC, la société holding SOPAREM, contrôlée par des M.E., peut frayer la voie à des réalisations réellement décentralisées.

— stratégie humaine de l'entreprise, approches pour améliorer les communications, les conditions de travail, et pour associer les salariés aux efforts de progrès dans la compétitivité de l'entreprise,
— préparation de la transmission : analyse des différentes approches,
— la nouvelle informatique : voies d'efficacité technique et humaine.

Ces réseaux d'idées se développent, ils font œuvre utile et contribuent puissamment à rompre l'isolement de beaucoup de dirigeants, à diversifier leurs contacts et leurs sources d'information pour le progrès. Mais ils ne débouchent pas souvent sur des réseaux d'action en charge des opérations concrètes.

6.4 - Comité régional pour cas de difficultés, de transmission et de sous-emploi

C'est précisément pour passer de la réflexion à l'action, qu'a été proposée l'idée d'un comité régional formé de dirigeants se connaissant et respectés dans leur région. Mus par un intérêt mutuel bien compris, de tels hommes peuvent, s'ils sont informés à temps, résoudre en souplesse (avant déclenchement des mécanismes anonymes) bien des problèmes de transmission, de difficultés, de sous-emploi (par transferts de travail organisés sans traumatisme, etc.).

Comme on en a vu l'exemple en Poitou-Charentes, un tel comité peut user de ses relations pour trouver des solutions en concertation avec les clients, fournisseurs, banquiers, syndicats, pouvoirs publics... Son action sera plus puissante s'il peut s'appuyer sur ces relais que peuvent devenir à l'occasion les sous-réseaux dont nous avons parlé aux paragraphes précédents.

Lorsqu'on mesure l'importance des retombées négatives sur toute une région d'un problème d'entreprise mal traité et qui pourrit pendant des mois voire des années, on peut estimer qu'une telle initiative est éminemment utile pour les entreprises de la région.

Complétons nos suggestions sur la coopération inter-entreprises pour mettre en œuvre une vision commune par deux remarques sur leurs frontières et leurs limitations.

Frontières

On pourra nous faire observer que les actions mentionnées aux § 6.3 et 6.4 rentrent tout à fait dans la vocation des structures solides et compétentes que sont les ministères, les organisations professionnelles, les Chambres de Commerce, etc. : pourquoi vouloir refaire ce qu'elles font?

Répondons en observant que chacune de ces organisations étant faite *pour tous* a normalement un mode d'action uniforme, et ne peut pas (sauf risque de partialité) aller très loin dans les solutions personnalisées, dans les arrangements fondés sur la connivence et la confiance.

Ces organisations ont donc intérêt à voir leur action relayée par d'autres, sur un terrain qui ne leur est guère accessible, celui des solutions personnalisées émanant de groupes cooptés et de réseaux relationnels qui prennent leurs responsabilités privées.

Il y a d'ailleurs complémentarité entre ces deux niveaux d'action : les petits groupes de responsables ne peuvent rien sans l'appui des grands systèmes. Puissent les grands systèmes comprendre qu'ils doivent faciliter les initiatives capillaires des petits groupes.

Limitations

Il est permis d'être un peu déçu lorsqu'on observe qu'en France, malgré des enjeux immenses, les mouvements d'idées communes à promouvoir débouchent peu sur des actions concrètes de coopération pour résoudre les problèmes des entreprises X ou Y. Pourquoi?

A cause de notre individualisme invétéré, assurément.

Mais aussi à cause d'une législation qui réprime l'intervention auprès d'autrui. Par exemple, les Français n'interviennent guère lorsqu'ils voient un voleur molester un passant, ou un vacancier mettre le feu à une forêt : parce que ceinturer un voleur est (quand on ose le risquer) considéré comme une voie de fait dont il faudra se justifier; et dénoncer un incendiaire est une délation qui peut vous attirer beaucoup d'ennuis (en Suisse et au Japon, on applique les règles inverses, d'où autodiscipline, peu de voleurs, pas d'incendies de forêts).

Intervenir pour aider une affaire en difficultés est en France presque aussi dangereux : un conseil actif vous fait passer pour dirigeant de fait (article 99); une étude de solution peut engager votre responsabilité, etc. N'est-il pas plus sage de s'abstenir?

D'autant que les problèmes sont presque toujours connus trop tard. L'intéressé court objectivement un grand risque à parler de ses difficultés plutôt que de les masquer : il risque l'inquiétude de ses fournisseurs et le « coup de râteau » de ses banquiers.

Pour toutes ces raisons, les idées débouchent peu sur de l'action d'entr'aide, malgré les bonnes volontés et les enjeux; et il faut de forts agents mobilisateurs pour franchir ce barrage.

L'un de ces agents mobilisateurs est la *personnalité charismatique* d'un dirigeant dont la compétence, les qualités humaines et l'intégrité sont hors de discussion; à lui on ira confier à temps ce qu'on ne dirait pas à d'autres; et lui ne craindra pas d'être pris au piège juridique. Mais de tels hommes sont rares.

L'autre agent mobilisateur, qu'on a vu à l'œuvre aux temps héroïques du CJP et de la JAC, c'est la foi dans des *valeurs* qui dépassent l'intérêt individuel immédiat.

Notre époque, qui voit le déclin des fois traditionnelles, de la foi libérale et aussi de la foi marxiste, est placée sous le signe d'un scepticisme égocentrique bien peu favorable à un tel mouvement de coopération inter-entreprises. Demain peut-être, la pression des nécessités donnera force aux valeurs et à la doctrine qui permettront d'approfondir cette coopération.

Troisième ligne d'action : développement des grands groupes par dé-intégration

Qu'on se rassure : nous ne suggérons pas qu'on tranche la tête aux grands groupes français comme l'a fait McArthur pour les zaibatzu; il faut respecter une certaine tradition française de coordination centralisée qui a aussi ses avantages.

6.5 - Création de filiales autonomes par métiers

Nous suggérons seulement d'accentuer une inflexion qui est déjà aujourd'hui observable dans la structure et la gestion de nos grands groupes.

— Dans un grand groupe multi-métiers, ne pas croire qu'un sommet unique puisse concevoir les stratégies de tous les métiers. Donc constituer de vastes filiales par métiers, largement autonomes et responsables, y compris pour les initiatives stragétiques, en concertation avec le centre.

— Décentraliser aussi au niveau des unités plus petites, sous-filiales, usines : jouer l'autonomie responsable de chaque unité de taille humaine ayant un vrai chef; mais non l'isolement : lui offrir des moyens de collaborer pour le progrès.

— Sous-traiter de nombreuses activités, toutes celles qui ne comportent pas un axe de progrès distinctif de l'entreprise. Dans bien des métiers, trop d'intégration est une faiblesse, beaucoup sous-traiter devient une force. Encore faut-il entretenir avec les sous-traitants aussi des relations de coopération pour le progrès (transfert de technologie, concertation sur la conception et la qualité, etc.).

— S'il y a lieu, susciter la création de nouveaux sous-traitants, pour assumer des tâches nouvelles et accroître l'offre dans des spécialités où elle est insuffisante. Par un tel « bourgeonnement », les grandes entreprises peuvent contribuer à la solution de certains problèmes d'emploi, et simultanément à la « reconquête » de secteurs d'activité envahis par l'étranger.

C'est par ces approches que les grands groupes peuvent alléger leurs structures propres pour améliorer leur compétitivité, et en même temps accroître l'emploi total (absorptions déduites) généré par leurs initiatives. Ceci peut même être l'un de leurs objectifs normaux découlant de leur responsabilité à l'égard de la société.

*
* *

Les *entreprises de tailles moyenne* peuvent d'ailleurs s'inspirer de la même idée, et c'est bien ce que commencent à faire les plus dynamiques.

L'exemple de Faiveley est à cet égard intéressant. Cette entreprise d'environ 700 personnes développe des produits de technologie avancée dans plusieurs domaines distincts, et ne veut pas alourdir sa structure d'opérations de production sous-traitables. Par trois fois au cours des deux dernières années, elle a créé des sous-traitants venant de chez elle : deux dans la mécanique, un dans la mécano-soudure, employant respectivement 27,12 et 6 personnes, ces chiffres allant en augmentant.

Les patrons de ces petites entreprises nouvelles sont d'anciens techniciens ou professionnels de Faiveley ayant fait preuve de qualités solides et ayant l'esprit maison d'ouverture aux hommes et au progrès « Avec eux, on se comprend ». On les a aidés à s'installer en assumant initialement leur logistique administrative (formalités, comptabilités, etc.) en leur assurant des commandes, en leur fournissant des outillages et de l'assistance technique, mais pas d'argent : ils doivent être indépendants. Le plan de commandes les couvre d'ailleurs de façon dégressive au fil des ans, afin qu'il acquièrent d'autres clients dans la spécialité, gagnant en volume et en sources d'idées.

Ce plan convenu n'est pas écrit : « l'esprit vaut mieux que la lettre » dit-on dans la maison. Mais on prépare la mise en place de mini-ordinateurs chez ces sous-traitants afin de pouvoir mieux coordonner les programmes par interrogation directe à distance.

L'ouverture d'esprit fait redécouvrir dans notre terrain le processus de création et de coordination des nébuleuses industrielles à la japonaise.

*
* *

EN CONCLUSION :

L'essentiel est moins dans la liste de nos suggestions que dans l'esprit commun qui les anime.

L'entreprise isolée est dépassée, il faut vivifier en France la « société des entreprises ».

Ceci ne peut être réduit à des structures formelles, s'adressant à tous, dans un cadre réglementaire général. De nombreuses initiatives utiles et créatives doivent procéder de relations électives de chacun avec « son prochain », qu'il connaît et qu'il reverra.

C'est par ce tissu de relations personnalisées que l'éthique s'ajoute au droit, que la confiance surgit, et avec elle l'initiative d'intérêt commun gérée par des dirigeants qui n'oublient ni leurs responsabilités sociales, ni l'impératif de compétitivité.

CHAPITRE 7

Cinq idées pour améliorer les rapports de l'entreprise avec l'État et la société

Ce vaste thème sera approfondi dans la troisième partie. Nous croyons cependant utile de présenter dès maintenant dans ce chapitre les idées qui, d'ores et déjà, nous paraissent pouvoir être appliquées par les entreprises.

Elles découlent d'une idée centrale : viser à terme l'*accord entre les valeurs de la société et celles de l'entreprise,* de façon que l'entreprise soit dans la société « comme un poisson dans l'eau », sans vains gaspillages d'énergie.

Etant donné l'actuelle déchirure, cela demandera du temps. Il faudra d'une part intégrer dans l'entreprise certaines valeurs de la société : le nouveau management des hommes y contribuera, mais peut-être conviendra-t-il d'aller plus loin sur certains points. Et il faudra d'autre part diffuser dans la société les valeurs essentielles de l'entreprise autonome et de l'économie concurrentielle.

Nous commenterons brièvement les points suivants, qui peuvent apporter une contribution dans ce sens :

7.1 - Exprimer les valeurs de l'entreprise compétitive et son apport au bien commun.
7.2 - Promouvoir les « marges de liberté » du citoyen et de l'entreprise.
7.3 - Valoriser les efforts pour l'harmonie.
7.4 - Encourager l'évolution des partenaires sociaux.
7.5 - Encourager les pouvoirs publics à la concertation.

7.1 - Exprimer les valeurs de l'entreprise compétitive et son apport au bien commun

Comme nous l'avons déjà dit, chaque entreprise, chaque groupement d'entreprises doit commenter en termes concrets auprès de son personnel, et à propos des péripéties de la vie commerciale (commande obtenue ou manquée, nouveau procédé, offensive concurrente, etc.), les valeurs de l'entreprise et son apport au bien commun.

Au prix des exigences de la flexibilité compétitive, son apport est de *créer des richesses* (revenus, exportation, emplois...) en sachant *valoriser les idées* (techniques, brevets...) et *valoriser les hommes* qui les mettent en œuvre.

Cette création de richesses profite à toute la nation. Elle est générée essentiellement par les secteurs soumis à la concurrence internationale et capables d'exporter. Les disciplines de la compétitivité, et notamment la flexibilité adaptative, sont donc au service du bien commun. Lorsque la compétitivité exige de fermer une usine, de reconvertir ou déplacer des salariés, cela se fait rarement sans douleurs malgré les aides; mais les salariés concernés doivent savoir que *leurs douleurs ne sont pas vaines,* elles font partie d'un processus qui sert le bien commun.

La réflexion de tous les partenaires sociaux sur l'impératif de compétitivité, donc de productivité, de qualité, de flexibilité, est si nécessaire que les entreprises pourraient proposer la création à cet effet d'un ***organe tripartite*** (1) ***d'étude et d'échange sur la compétitivité nationale.*** *Les discours dogmatiques contre le « productivisme » sont si profondément dévalorisés qu'on peut espérer l'émergence d'un minimum de consensus sur les approches économiques efficaces, et aussi sur la juste compensation des épreuves supportées par certains.*

---

(1) Comprenant les syndicats qui acceptent l'impératif de compétitivité; et où l'Etat pourrait être représenté par le Commissariat du Plan.

7.2 - Promouvoir les « marges de liberté » du citoyen et de l'entreprise

Il est normal que les pouvoirs publics édictent des lois et règlements dans l'intérêt commun. Il est également normal que l'entreprise ait des statuts et règlements internes, complétés par des conventions conclues avec le personnel.

Il faut bien voir toutefois que l'accumulation des règlements détaillés restreint la liberté d'action de chacun et qu'à la limite, dans une société régie par un faisceau compact d'obligations juridiques et de contraintes tayloriennes, il n'y a plus guère de liberté d'initiative hors des voies tracées et réglementées, ni pour les citoyens, ni pour les entreprises.

Fort heureusement nous n'en sommes pas là! Le citoyen peut encore changer de métier (quoique la proportion des métiers réglementés avec numerus clausus s'accroisse chaque année), il peut aussi innover (quoiqu'en s'exposant à des risques croissants d'indemnisation en cas d'inconvénients causés par le produit), il ne peut plus soigner ni construire (professions à monopole), mais il peut fonder une entreprise...

Lorsqu'il l'a fondée, il peut encore la diriger, les contraintes juridiques, fiscales et sociales lui laissant une marge de liberté pour s'adapter aux changements des techniques et des marchés. Soulignons que *cette marge de liberté est vitale :* si la réglementation la restreint par trop, l'entreprise ne peut plus s'adapter assez vite et elle perd bientôt sa compétitivité.

A ceux qui voient le progrès dans l'extension indéfinie du droit et des règlements (d'esprit taylorien) qui le prolongent, osons dire qu'ils se trompent : trop réglementer, c'est compromettre les biens les plus précieux, la liberté des personnes et la compétitivité des entreprises.

A ceux (les mêmes) qui craignent que toute marge de liberté soit envahie par les abus, osons affirmer qu'il n'en est pas ainsi dans une société saine, où la liberté des personnes s'accompagne de concurrence et aussi d'un tissu de relations interpersonnelles et de liens moraux qui contribuent à induire des comportements responsables. Plutôt que de poursuivre l'escalade juridique, encourageons les liens relationnels et l'« autogestion morale » de chaque groupe pour préserver la liberté et l'adaptabilité.

Aux dirigeants d'entreprises et aux syndicalistes, recommandons de ne pas rechercher des « conventions » d'entreprise ou de secteur prétendant établir trop de règles permanentes dans le détail : se concerter sur le présent est plus compétitif que réglementer l'avenir.

Aux pouvoirs publics, qui constatent si souvent que des entreprises sont mises en péril par l'irréversibilité de « droits acquis » qui sont, pour les intéressés, de bien maigres avantages après la faillite, nous demandons qu'une loi permette à la direction d'une entreprise de soumettre à un référendum de tous les salariés (2) le remplacement de l'ensemble des droits acquis existants par un

(2) Cette idée est apparue au cours d'un entretien avec M. Jean-Pierre Delalande, Député du Val-d'Oise.

nouvel ensemble de droits, *compatible avec la compétitivité de l'entreprise et avec l'intérêt bien compris des salariés. Et qu'ainsi les intéressés se prononcent.*

7.3. - Valoriser les efforts pour l'harmonie

Notre société a connu tous les inconvénients du dogmatisme unitaire, et a su bénéficier de la stimulation créative d'une organisation pluraliste où le choc des idées est aussi nécessaire que la concurrence des produits.

Mais on peut se demander si notre rejet d'un unitarisme sclérosant n'a pas dépassé son but quand il s'est traduit en rejet de l'harmonie et en valorisation du conflit.

Car si la diversité, ainsi que les tensions et luttes qui l'accompagnent, sont sources de progrès, il n'en va plus de même lorsque la lutte devient *conflit déchirant,* dans lequel chaque partie nie l'autre et cesse de l'écouter.

La civilisation, c'est l'art de faire évoluer les tensions et luttes vers des solutions de compromis, sans interruption du dialogue. Tandis que la barbarie, c'est la tension qui devient lutte à mort contre un adversaire maudit qu'il serait criminel d'écouter.

Très concrètement, l'un des progrès apportés par la civilisation démocratique a été le changement pacifique de gouvernement, après changement de majorité, et le respect de l'opposition minoritaire. Les régimes barbares exécutent les dignitaires du régime précédent, et entretiennent la haine pout tout ce qui s'y rapporte.

Ne nous laissons pas intoxiquer par l'apologie marxiste du salut par le conflit, et reconnaissons que *la civilisation est avant tout l'art d'entretenir un dialogue créatif entre points de vue dissemblables.* Ses armes sont la recherche des faits, l'information, la concertation et la négociation, et toutes les formes de coopération qui réalisent l'harmonie dans la diversité.

Les poisons de la civilisation sont d'abord la violence et toutes les formes de négation de l'autre. Et aussi ces formes atténuées de la violence que sont l'intimidation, les manœuvres de surprise et de fait accompli.

Un autre poison plus subtil est l'injustice : qui précisément peut provoquer le recours à la violence sous toutes ses formes.

En ces matières, l'analyse des causes est un art incertain. Mais l'exemple du Japon confirme que, dans une société développée ***davantage d'égalité*** peut coexister avec davantage d'harmonie et davantage d'efficacité économique (3). *Nous pourrions refaire à ce propos le pari de Pascal : si c'est vrai, il y a tout à gagner, et si c'est faux, pas grand chose à perdre... à une condition.*

A condition que le surcroît d'égalité soit obtenu non par la seule contrainte réglementaire, fiscale et sociale (méthode utile pour le cas des handicapés,

(3) Rappelons qu'au Japon l'éventail des salaires entre catégories est de 1 à 4.

mais dont la généralisation a causé l'effondrement britannique), mais surtout par l'ouverture à la concurrence d'innombrables chasses gardées : qu'on ouvre les professions et leur financement à la concurrence, qu'on multiplie les personnes formées dans les spécialités demandées (4), *qu'on diffuse l'actionnariat dans toutes les catégories sociales, et l'on verra, sans contraintes, l'éventail des revenus se resserrer progressivement et trouver son équilibre légitime.*

S'ils veulent l'harmonie, les patrons devront réviser certaines positions traditionnelles.

7.4 - Encourager l'évolution des partenaires sociaux

Les syndicats ont un rôle utile à jouer dans la société; et, sauf s'ils font de la violence une méthode, ils doivent être reconnus comme légitimes.

Dans un monde qui se transforme, eux aussi ont à évoluer pour se mettre en accord avec les réalités, les valeurs et les attentes de la société. C'est leur intérêt. Ils doivent discerner qu'ils ne se maintiendront pas indéfiniment dans un statut de semi-guérilla les plaçant en marge des lois : s'ils l'emportent, le nouveau régime révolutionnaire les mettra au pas, comme ailleurs; et s'ils ne l'emportent pas, la légalité finira par prévaloir.

Sans se laisser tenter par la politique du pire, laissant les syndicats s'égarer sur des voies antiéconomiques ou dépassées, les entreprises doivent plutôt *aider à évoluer* ceux d'entre eux qui sont capables, eux aussi, de se remettre en question. Car il faut préparer pour l'avenir une société harmonieuse où il y aura des syndicats influents.

Ce n'est pas principalement par des discussions bilatérales qu'on aidera les syndicats à évoluer;

— c'est d'abord en sachant *faire évoluer la base,* en lui apportant des services utiles, de façon non provocante;

— c'est ensuite en offrant aux syndicats non doctrinaires des terrains de coopération et de complémentarité.

Dès maintenant, il faut tenter une certaine coopération avec les syndicats qui reconnaissent l'impératif de compétitivité, les considérer comme de véritables partenaires pouvant contribuer à des solutions constructives, et leur offrir des occasions de manifester leur influence.

Beaucoup de dirigeants d'entreprises sont choqués par le privilège des syndicats dits représentatifs pour la présentation de candidats au premier tour des élections sociales; et ils demandent l'abrogation de ce privilège.

---

(4) C'est le principe d'un surcroît d'égalité obtenu *en accroissant l'offre* (« supply side ») des qualifications et des services les plus demandés, plutôt qu'en réglementant. C'est ainsi que la grande diffusion de l'enseignement (scolaire et post-scolaire) au Japon conduit à un moindre sursalaire des plus qualifiés, sans que la motivation s'en ressente.

Etant donné que ce système, pour illogique qu'il soit, laisse cependant subsister en France un large pluralisme syndical, nous pensons qu'une autre réforme des élections sociales serait peut-être à prendre en considération :

Remplacer le scrutin de liste d'entreprise par un scrutin uninominal par groupes naturels (services, ateliers, etc.) érigés en circonscriptions électorales (pour les entreprises de plus de 500 personnes).

Ainsi, une entreprise de 500 personnes, au lieu d'élire son comité d'entreprise de 5 personnes (1er collège) par listes de 5 soumises au vote des 500, procéderait le même jour à 5 élections uninominales dans 5 circonscriptions « naturelles » d'environ 120 personnes (fourchette de ± 25 %). De cette façon, les élus seraient plus proches des électeurs, et chaque « province » de l'entreprise serait organiquement représentée dans le comité d'entreprise. Les mêmes dispositions régiraient les comités d'établissement de dimension suffisante.

Le mode de scrutin actuel est d'inspiration jacobine (l'entreprise une et indivisible) et favorise les débats de principe. Le nouveau mode de scrutin, de style girondin, stimulerait l'attention portée aux problèmes concrets. Elle accroîtrait aussi l'influence réelle du comité d'entreprise en faisant de lui un représentant de toutes les forces vives de l'entreprise et en facilitant son identification aux intérêts de celle-ci.

On peut penser qu'une telle réforme contribuerait puissamment à faire sauter les blocages qui empêchent encore bien des élus sociaux et syndicalistes de percevoir tout l'intérêt qu'ont les salariés à soutenir la compétitivité de leur entreprise, dût-elle exiger des changements.

7.5 - Encourager les pouvoirs publics à la concertation

Les entreprises reconnaissent la suzeraineté de l'Etat qui, représentant suprême des intérêts collectifs, peut lui imposer des contributions et des contraintes.

Au-delà de ce qui leur est imposé, les entreprises ont à la fois l'intérêt et le devoir de contribuer à la difficile tâche de l'Etat par un *apport d'information et de réflexion* sur les problèmes les concernant : qu'il s'agisse d'un projet de réglementation (pollution, droit social, commercial, fiscal, ...) ou d'un projet de co-entrepreneuriat avec l'Etat (développement des secteurs de pointe classés prioritaires, restructuration).

Cet apport des entreprises est nécessaire pour que l'Etat prenne de bonnes décisions efficacement appliquées. Au mieux, il se place dans le cadre d'un processus de concertation; au minimum, il suppose que les entreprises concernées soient entendues avant décision. C'est sur ce point que la doctrine française de l'Administration a besoin d'évoluer.

On sait que le patron autocratique traditionnel ne consulte pas ses services avant décision : il considère que c'est inutile, puisque lui seul a la vue d'ensemble et la responsabilité; que consulter serait même une coupable confusion des responsabilités et un manquement à l'éthique. C'est par devoir qu'il refuse la concertation. Mais les jeunes générations en viennent à se moquer de la sottise qui l'empêche de comprendre que cette non-concertation est aujourd'hui la cause de l'opposition larvée qui accueille toutes ces décisions.

Les hommes politiques sont conscients du besoin de concertation, mais leurs actions passent par l'Administration et celle-ci, s'identifiant à la nation, prend une attitude autocratique analogue à celle du patron arriéré. Des consultations sont faites « pour la forme » dans les cas mineurs, mais tout ce qui est important est prédéterminé dans le secret. (Exemples : la Serisette ou l'impôt sur les plus-values). Et les sanctuaires intégristes de l'autocratie administrative que sont certains grands corps de l'Etat développent la doctrine suivant laquelle la concertation entre les fonctionnaires et les usagers n'est pas seulement inutile, elle est vicieuse, coupable et illégale. C'est ainsi que, sur un terrain voisin, ils ont partiellement détruit la coopération contractuelle qui s'était établie entre l'Université et l'Industrie (contrats de recherche et d'enseignement).

Il faut décourager l'esprit de caste par lequel certains fonctionnaires s'identifient à la nation, prennent seuls les décisions, proclament que la gestion du bien public ne se négocie pas sur la place publique, ce qui est faux. Les premières sociétés civilisées ont été celles où les décisions publiques se négociaient sur l'agora ou le forum. Et aujourd'hui, dans notre société développée, on constate que, faute de concertation, toute décision est accueillie par des clameurs hostiles. *Les dirigeants accusent les « meneurs », mais c'est la méthode qui est en défaut.*

Comme le chef d'entreprise, l'homme politique doit avoir le courage de changer ses méthodes de direction, malgré l'avis de ses « barons » traditionnalistes. Il ne s'agit pas d'une simple décision à prendre, mais d'un long processus de construction de structures et de mentalités dans lesquelles la décision ne soit plus prise « contre » mais « avec ». Pour cela, chaque projet doit être légitimé par des procédures de réflexion mettant en jeu, non seulement les spécialistes du pouvoir, mais aussi, en fonction des problèmes, les porte-paroles de base des catégories concernées qui constituent les forces vives de la nation. On gagne du temps en s'abstenant d'user à leur égard des tactiques de surprise et de fait accompli, et en pratiquant l'information préalable intensive et publique, qui permet de surmonter la plupart des blocages.

Il faut comprendre que c'est aujourd'hui le moyen d'agir à temps et de rallier un certain consensus.

7.6 - Synthèse pour un plan de compétitivité

Au terme de cette deuxième partie, où nous avons proposé de nombreuses idées pouvant être utiles aux entreprises françaises, il convient sans doute de présenter quelques réflexions de synthèse *pour l'application.*

Pour certaines entreprises, c'est au fil de leur lecture que les dirigeants ou cadres auront pu cocher telle ou telle idée pouvant opportunément inspirer des actions parfois ponctuelles. Cette sélection par un jugement informé est excellente, et il revient à chacun de l'utiliser dans la spécificité de son cas.

Pour d'autres entreprises, le problème de la compétitivité se pose en termes plus contraignants. Exposées à la concurrence des prix, de la qualité, du service et de l'innovation de firmes étrangères très actives, les plus lucides sont souvent inquiètes et se demandent : *Comment faire pour redresser fortement et rapidement notre compétitivité?*

A ces entreprises, nous pouvons répondre : « Engagez une réflexion approfondie du groupe de direction pour *diagnostiquer* la situation et, vous appuyant sur les éléments spécifiques de votre cas, *mettez en œuvre sans tarder un plan de progrès de cinq ans, pour faire de l'entreprise une « communauté combattante », peu conflictuelle et compétitive* ».

N'objectez pas qu'un plan de cinq ans répond mal à votre besoin urgent; car dès la première année vous devez viser des résultats substantiels. Mais pour être sérieux, il faut une perspective longue. Toute action se développe selon une « courbe d'apprentissage ». Et la compétitivité ne se fabrique pas « à la petite semaine ».

Structuré autour des opportunités de progrès spécifiques à votre cas, ce plan de progrès comportera diverses actions qui se classeront éventuellement dans les catégories suivantes :

— Stratégies anticipatrices et novatrices mises en œuvre pour les produits, marchés et technologies. Par exemple, en organisant les progrès de productivité, l'utilisation de nouvelles technologies et en développant certains marchés prometteurs. En visant si possible une croissance en volume, pour éviter les problèmes d'emploi. Jalonnement dans le temps d'un plan de progrès pour chaque produit;

— Politique financière axée sur le moyen terme : renforcement des capitaux permanents pour être en mesure d'investir sur l'avenir. Éventuellement, mesures de réduction des coûts;

— Recherche et diffusion d'information externe et interne pour mieux éclairer l'élaboration des décisions, faciliter la concertation et faire apparaître l'intérêt des salariés dans la compétitivité de l'entreprise;

— Formation de l'encadrement aux nouvelles pratiques de hiérarchie concertée et aux nouvelles valeurs ainsi qu'aux nouvelles technologies;

— Gestion personnalisée des problèmes des salariés, à travers l'encadrement, dans le contexte d'une morale communautaire qui encourage la coopération et la confiance (surtout si la stratégie retenue permet de maintenir l'emploi);

— Responsabilisation de la maîtrise, puis de la base, par des approches du

type « cercles de qualité » pour plus d'efficacité et de motivation; formation, intéressement;
— Contrôle très attentif des objectifs annuels de qualité, de productivité et de coûts. Etude très attentive du redéploiement, recyclage, promotion, reclassement, etc. des salariés dont le poste est supprimé par les gains de productivité;
— Etc.

On voit qu'un tel plan vise à réaliser des progrès dans les performances technico-économiques, et simultanément dans la qualité du climat humain et des relations sociales. Ce *plan de progrès socio-économique* produit du progrès pour demain, et produit en même temps une structure de « communauté combattante » qui produira le progrès d'après-demain : d'où un *effet cumulatif* qui devient progressivement de plus en plus puissant.

Vous aurez des progrès sensibles dès la première année, mais *il faut du temps* pour obtenir des progrès décisifs, tels que le *doublement de la productivité.* Car les attitudes des hommes, de même que leurs postes de travail, ne se modifient que progressivement.

Il faut aussi que les dirigeants donnent l'exemple.

La fonction du dirigeant moderne est de faire aboutir de bonnes décisions dans un certain consensus afin que, soutenues par de multiples compétences et liens moraux, elles soient mieux exécutées ..., et plus vite modifiées s'il y a lieu.

Le dirigeant doit donner l'exemple des capacités entrepreneuriales et des capacités de communication. Ces dernières, nous le comprenons maintenant, sont liées à *un comportement moral.* C'est lorsque le dirigeant respecte certaines valeurs, s'astreint à convaincre plutôt qu'à contraindre, se soumet lui-même au réseau de liens moraux qui influence et discipline aussi les autres, que naît entre personnes la confiance et que la communication passe.

« Le plus important est toujours l'*homme,* l'homme et *son autorité morale* qui provient de la vérité de ses principes et de la conformité de ses actions avec ces principes » (5).

---

(5) Jean-Paul II, discours à l'UNESCO du 2 juin 1980.

MANAGEMENT AFRICAIN ET COMMUNAUTÉ D'ENTREPRISE

D'une récente semaine passée avec vingt dirigeants ivoiriens, je tire un sentiment de grande confiance dans le développement à venir du pays, et aussi quelques suggestions pour renforcer le tonus du management des entreprises.

J'ai été frappé par le calibre intellectuel des cadres dirigeants, et par leur bonne formation aux méthodes occidentales. J'ai pu constater aussi, dans les milieux traditionnels, la capacité du paysan qui gère sa plantation et la sagesse des instances qui animent la vie des villages. Ces hommes d'un pays en développement ne sont nullement sous-développés, ils sont capables d'assimiler tous les progrès.

De fait, en Côte-d'Ivoire, le progrès est visible partout.

Mais d'où vient que les expatriés y jouent encore un rôle si important? Où porter l'effort pour accroître la réussite autonome du management par les Africains?

Accroître la rigueur de gestion : c'est la réponse unanime des Africains comme des expatriés. Tous sont d'accord pour voir là un point clé dont l'évidence est doublement établie :

— par la chute rapide et les pertes sans limites qu'entraîne dans ce milieu une gestion laxiste, dont les effets ont tôt fait de se développer « tous azimuts » (c'est-à-dire simultanément sur tous les postes du compte d'exploitation et du bilan...),

— et aussi par le redressement spectaculaire et la croissance saine de l'entreprise qui a su appliquer vigoureusement les disciplines de la bonne gestion.

Sans erreur possible, on peut recommander au management africain de pratiquer une gestion rigoureuse. Mais d'où viendra la volonté pour cela?

Nous touchons ici un point profond.

Il faut une implication affective dans l'entreprise pour avoir le courage de la bonne gestion, et aussi l'imagination du développement.

Les entreprises performantes, en France, en Allemagne ou au Japon, sont faites d'équipes d'hommes qui investissement dans leur travail une large part de leur effort, de leur affectivité, de leur imagination.

Le danger que court l'entreprise africaine est d'être considérée comme une mécanique froide, importée d'Europe, restant extérieure au tissu social chaud qui seul polarise l'affectivité, les passions, le dévouement.

Si l'entreprise africaine (privée ou d'Etat) restait une mécanique froide, elle ne deviendrait pas réellement compétitive, étant guettée par deux écueils :

— la *déviation laxiste,* très tentante dans la mesure où elle reflète simplement la préférence donnée au milieu chaud sur la mécanique froide,

— ou la *déviation bureaucratique,* qui évite le laxisme au prix d'un formalisme qui entrave la créativité et la flexibilité, et n'évite pas les tensions sociales.

Donner à l'entreprise une dimension affective et communautaire enracinée dans certaines valeurs traditionnelles nous paraît donc un besoin prioritaire : la rigueur de gestion s'en trouvera facilitée.

C'est ce qu'avait parfaitement compris le chef d'entreprise ivoirien qui disait à ses salariés :

« *L'entreprise est comme ta plantation; elle te nourrit si tu la soignes...* »

Effectivement, il faut transférer sur chaque atelier ou service le dévouement éclairé que chaque Africain sait consacrer à la plantation nourricière.

Somme des ateliers et services, *l'Entreprise est, comme le Village :*

— la communauté (trans-ethnique celle-là) où l'on se concerte,
— où l'on coordonne les travaux communs,
— où l'on transmet les valeurs utiles,
— où l'on arbitre les litiges pour maintenir l'entente.

Notons que la communauté d'entreprise doit être, plus que le village traditionnel, *capable d'évoluer.* Bien des exemples montrent qu'elle le fera si elle est :

— placée en situation de *concurrence* (directe ou indirecte),
— et largement irriguée d'*information externe* sur l'évolution des marchés, des techniques, des concurrents, etc.

Placée dans ces conditions sous la direction de chefs capables, l'entreprise devient une *communauté performante,* qui se bat comme une équipe de sport pour maintenir et développer sa position.

*
* *

Certains objecteront que les structures traditionnelles de l'Afrique ne favorisent guère la cristallisation de communautés d'entreprises.

Au *Japon,* les structures traditionnelles sont *verticales* et *territoriales,* elles se reconstituent sans peine dans l'entreprise (1). De ce point de vue, l'Afrique se rapprocherait davantage de l'*Inde,* où les structures traditionnelles ont une dominante *horizontale* et *collatérale* (importance des fratries), qui situe les loyautés hors de l'entreprise et exerce sur elle un effet dispersif qui contrarie la formation d'un sentiment de communauté.

Cette objection ne manque pas de poids.

Elle ne doit pas conduire à renoncer à la compétitivité de l'entreprise africaine, mais au contraire à *redoubler d'efforts* pour développer dans cette entreprise la dimension communautaire qui lui donnera le tonus compétitif, et aussi l'indispensable joie de vivre.

Les chefs d'entreprises africains doivent réussir à constituer, sur la base de certaines valeurs traditionnelles, une communauté d'entreprise aux liens affectifs assez forts pour se maintenir malgré l'effet dispersif des liens horizontaux que chacun entretient avec le milieu.

Pour cela, il faut certes des paroles, mais plus encore *des actes* soit fonctionnels, soit symboliques. Nous suggérons notamment les suivants :

---

(1) Voir la célèbre thèse de la sociologue Chié Nakane, *La société japonaise,* Armand Colin, Paris, 1974.

— Donner une structure claire et visible aux entités de base que sont l'entreprise, l'établissement (usine ou succursale), le service ou l'atelier : chaque entité ayant :

- une vocation, un rôle, un nom, parfois un emblème,
- un vrai chef avec capacité et marge d'autonomie (non paralysé par la bureaucratie),
- un objectif et un tableau de bord de contrôle.

— Créer une émulation entre unités pour les objectifs; et des récompenses symboliques pour les performants.
— Sessions de formation-initiation pour les fournées de nouveaux embauchés. Cercles d'animation par classe d'âge.
— Règles du jeu claires, « morale de groupe », assemblée des sages pour règlement des conflits.
— Information active sur l'extérieur, la concurrence. Formation professionnelle dans l'entreprise. Promotion interne.
— Fêtes périodiques de chaque communauté de travail. Equipes de sports. Assistance des chefs à certaines cérémonies familiales des salariés et petits cadeaux à cette occasion.
— Intéressement collectif aux résultats ou au développement dans les cas où c'est possible.
— Etc.

Cette liste de suggestions (dont beaucoup pourraient s'appliquer aussi aux entreprises françaises) n'est donnée que pour amorcer une réflexion et une recherche pratique. C'est *sur le terrain, par expérimentation dans le concret,* et aussi par échange d'expériences entre dirigeants, que pourront se dessiner les pratiques qui donneront à l'entreprise africaine tout à la fois son âme autonome, sa force compétitive et sa joie de vivre.

Les pouvoirs publics entraveraient ce progrès s'ils tendaients à bureaucratiser l'économie. Ils pourront l'encourager puissamment en l'intégrant dans une doctrine plus générale de promotion de la société africaine.

TROISIÈME PARTIE

Morale de l'économie et de la société

De l'observation du Japon, nous avons tiré un certain nombre d'*idées applicables* (peut-être) à la France; elles ont été présentées dans la deuxième partie. Certaines de ces idées touchent de près aux techniques (stratégies, qualité...), d'autres se rapportent davantage aux valeurs humaines et sociales (chapitres 4 et 7 notamment).

En présentant ces dernières, nous avons souvent mentionné le rôle de la morale dans le fonctionnement de l'économie et de la société. Nous éprouvons maintenant le besoin d'approfondir cette idée, et ce sera l'objet de cette troisième partie qui sera composée de cinq chapitres :

— Rôle des liens moraux dans la bonne gestion de l'entreprise.
— Valeurs et lacunes de la pensée libérale contemporaine.
— Comment la morale a mal tourné.
— Redécouverte de la morale, source de vie.
— Faire progresser la société.

CHAPITRE 8

Rôle des liens moraux dans la bonne gestion de l'entreprise

Dans les chapitres précédents, nous avons évoqué à plusieurs reprises le rôle de la morale dans le fonctionnement de l'entreprise, et aussi les différences entre la morale et le droit. Il s'agit là de réflexions lourdes de conséquences que nous nous devons d'approfondir.

Nous tenterons de le faire en nous écartant le moins possible du domaine de la gestion. Nous traiterons de la morale de groupe qu'on voit à l'action dans les entreprises, en nous gardant bien d'entrer dans le domaine des religions, des morales révélées et des philosophies.

Nous efforçant de garder une approche expérimentale, nous traiterons des points suivants :

8.1 - La morale de groupe distinguée du droit,
8.2 - La morale prend force par les liens sociaux,
8.3 - Les avantages et les limites du « qu'en dira-t-on informé »,
8.4 - Le management moderne élargit l'usage du contrôle moral.

8.1 - La morale de groupe distinguée du droit

Il nous faut commencer par quelques définitions, sous peine de confusion. La morale et le droit expriment, par des voies complémentaires, les règles de comportement qu'un groupe social incite ses membres à respecter. Mais l'extension extraordinaire qu'a pris récemment le « droit réglementaire » rend caduques dans les faits les frontières classiques entre droit et morale élaborées au temps du droit naturel ou du droit coutumier.

Aujourd'hui, on peut dire que les comportements de l'entreprise et dans l'entreprise sont déterminés par *trois champs de forces* nettement distincts :

— *le marché,* expression des contraintes de survie *économique,*
— *le droit et le règlement,* qui énoncent des obligations strictes, d'origine publique ou privée (contrats), dont l'exécution est assurée s'il le faut par contrainte de la *force publique,*
— *la morale* (du latin *mores,* les mœurs) qui exprime les comportements, devoirs, valeurs, qui sont généralement respectés dans un groupe *sans* être directement imposés par contrainte économique ou juridique.

Ces trois champs de forces se recouvrent en partie : ainsi la morale et le droit recommandent de ne pas tuer et de ne pas voler. Mais nous centrerons spécialement l'attention sur les domaines dans lesquels le devoir moral *n'est pas* soutenu par la peur du gendarme.

Illustrons d'abord par des exemples simples les trois champs de forces qui contrôlent les comportements dans l'entreprise :

Exemple 1 - Un directeur de division voit ses ventes baisser par suite de l'offensive imprévue de concurrents pratiquant des prix plus bas sur certains produits. Ce directeur est amené à étudier d'urgence avec ses collaborateurs les réponses possibles à cette situation, qui pourront comporter : baisse de certains prix, concentration sur certains produits, restructuration de la gamme, sous-traitance de certains articles, etc.

Dans ce cas, c'est la *contrainte économique* (traduite par les résultats comptables présents et futurs) qui oriente les comportements. Les considérations juridiques et morales n'interviendront que sur les modalités d'exécution.

Exemple 2 - Un directeur commercial avait fondé sa politique sur un prix de vente uniforme recommandé aux détaillants et inscrit sur les emballages. Une nouvelle loi votée par le parlement interdit la pratique du prix recommandé. Le directeur doit modifier sa politique commerciale.

Dans ce cas, c'est la *contrainte juridique,* avec menace de la police et des tribunaux, qui oriente le comportement. La morale n'a rien à y faire (les lois réglementaires de ce type sont complètement amorales), et l'économie n'apporte qu'une confirmation, en chiffrant le coût d'un non-respect éventuel de la loi.

Exemple 3 - Un directeur technique a connaissance, lors d'un voyage à l'étranger, de l'apparition d'un nouveau produit concurrent breveté qui va mettre en difficulté la stratégie de marketing adoptée sur recommandation du directeur commercial. Il pense d'abord ne communiquer cette information qu'au prochain comité de direction, afin que le choc créé conduise enfin à l'adoption d'une stratégie commerciale plus conforme à ses vœux. Mais il prend conscience des conflits et inimitiés personnelles que cette « tactique de surprise » pourrait créer dans l'équipe, se retournant contre lui à la longue. Et il décide d'en parler immédiatement au directeur commercial, puis au directeur général, afin qu'au prochain comité le terrain soit préparé pour une étude objective et dépassionnée du problème.

Dans ce cas, c'est la *morale de groupe* qui a orienté le comportement dans le sens d'une information préalable. Le droit n'avait rien à y voir, et l'économie (dans laquelle tout finit un jour par se traduire) n'en aurait eu que des répercussions éventuelles à long terme.

Cette influence de la morale sur les comportements professionnels se retrouve concrètement à tous les niveaux, comme l'évoquent les exemples suivants :

Exemple 4 - Dans une usine, les ouvriers sont payés à l'heure au tarif de leur qualification, et reçoivent en outre une prime collective, calculée d'après les résultats de l'usine et répartie entre les ouvriers au prorata des salaires. L'un des ouvriers a un rendement inférieur à la norme, et parfois des défauts de qualité. Malgré cela, et conformément au règlement de prime, il reçoit exactement la même rémunération que les autres ouvriers de sa catégorie. Mais le personnel de l'atelier arrive à connaître les faits (les chiffres) sur cette situation; on commence à en parler entre soi; puis on fait à l'intéressé des remarques sur la valeur du travail bien fait et sur l'injustice faite aux autres en écornant leur prime. Très vite s'exerce sur l'intéressé une pression morale du groupe qui conduit soit à un relèvement de son efficacité (et ici un complément de formation peut jouer un rôle déterminant), soit à une marginalisation par le groupe, qui mène à la mutation ou au départ.

Rien de juridique dans ce comportement. C'est l'exemple type du contrôle social assuré par la *morale de groupe;* et l'on voit clairement le rôle qu'y joue l'information, la concertation, et l'expression dans les relations interpersonnelles des valeurs admises par le groupe. On y voit aussi la force que peut mettre en jeu la pression morale.

Exemple 5 - Imaginons une entreprise où, dans l'équipe de direction notamment, n'existe aucun lien moral : amitié, respect mutuel, parole donnée, etc., n'ont pas cours entre des hommes mus seulement par leur égoïsme, et pour qui, dès lors qu'est respectée la lettre du droit, tous les coups sont permis. La direction de cette entreprise ressemble étrangement à l'état-major du célèbre gangster Al Capone : rôle primordial des juristes, larges délégations à des hommes forts, qui s'ils deviennent trop forts sont liquidés sans pitié, et vite remplacés par l'un des membres de la meute des prétendants, qui collaborent en se haïssant.

Comme la méfiance règne, il y a peu de communication créative, et la survie ne repose que sur le génie du chef. Dès que celui-ci faiblit, c'est l'effondrement.

Nous avons peut-être poussé un peu loin la caricature, mais plus d'un trait s'en retrouve dans certaines fins de règne de dirigeants autocrates.

8.2 - La morale prend force par les liens sociaux

Les modèles d'organisation de type bureaucratique ou taylorien reposent sur la rationalité anonyme et ne prennent pas en compte les liens sociaux personnalisés. On sait que le vide ainsi créé tend à être comblé par la prolifération de règlements destinés à se substituer au contrôle moral.

On observe aussi des cas où certaines règles morales (c'est-à-dire sans sanction coercitive) sont énoncées, proclamées, affichées... mais non régulièrement appliquées dans la pratique.

Il est donc essentiel de bien *comprendre ce qui fait qu'une règle morale est observée ou pas.*

Schématiquement, la morale sociale effective, celle qui est observée dans la majorité des cas, sous réserve de quelques exceptions exemplaires, est celle qui s'appuie sur *un tissu de relations personnalisées dans le travail, un réseau de liens sociaux et de devoirs réciproques, un système de valeurs admises par le groupe.*

1 - Les règles morales tirent leur *force* du tissu de relations qui les soutient

C'est en effet dans un tissu serré de relations de travail (comme aussi familiales, de voisinage, etc.) que s'échangent des informations, des expériences, des commentaires, des jugements, des conseils, des prévisions, des services, etc. Par ce réseau passent aussi les démarches exploratoires, les ballons d'essai, les explications, les appels à l'aide, les mises en garde... C'est le terreau sans lequel la morale ne pousse pas.

Soulignons deux composantes donnant force à la morale : la parole et l'information.

« Toute *parole* est morale, non par ce qu'elle porte comme contenu moral, mais en tant que parole même, quel que soit son message. Je parle, et cela signifie que je cherche à communiquer avec autrui, à établir un lien avec lui parce qu'il est différent de moi et extérieur à moi. Parler sépare et lie à la fois... La parole proche est toujours une alliance avec l'autre, donc un devoir d'être ensemble, pour le bien des interlocuteurs » (1).

Ce pouvoir de la communication directe est multiplié si celle-ci transmet de l'*information* riche et significative par rapport aux problèmes posés. Une communauté mal informée adopte aisément des positions inadéquates. Mais une communauté informée en permanence des faits internes et externes par des voies diverses et s'il y a lieu contradictoires, informée aussi des perspectives à long terme, aboutit normalement à des positions équilibrées.

---

(1) Josy Eisenberg et Armand Abecassis, *A Bible Ouverte II,* Albin Michel, Paris, 1979.

2 - Les règles morales d'un groupe tirent leur *valeur* des *sources* qui les ont inspirées

Ces sources font partie des informations dont nous parlions à l'instant, mais elles en constituent la trame vitale. Dans le cas d'une entreprise, deux sources sont essentielles :

— d'une part, *les valeurs humaines les plus larges,* qu'ont en commun toutes les religions et toutes les philosophies (respect des autres, non recours à la violence, etc.) ainsi que le respect des lois de la société.

— et d'autre part, *les valeurs communautaires les plus spécifiques,* celles qui inspirent la morale locale d'une entreprise déterminée parce qu'elles expriment les *exigences de réussite* propres au métier, à la stratégie adoptée, compte tenu du lieu, de l'histoire, etc.

Si ces deux sources sont bien vivantes, les liens sociaux transmettront avec force un système de valeurs capable d'être admis par le plus grand nombre des personnes concernées.

8.3 - Les avantages et les limites du « qu'en dira-t-on informé »

Des exemples et réflexions que nous avons présentés, il ressort que les comportements dans l'entreprise peuvent être influencés, plus ou moins profondément suivant les cas, par les liens moraux et le système de valeurs qu'ils sous-tendent.

Le management japonais nous surprend d'abord par le fait qu'*il reconnaît explicitement* le rôle des liens moraux dans le fonctionnement de l'entreprise, et qu'*il cultive méthodiquement* ce moyen de cohésion et de motivation. En Occident, nous feignons d'ignorer que ces liens existent, une sorte de tabou nous dissuade souvent de les cultiver, de sorte que ce qu'il en subsiste en arrive parfois à jouer contre l'entreprise. C'est que notre approche technocratique refuse de confier quoi que ce soit d'important aux aléas du « qu'en dira-t-on ».

Soulignons que le contrôle par liens moraux auquel nous nous référons ne mérite confiance que s'il repose sur ce qu'on pourrait appeler un « *qu'en dira-t-on informé* », qui inclut les deux composants essentiels déjà mentionnés : la parole et l'information. Un exemple peut illustrer la fiabilité de son fonctionnement.

Exemple 6 - Un chef d'atelier dynamique s'est engagé à atteindre des objectifs ambitieux d'amélioration de la qualité et de la productivité, notamment par l'utilisation de la méthode des « cercles de qualité ». Avec l'appui de son chef de fabrication, il réussit le démarrage de cette opération délicate et ses équipes présentent plusieurs importantes propositions d'amélioration. Toutefois, ces propositions posent différents problèmes, se heurtant aux objections soit du bureau d'études, soit du service qualité, et suscitent parmi la plupart des techniciens de l'usine un mouvement d'opinion défavorable au chef d'atelier. Victime du « qu'en dira-t-on », celui-ci va-t-il voir ses propositions bloquées, sa prime d'objectifs perdue et peut-être son avancement compromis? Certainement pas si l'entreprise a favorisé le développement d'un réseau de contacts personnalisés assez dense, porteur de valeurs saines, et si l'intéressé est assez actif. Loin de se décourager ou de faire un éclat, celui-ci doit utiliser toutes les voies possibles *pour mieux informer le réseau et lui expliquer sa cause.* Il en parlera longuement avec son supérieur, le chef de fabrication, qui présentera certaines données au comité de direction de l'usine. Il verra d'autre part le responsable commercial, avec qui il chiffrera le surcroît de volume que pourrait apporter une baisse des coûts et des prix. Au bureau d'études, il verra un chef de groupe, issu de la même école que lui, avec qui il discutera librement de réponses constructives à apporter à certaines objections techniques. Il verra aussi le chef du personnel, qu'il informera des effets qu'un rejet des propositions pourrait avoir sur le moral des ouvriers et chefs d'équipe. Toutes ces données sont échangées et traitées aux séances de comités et de groupes de travail. En somme, si le système de valeurs de l'entreprise fait une place normale à la concertation pour l'intérêt commun, les oppositions fléchiront et les propositions réellement valables seront acceptées en souplesse, sans qu'il y ait eu conflit ouvert, et sans que la direction ait eu à intervenir par un jugement tranchant.

Cet exemple montre l'avantage de la solution préparée par « qu'en dira-t-on informé », procédure naturelle et vivante qui, du fait même des « redondances » de communication qu'elle comporte, est beaucoup moins exposée que le seul schéma hiérarchique aux blocages aléatoires, et beaucoup plus finement adaptée à chaque cas qu'un règlement détaillé qui prétend avoir tout prévu.

Comparé à la voie réglementaire, le contrôle par les liens moraux présente plusieurs *avantages :*

— c'est un processus personnalisé qui permet des solutions personnalisées,
— c'est un processus informel et discret, qui permet d'éviter les conflits ouverts,
— c'est un processus qui peut apporter des encouragements moraux très motivants, et des sanctions morales également sévères (de la réprobation légère à la marginalisation par rapport au groupe),
— c'est un processus décentralisé, puisqu'il est en somme autogéré par le groupe; il est porteur de solutions décentralisées, adaptées au terrain,
— c'est un processus économique comparé aux lourdes procédures fonctionnelles et aux arbitrages par un sommet lointain que pratiquent les bureaucraties,
— enfin, c'est une approche informelle qui n'établit de règles qu'en laissant la place à des *exceptions,* à des comportements particuliers, voire à des ruptures; c'est un système ouvert qui permet sur sa marge l'expérimentation et l'innovation par initiative décentralisée.

Le contrôle par liens moraux comporte toutefois *des dangers et des limites* qu'il faut voir clairement :

— danger de « morales déviantes » si les sources d'inspiration ne sont pas assez fortes ou assez pures,
— inconvénient d'opacité, de processus non transparent, qui peut aggraver les déviances éventuelles,
— manipulation possible par les plus habiles : mais il faut faire confiance aux saines réactions des « manipulés » dont certains doivent être astucieux.

Au total, il paraît raisonnable de toujours utiliser la voie réglementaire pour établir sans conteste les règles très générales qui s'appliquent de façon relativement uniforme à des cas nombreux : lois civiles et pénales, droits de l'homme, statut du personnel, et certaines règles de sécurité.

Et raisonnable aussi d'utiliser largement le contrôle par liens moraux au sein du réseau de relations pour ajuster les solutions personnalisées, les problèmes très segmentés, les situations locales ou spécifiques.

8.4 - Le management moderne élargit l'usage du contrôle moral

Le contrôle des comportements par les liens moraux appartient certes au passé. Nous voudrions souligner fortement ici qu'il appartient aussi à l'avenir.

Les principales innovations socio-techniques du management moderne s'appuient sur un rôle accru du contrôle par liens moraux (par opposition aux contrôles bureaucratiques). Citons par exemple :

— les horaires variables, qui supposent souvent une concertation entre les collègues de travail pour accorder leurs heures,
— les équipes semi-autonomes, les équipes opérationnelles, les « cercles de qualité » et toutes les formes de responsabilisation de petits groupes, qui ne peuvent être efficaces sans l'autodiscipline de règles du jeu dont on concerte l'application,
— les processus de décision concertée ou par consensus, à tous les niveaux de la hiérarchie.

La décentralisation des responsabilités ne peut être véritable que si la cohérence par les plans et budgets est complétée par une cohérence par la vue commune des valeurs et finalités de l'entreprise : et les grandes entreprises les plus éclairées (d'IBM à Lafarge) couronnent leur management par le développement participatif de « principes d'action » et de « valeurs admises » qui permettent une délégation plus large.

Enfin, nous avons déjà observé, à travers l'exemple du Japon, qu'une entreprise ne pouvait accéder à un bon niveau d'intelligence collective que si elle sait maîtriser sa conflictualité interne par une morale de groupe, qui rend possible la communication en confiance.

C'est donc pour son importance *pratique,* comme facteur essentiel de compétitivité, que nous approfondissons ici le rôle de la morale dans le management.

Les professeurs américains de management ne disent rien sur ce point. Il semble qu'une sorte de tabou les empêche de prononcer le mot même de morale.

Les Japonais n'ont pas ce tabou. Ils reconnaissent et enseignent le rôle d'une morale de l'entreprise. Certains Occidentaux veulent n'y voir qu'une sorte de folklore local. Nous pensons au contraire *qu'en introduisant explicitement la morale dans le management, les Japonais nous apportent un message de portée universelle.*

Eux-mêmes n'y voient qu'un trait spécifique de leur culture.

Et la pensée libérale de l'Occident moderne a dérivé dans une tout autre direction.

CHAPITRE 9

Valeurs et lacunes de la pensée libérale contemporaine

Depuis près de deux siècles, la pensée libérale a été la référence dominante des élites de notre société occidentale. Et ceci aboutit aujourd'hui à la confusion et au doute.

Malgré les problèmes présents, nous n'avons pas de raisons de douter des bases de notre civilisation, n'oublions pas qu'elle a atteint le plus haut niveau connu dans l'histoire humaine. Rien ne nous paraît justifier que l'on récuse les fondements exceptionnellement riches sur lesquels elle s'est construite : l'humanisme classique, le moralisme judéo-chrétien, l'utilitarisme libéral, la démocratie des droits de l'homme, les apports croissants de la science, qui sont aussi sources de renouvellement permanent.

L'échec constaté est plutôt celui de la pensée libérale; la montée du marxisme est l'expression de cet échec.

Éclose d'abord au XVIIIe siècle chez les philosophes écossais, puis inspirant la démocratie et l'économie moderne, la doctrine libérale est l'une des plus belles fleurs de notre civilisation. Que lui a-t-il manqué pour répondre complètement aux problèmes réels?

Sans remonter l'Histoire, résumons la pensée des « libéraux éclairés » contemporains, afin de mettre en évidence la faille qu'elle comporte.

9.1 - Sept valeurs de consensus libéral

Commentons brièvement sept points, très généralement admis, dont la liste ne prétend pas être complète :

— Finalité dans les hommes.
— Respect des personnes et liberté individuelle.
— Moteur de l'intérêt personnel : initiative et marché.
— Progrès économique et humain liés.
— L'Etat nécessaire.
— Les droits de l'homme et le Droit.
— Double contrôle de la société : par le droit et par le marché.

Nous verrons alors les lacunes et les failles du système libéral : il néglige le contrôle par la morale sociale.

1 - Finalités dans les hommes

La société est faite d'hommes, est faite pour les hommes. Ses institutions politiques (gouvernement...) ou économiques (entreprises...) n'ont pas d'autre justification ou légitimité que d'aider au plein accomplissement de la vie des membres de la société, et des autres.

La première fonction économique est d'assurer la survie des membres. La première fonction politique est de les protéger contre l'agression externe et la violence découlant des conflits internes.

C'est pour mieux atteindre ces finalités humaines, pour maximiser l'utilité globale et minimiser la conflictualité que les libéraux proposent leur système dont les apports majeurs sont la démocratie représentative et l'économie de marché.

2 - Respect des personnes et liberté individuelle

Un homme parmi les autres hommes n'est pas interchangeable comme nous nous représentons une fourmi dans la fourmilière. Il est caractérisé par une *personnalité unique,* fondée sur une génétique unique et une histoire unique, qui a vocation à s'accomplir suivant son chemin propre.

La personne n'est pas réductible à la masse ni à la catégorie, comme les totalitarismes tentent de le faire. Elle doit être respectée dans sa singularité, sous condition qu'elle-même respecte les autres.

Respecter les différences, c'est aussi admettre que la juste position ne soit pas la même pour chaque homme; admettre donc les inégalités justifiées.

Après acquisition des connaissances et informations communes, chaque personne est finalement seule à connaître ce qui lui convient, ce qu'elle aime, ce qu'elle rejette, ce à quoi elle renonce, ce qu'elle choisit : c'est le principe de LIBERTÉ individuelle sans lequel l'homme ne peut s'accomplir pleinement et la société ne peut remplir pleinement sa fonction.

La liberté individuelle s'exprime notamment dans l'ouverture aux *initiatives responsables,* qui doivent s'appuyer sur un contexte d'information, d'éducation, de propriété privée, d'association et de respect des autres.

La somme des initiatives génère l'évolution, peut-être le progrès.

3 - Moteur de l'intérêt personnel

Il est naturel à chaque homme d'avoir un projet personnel pour la conduite de sa vie, plus ou moins lié à un plan de groupe, et d'entreprendre de réaliser ce projet en mobilisant pour cela toutes ses énergies. C'est le moteur de l'intérêt personnel qui entretient le mouvement de la vie. Une société dynamique est fondée sur l'intérêt personnel.

Non pas que celui-ci doive être réduit à une acception étroite. L'intérêt primordial de survie matérielle se diversifie en intérêt pour la sécurité matérielle durable, pour la chaleur des relations humaines; en intérêt pécuniaire aux multiples usages; pour certains, en intérêt pour l'accession à des richesses intellectuelles, esthétiques ou idéologiques, pour la détention de pouvoir, pour l'accomplissement d'un idéal... La notion d'intérêt personnel n'est pas étroite, on la trouve partout où il y a mouvement.

La conjonction de l'intérêt et de l'initiative donne *l'entreprise.*

La multiplicité des initiatives conduit d'une part au *pluralisme*, et d'autre part à la *concurrence.*

Lorsque la concurrence est organisée de façon « civilisée », par élimination des violences, fraudes, etc., elle peut donner lieu à un *marché,* qui est le dispositif à ce jour le plus efficace pour infléchir les initiatives individuelles et les rendre compatibles sans recours au conflit violent.

Ce schéma libéral de l'économie n'a pas seulement l'avantage de l'efficacité, dans les domaines où il s'applique. Il a aussi l'avantage *éthique* de la franchise et de la clarté, en posant nettement comme légitime l'intérêt personnel et en calculant publiquement ses incidences; tandis que dans les systèmes qui en répriment le principe, l'intérêt personnel ne peut plus cheminer que par les détours obscurs des privilèges de pouvoir.

Ce n'est pas dire que l'économie libérale résolve tous les problèmes.

4 - Progrès économique lié au progrès humain

Dans les économies dites libérales d'autrefois, on a pu constater que ce qu'on appelait progrès économique pouvait être séparé de ce qu'on appelait progrès social. Cette séparation pouvait aller jusqu'à la caricature, avec deux schémas souvent cités :

— le schéma d'une économie concurrentielle qui prospère sous un régime autoritaire anti-social,

— et le schéma inverse du régime de progrès social rapide, qui aboutit au recul de l'économie et souvent ainsi à l'échec.

Le paradoxe s'atténue largement si l'on prend la peine de chiffrer la prospérité du premier cas en revenu par habitant, et si dans le deuxième cas, on distingue sous l'étiquette « progrès social » ce qui est vrai progrès humain de ce qui est pouvoir de blocage du groupe de pression social.

Lorsqu'on considère les sociétés développées contemporaines, on constate une forte corrélation entre progrès économique et progrès social : les pays à haut revenu moyen (hors pétrole) sont *tous* des démocraties libérales où les hommes bénéficient de libertés personnelles et civiques, d'information libre, d'éducation avancée et d'une large maîtrise de leur vie professionnelle. Et à mesure que l'économie devient plus intellectuelle et créative, on peut penser que cette corrélation se fera plus étroite, les initiatives décentralisées devenant une composante majeure de la compétitivité économique.

La question n'est pas réglée pour autant dans le détail des situations concrètes. Ainsi, les entreprises doivent conserver une structure hiérarchique (pour fonctionner), mais elles deviennent obsolètes si elles n'y décentralisent pas des cellules à initiatives autonomes. Et ce n'est pas seulement par la force des choses, mais aussi par politique délibérée qu'elles doivent mettre en œuvre des *stratégies de progrès conjointement économique et humain.*

5 - L'Etat nécessaire

L'existence de l'Etat est un fait. Ajoutons qu'il est légitime dans la mesure où il est au service des membres de la société pour assurer des services qui les aident à accomplir leur vie.

En tête de ces fonctions, on peut placer les institutions démocratiques, qui visent à mettre le pouvoir politique au service des citoyens.

Puis, dans la mesure jugée adéquate par les majorités politiques, les fonctions de justice, police et défense, qui visent à protéger contre les agressions internes ou externes; la fonction de solidarité, qui conduit à aider les personnes handicapées, etc.

Notons que, de plus en plus, l'Etat s'exprime par le canal du droit, qui joue un rôle clé dans nos sociétés.

6 - Les « droits de l'homme » et le Droit

Le respect des « *droits de l'homme* » est l'une des lignes du progrès humain dans nos sociétés.

La première formulation en fut donnée par le « statut de citoyen romain » qui mettait son titulaire à l'abri des mesures arbitraires : « Civis romanus sum » était l'assertion qui protégeait contre les « lettres de cachet » de l'époque. Nos constituants de 1789 s'en sont souvenu lorsqu'ils ont rédigé la célèbre « Déclaration des droits de l'homme et du citoyen ».

Ces dix-sept articles tiennent en une page. Quinze d'entre eux visent à protéger le citoyen contre l'arbitraire de l'Etat. Mais les articles 3 et 4, de pensée très jacobine, expriment que toute autorité et toute restriction à l'exercice des droits de chacun ne peut procéder que de la loi de la nation.

Beaucoup plus détaillée, la « Déclaration universelle des droits de l'homme » de l'ONU, adoptée en 1948, consacre ses vingt et un premiers articles à la protection de l'homme contre les excès de pouvoir, c'est-à-dire à la *limitation* des pouvoirs de l'Etat. Puis les articles 22 à 27, traitant des droits sociaux (à l'éducation, à la santé, au travail, etc.), demande en fait l'*accroissement* des pouvoirs de l'Etat. Une ligne à l'article 29 mentionne que l'individu a des devoirs, mais ne précise pas lesquels.

A la différence de celle de 1789, la déclaration des droits de l'homme de 1948 est complétée par plusieurs « Pactes internationaux relatifs aux droits de l'homme » qui, après ratification, font entrer les droits de l'homme dans le droit positif de chaque Etat, ouvrant la possibilité d'en requérir l'application pour les tribunaux (1).

*
* *

Le *droit positif* est celui dont l'application s'impose concrètement, appuyée s'il le faut par l'intervention de la force publique.

Lorsque le droit positif est clairement défini (par la loi ou la coutume) et complètement appliqué, il établit le *règne du Droit*, le célèbre « rule of law » qui protège les citoyens contre la violence ou l'arbitraire, leur assure l'ÉGALITÉ devant la loi et devant l'Etat.

Le *droit privé* est la partie du droit positif qui régit les intérêts privés et les contrats entre personnes privées : droit civil, droit commercial, droit du travail, etc. L'entreprise, cellule dynamique de la vie économique, est pour une part une structure juridico-financière, évoluant dans une forêt de lois, règlements et statuts : elle est très profondément régie par le Droit.

La période moderne a vu une évolution dramatique du contenu du droit. Les classiques disaient avec Julius Paulus; « Non ex regula jus sumatur, sed ex jure quod est regula fiat ». (Ce qui est juste ne découle pas de la règle, mais la règle provient de notre connaissance de ce qui est juste). La loi énonçait les règles du jeu servant de cadre aux initiatives des individus. Aujourd'hui, la loi, prolongée par les règlements, prend des initiatives dans de nombreux domaines, restreignant d'autant (par la multiplication des clauses « d'ordre public » et des prescriptions réglementaires) la liberté contractuelle des citoyens. Jadis limité à une sorte de morale codifiée et sanctionnée, le droit devient aussi règlement d'organisation et parfois plan d'opérations.

Les classiques s'écrient : « Ce n'est plus le droit! ».

Certes, ce n'est plus le même droit, mais c'est encore la même mécanique juridique, dont il convient de rappeler la définition.

Le droit positif (y compris ses prolongements réglementaires) est la science des *obligations strictes* s'imposant aux personnes physiques ou morales et

(1) La célèbre association « Amnesty international » utilise très largement la voie du recours judiciaire dans son action pour les droits de l'homme dans les pays les plus divers.

dont l'exécution est garantie par l'intervention de la *force publique.*

Ces obligations strictes peuvent être simplement imposées par la loi : obligation de déclarer un nouveau-né dans les trois jours de sa naissance, obligation d'obtenir un permis de construire avant de commencer des travaux,... et obligation de s'abstenir des délits et crimes du code pénal. Tout ceci est le droit objectif, auquel les Anglais réservent le terme de *law.*

Ces obligations peuvent aussi être imposées par la loi ou les contrats en ayant pour contrepartie un droit qu'une autre personne est habilitée à revendiquer (droit subjectif, en anglais *right*) : le débiteur (ou le contribuable) a l'obligation de payer telle somme à telle date; la caisse d'Assurance sociale a l'obligation de rembourser tels frais médicaux, etc.

Dans les deux cas (droit objectif ou subjectif), le droit positif a pour « particule élémentaire » une *obligation stricte* (2), fondée sur des textes juridiques précis (législatifs ou contractuels) dont l'exécution ne donne généralement lieu à aucune marge de négociation. Que le débiteur soit brun ou blond, affable ou colérique, croyant ou athée, savant ou illettré ne doit guère intervenir dans l'exécution : tenir compte des facteurs personnels risquerait d'ailleurs de violer le principe sacré d'égalité devant la loi. Le juge certes accordera dans certains cas des délais, des facilités, mais, hors du domaine pénal où l'appréciation est plus souple, il ne peut pas défaire les obligations constatées, et le système garde sa logique qui est celle d'une *mécanique juridique* faite de *contraintes* précises, prévisibles, impersonnelles, garanties en dernier ressort par l'intervention de la force publique.

7 - Double contrôle de la société par le droit et par le marché

Tentons une vue de synthèse de la société de progrès pour l'homme telle que la conçoivent la plupart des « libéraux éclairés ».

Cette société est ouverte aux initiatives, suivant le principe de *liberté.*

Elle échappe à l'anarchie grâce à un double contrôle :

— le contrôle par le *marché,* qui soumet au principe d'utilité l'allocation des ressources, qu'il s'agisse de biens, de services, d'informations, de talents, ...

— et le contrôle par le *droit,* établi à travers les institutions politiques (parlement, gouvernement, administrations), qui assure un cadre d'action prévisible, l'égalité devant la loi, la protection des citoyens et, suivant le principe de solidarité, l'aide aux personnes défavorisées.

Le système que nous résumons ainsi a donné des résultats assez bons (les moins mauvais); mais nous savons bien que sa réussite même a créé de nouveaux problèmes dont la solution tarde à venir : au point que beaucoup se détournent de l'idéal d'une société libérale.

Quelles sont les failles du système?

---

(2) Par comparaison, la morale a une « particule élémentaire » toute différente, qui est l'influence des appréciations mutuelles au sein d'un réseau de relations.

9.2 - Les libéraux ont oublié la morale et récolté des effets pervers

L'échec du libéralisme contemporain nous paraît lié au fait que, dans l'évaluation de leur courant de pensée, les libéraux ont oublié la morale, facteur essentiel de contrôle social et d'efficacité.

Expliquons-nous en trois points :

— une morale de l'homme qui se perd,
— une morale du groupe que l'on combat,
— la dérive vers l'utilitarisme permissif.

1 - Une morale de l'homme qui se perd

Les fondateurs de la pensée libérale ont tous été des moralistes. Tous ont dit et répété que le bon fonctionnement de la société et du marché reposait sur le respect des règles de base de la morale, c'est-à-dire de ce qui est *bon et juste*. Bien que les comportements bons et justes aient tendance à se renforcer par l'expérience de leurs résultats positifs, ils ont recommandé que tous les citoyens reçoivent une éducation morale afin de diminuer le nombre d'erreurs. Parlant d'institutions politiques, les mêmes hommes ont affirmé que le fonctionnement de la démocratie reposait sur *la vertu,* au sens romain du terme, c'est-à-dire de ce *courage moral* qui permet au citoyen de résister aux pressions pour soutenir la justice. Sans morale, le droit et le marché ne peuvent suffire à contrôler la société.

Ce courant reste fortement présent dans la *morale républicaine* qui animait les fondateurs de la IIIe République et à laquelle l'école laïque de Jules Ferry consacrait ses cours d'instruction civique.

Constatons simplement qu'au cours des dernières décennies, cette tradition moraliste s'est largement perdue chez les libéraux : on ne l'enseigne plus, on n'ose même plus en parler.

2 - Une morale du groupe que l'on combat

Sans doute influencés par la mécanique céleste de Newton, les libéraux classiques ont construit de la société et de l'économie un modèle fait d'atomes humains s'orientant dans des champs de forces. Leurs équations montraient que toute structure interposée entre l'atome et le champ de forces diminuait l'efficacité du système. Et ils recommandaient donc la destruction méthodique des « corps intermédiaires », des « relations communautaires »... et des « morales de groupes » qui leur sont liées. Aujourd'hui encore, l'éminent Friedrich Hayek (3) demande que les valeurs abstraites du grand système

---

(3) *Droit, législation et liberté*, P.U.F., Paris, 1980.

soient substituées aux valeurs concrètes du petit groupe, qui ne sont plus adaptées à la société moderne.

Ce courant de pensée a contribué à démanteler les structures relationnelles porteuses de liens moraux, et à déconsidérer l'approche personnaliste et communautaire de l'organisation sociale.

3 - La dérive vers l'utilitarisme permissif

Au cours des récentes décennies, tandis que la pensée libérale se vidait de son contenu moral, le relais était pris par une nouvelle idéologie, aujourd'hui adoptée par une partie importante des libéraux, et qu'on peut appeler l'utilitarisme permissif.

Née en Amérique d'un croisement entre le pseudo-freudisme vulgarisé (suivant lequel toute répression des pulsions instructives serait nocive) et l'utilitarisme libertaire, cette nouvelle idéologie a condamné tout enseignement moral du bien et du mal comme aussi nocif qu'une barrière douanière, et a recommandé la libération des pulsions dans une sorte de « *libre échange des désirs* »... Et ceci a débouché sur une terrible montée de la conflictualité et de la violence.

9.3 - Les trois failles de la pratique libérale

La double erreur du libéralisme est d'avoir négligé la morale et le personnalisme, puis, dans sa branche libertaire, d'avoir prêché l'amoralisme.

Dans la solide construction libérale, ces erreurs ont introduit trois failles causant chacune des *effets pervers* dont les théoriciens libéraux n'ont pas discerné l'orgine.

1 - Escalade du droit, de la bureaucratie et des coûts

Le contrôle de la société étant assuré par le marché et par le droit (réglementation incluse), chaque nouveau besoin ou problème auquel le marché paraît ne pas répondre est traité par le droit. D'où une multiplication des lois et règlements et une escalade bureaucratique dont l'effet pervers est de restreindre la *liberté* qu'on voulait promouvoir, tout en alourdissant les coûts. *Les frais généraux* de la nation et de chaque entreprise se gonflent à mesure que les réglementations se resserrent : les « productifs » deviennent une minorité.

2 - Dé-personnalisation de la société

On veut une société où s'épanouissent les personnes. Mais si l'on considère les deux régulateurs essentiels de cette société, le marché n'est personnalisé que sur une frange étroite de services; et le droit réglementaire, chaque année plus dense, est fait de faisceaux de contraintes entre catégories abstraites, chaque faisceau étant géré par une bureaucratie impersonnelle. Inconnu comme personne dans les institution publiques pourtant chargées (à grands frais) de le servir, le citoyen risque de l'être aussi dans l'usine ou l'administration taylorisées où il travaille; d'où le sentiment de frustration ressenti après tant de progrès.

3 - Contestation et conflits

Les frustrations précédentes, renforcées par le fait que la société libérale n'annonce aucune solution pour les guérir (elle ne sait que les aggraver), et qu'elle n'ait pas réussi à faire avancer le progrès humain au même rythme que le progrès économique (inégalités excessives qui persistent, chômage...), entretiennent au sein de la société des courants de contestation radicale qui vont au-delà du pluralisme nécessaire. On observe des fractures idéologiques profondes, d'énormes énergies dépensées à alimenter des conflits déchirants qui bloquent les dialogues construcifs; et pour comble, on en vient à se résigner à cette situation conflictuelle et à y voir la seule voie de progrès. En retour, cette conflictualité freine le progrès économique et intimide les initiatives de progrès humain, d'où l'impasse où nous nous débattons.

Comment remédier à ces failles du système, à ces effets pervers?

Par une dose accrue de droit et de réglementation contraignante? Certainement pas, car ce serait accroître l'une des causes de nos difficultés.

Par une révolution? Le spectacle de celles qui se produisent sous nos yeux n'est encourageant pour aucune catégorie sociale.

La voie du progrès n'est pas de renoncer au système libéral, mais d'enrichir ce système d'éléments de régulation qui lui font défaut.

En bref, les activités de notre société devraient être contrôlées non seulement par le marché et par le droit, mais aussi par une force complémentaire, la *morale sociale*. Il faut pour cela que se développe davantage dans chaque structure un *réseau social* qui, au-delà du droit et de l'économie, induise chez ses membres une certaine éthique de comportement d'autant plus vivante que les groupes seront soudés en unités de *taille humaine*.

Ce n'est rien d'autre en somme que l'application effective de la devise de notre République :

LIBERTÉ : c'est l'économie d'initiative et de marché;
ÉGALITÉ : c'est le règne du droit, le même pour tous;
FRATERNITÉ : c'est le réseau des relations personnalisées (comme entre frères) et des devoirs réciproques.

Il ne s'agit que de donner toute sa force au troisième terme, qui ne fait l'objet d'ordinaire (et pour cause) que d'explications embarrassées.

Pure utopie, pensera peut-être le lecteur, impossible de combiner efficacement la morale et l'économie.

Et pourtant, cette solution existe, je l'ai rencontrée en 1980, chez un peuple de 115 millions d'habitants, le Japon.

Vient alors l'objection classique : le Japon est un monde différent, sa culture n'est pas transposable chez nous; de plus, il nous fait une concurrence déloyale.

La surprise, au contraire, c'est que le Japon ne nous révèle pas d'idées nouvelles, il nous permet seulement un nouveau regard sur nous-mêmes. Cette morale sociale qui fait sa force n'est pas inconnue à notre culture. Elle est la partie de notre héritage que, depuis quelque temps, nous avons cru bon d'abandonner.

Il ne s'agit pas d'imiter, mais de retrouver nos racines.

CHAPITRE 10

Comment la morale a mal tourné

Nous abordons un sujet difficile, car notre société n'a pas « oublié » la morale sans en camoufler le concept sous une chape d'idées fausses et de déviations sémantiques. De sorte qu'il est aujourd'hui malaisé de parler de morale sans risquer le malentendu.

Nous devons donc redécouvrir le concept et sa fonction par un nouveau regard sur la morale; alors seulement, nous verrons sa place dans un système social moderne.

Sans prétendre être complet, l'exposé comporte les divisions suivantes :

10.1 - Mauvaise « image » de la morale.
10.2 - Dévaluation de la morale sociale.
10.3 - Recul de l'autogestion morale décentralisée et « nationalisation » des fonctions morales.
10.4 - Inefficacité relative de la « société des ayants droit ».
10.5 - Dévaluation de la morale personnelle et de l'éducation.
10.6 - Montée de la conflictualité.

10.1 - Mauvaise image de la morale

Il n'y a rien de plus naturel que la morale. Pour chaque homme, mû par des intérêts et des passions, c'est l'ensemble des règles qu'il sent devoir respecter pour bien conduire sa vie parmi les autres hommes. Elle se forme dans la famille, la tribu, le village, l'école, le groupe de travail, la nation, et cultive chez chacun (par éducation et par pression du milieu) le sentiment de ce qui est juste et bon, les règles et valeurs qu'il a le *devoir* de respecter dans son comportement avec les autres, et qu'il a *honte* de ne pas respecter, bref la distinction du bien et du mal.

Transmise par un tissu de relations sociales, la morale complète les règles juridiques formelles pour assurer dans le groupe concerné la fonction de *contrôle social :* reproduction des valeurs, prévention et traitement des conflits et déviances, attribution d'un sens aux actions.

Malgré son origine immémoriale, ou peut-être à cause d'elle, la morale a aujourd'hui une mauvaise image, notamment parmi les « moins de 40 ans ». A travers quelques conversations où était abordé le thème de la morale, nous avons noté les réactions suivantes :

— Morale : c'est d'abord le père, le patron, l'aîné qui « *fait la morale* » au subordonné, c'est-à-dire qui utilise sa position d'autorité pour faire des remontrances pompeuses, mais nullement convaincantes; on attend que ça passe.

— Morale : c'est un catéchisme de règles extérieures rigides qu'on voudrait nous imposer, alors que la vie est plus complexe.

— Morale : pour beaucoup, c'est essentiellement un code de tabous sexuels, formaliste, hypocrite et périmé. C'est la pression d'une opinion cruelle, qui a gâché tant de vies.

— Morale : c'est le conformisme étouffant, qui décourage les initiatives, à moins qu'on ne réussisse à s'en échapper.

— Morale : c'est le mot qu'ont à la bouche les anciens qui ont la nostalgie des temps passés. Il évoque l'« ordre moral », le régime autoritaire (ou pire, théocratique), réducteur des libertés individuelles.

— Devoir : c'est une corvée qu'on voudrait nous faire assumer, mais dont la justification n'est pas toujours claire.

De ce concert de réactions négatives se détache deux minorités aux réactions positives : ceux qui ont un sentiment religieux voient dans la morale l'une des conditions d'un accomplissement harmonieux; et les « utilitaristes éclairés » acceptent volontiers certaines règles morales comme des guides d'intérêt bien compris à long terme : « Rien de plus habile que d'être honnête », disent-ils notamment.

Quant à la majorité négative, elle n'est aucunement faite d'êtres immoraux. La plupart, notamment parmi les jeunes, sont extrêmement sensibles à la morale de « leur petit milieu » : ils adhèrent à ses valeurs (le bien et le mal du milieu), et en accomplissent les devoirs sans défaillance. Simultanément, il sont souvent sensibles aux valeurs humaines les plus larges (droits de l'homme, égalité, convivialité...) et sont prêts à leur apporter une contribution personnelle. Le malentendu sur la morale n'en est que plus frappant.

10.2 - Dévaluation de la morale sociale

Dans les sociétés traditionnelles, la morale était tout. Avec le développement de la « société des droits », il était normal que son rôle ait décru; mais en Occident, le mouvement semble bien s'être poursuivi au-delà du point d'équilibre.

De nombreuses causes de natures diverses ont joué en ce sens depuis plus de deux siècles. Ces causes semblent toutes liées à une certaine méconnaissance du fait que la morale n'est généralement appliquée et vécue (par opposition à prêchée) qu'avec le soutien d'un tissu de relations sociales. Citons-en brièvement quelques aspects.

1 - Délocalisation et rupture des réseaux relationnels

La morale a pour support des réseaux relationnels. Si le démantèlement des « structures intermédiaires » (loi Le Chapelier interdisant les corporations et associations); si ensuite l'exode rural, la transplantation des jeunes dans des faubourgs nouvellement construits, puis dans les casernes de notre nouvel urbanisme, le parcage des vieux dans les maisons de retraite, etc., brisent les réseaux traditionnels que sont la grande famille, le village, le quartier, la profession, etc., il en résulte une baisse des conditionnements moraux. Parfois, des réseaux de force atténuée se reconstituent dans les nouvelles localisations. Parfois aussi, par horreur du vide, on y voit se constituer des réseaux délinquants de chapardeurs ou de drogués... qui ont leur morale à eux.

2 - Les moralistes ont dévalorisé la morale sociale

Henri Bergson, par exemple, reconnaît « deux sources de la morale » (1), dont la première est précisément la morale sociale. Mais il s'empresse de la qualifier de statique, mécanique, bornée, introvertie, non adaptative, incapable d'évolution. Le progrès, selon lui, ne peut procéder que de la deuxième source (élitiste) qu'est l'inspiration mystique ou politique révélée par les grands hommes.

Méprisée par les élites, la morale sociale semble d'ailleurs dégénérer et perdre progressivement sa valeur.

La littérature et les arts ont souvent dénigré les disciplines sociales résultant des réseaux naturels de relations interpersonnelles (de voisinage dans le village, ou de classe dans un milieu). On ne parle de la « morale bourgeoise » que pour en présenter les bavures, les hypocrisies et finalement l'inefficacité. Quant au héros sympathique et moderne, par définition *« il se moque du qu'en dira-t-on »*. C'est naturel et sain dans la mesure où la pression étouffante d'un groupe fermé doit être dénoncée comme nocive, et où les actes de rupture non-conformistes constituent l'une des voies du progrès (personnel, artistique, technique, etc.).

---

(1) *Les deux sources de la morale et de la religion.* P.U.F., Paris, 1932.

Mais déconsidérer le « qu'en dira-t-on », c'est aussi fermer une voie de progrès car l'influence du « qu'en dira-t-on » procède du respect de l'autre, de l'écoute des autres; et participer activement à l'information objective du « qu'en dira-t-on », c'est l'art du consensus : c'est tout cela qu'on a ridiculisé.

Par un curieux mépris des autres, on pensait qu'un consensus social ne pouvait être qu'arriéré, rétrograde, fermé au progrès. Et nous découvrons aujourd'hui qu'une évolution vraie et profonde ne peut procéder que d'un vécu social auquel chacun doit participer activement.

3 - Les sociologues ont affirmé l'immobilisme des structures sociales

Etudiant surtout les sociétés traditionnelles, divers sociologues ont fait prévaloir l'idée (reprise par les moralistes cités ci-dessus) que toute structure sociale était statique, toute morale sociale fermée au progrès. Pas de progrès sans détruire les liens sociaux, par le taylorisme dans l'entreprise et par la « table rase » dans la société. Or, nous voyons aujourd'hui que la table rase entraîne souvent la régression, et que le taylorisme, après avoir apporté de la rationalité, secrète lui-même des réactions de blocage du progrès par coupure de l'information et rupture psychologique. Et nous découvrons que, dans un contexte de concurrence et d'information ouverte externe et interne (bien différent des sociétés traditionnelles), l'existence d'un système social avec sa morale devient au contraire une condition d'assimilation harmonieuse des changements et des progrès.

Durkheim et ses disciples n'avaient pas prévu le Japon. Et les behavioristes américains n'ont reconstitué qu'un fragment du système social vivant : et ils n'ont pas compris qu'il ne peut pas survivre sans morale communautaire.

4 - Les moralistes n'ont pas distingué la morale du droit

Il était normal que Montaigne n'ait pas fait cette distinction à une époque où le droit coutumier était peu distinct de la morale. Mais il est choquant que Bergson, cent trente ans après le code Napoléon et en plein « règne du droit », parle constamment de morale en termes d'« obligation », qui est un concept juridique précis. Il est incroyable que lui et les autres moralistes contemporains n'aient pas vu l'*écart systémique* entre deux concepts :

— le concept juridique d'*obligation* (souvent contrepartie d'un *droit*), qui entraîne exécution forcée d'une prestation prédéterminée — la sanction étant amende, prison, etc.

— et le concept moral de *devoir* (sans contrepartie de droit), qui prescrit une prestation mais laisse au sujet la liberté de décision — la sanction n'étant que la réprobation du réseau de relations et la honte qui la reflète.

C'est à peine si l'on trouve, chez un moraliste comme René Le Senne, une phrase présentant partiellement cette distinction :

« Peut-on admettre une démission de la morale en faveur du droit? La morale a sa fonction propre, qui est de dispenser du droit autant que possible, car le législateur ne peut atteindre que certains actes. Ce qui est trop intime comme ce qui est trop vaste lui échappe. Cela fait qu'il ne peut obtenir qu'une honnêteté dans les limites de la loi, ce qui est bien près d'être la malhonnêteté. Ensuite, le droit lui-même ne suppose-t-il pas l'honnêteté intime du législateur, du juge, du policier? Si tous s'emploient à tourner la loi, elle jouera pour encourager le vice et le crime. Cela ne prouvera-t-il pas que la morale est première par rapport au droit, et par suite que le droit ne peut pas y suppléer, mais seulement la prolonger? » (René Le Senne, *Traité de morale générale,* P.U.F., Paris, 1967, p. 396).

Aujourd'hui encore, beaucoup d'intellectuels français ne font pas la distinction entre le monde du droit et le monde du devoir. Un excellent journaliste rapportant les déclarations du pape à Sao Paulo, écrivait : « Jean-Paul II a rappelé très longuement un certain nombre de principes et de droits : le droit à la dignité du travail, le droit à l'emploi, le droit à des conditions de travail aussi décentes que possible, le droit à la protection sociale, le droit à une répartition équitable des richesses produites par le travail ». Le mot clé est « droit ».

Or, à la même page du journal (2) où sont citées les phrases significatives du discours du pape, que lit-on? Pas une seule fois le mot droit, mais un appel constant aux devoirs : « ... Le bien commun d'une société requiert comme un principe fondamental une société juste... Les modifications pour un ordre social juste doivent être une action constante — en plusieurs temps, graduellement, progressivement — par le chemin de réformes pacifiques. Cela est la charge de chacun, principalement de ceux qui ont le pouvoir économique et politique dans la société... Vous connaissez la dignité et la noblesse de votre propre travail, vous qui travaillez pour vivre, pour vivre mieux, pour gagner pour vos familles le pain quotidien... Le travail est un service, un service à vos familles, un service à la ville tout entière, un service dans lequel l'homme lui-même grandit dans la mesure où il se donne pour les autres. Le travail est une discipline dans laquelle la personnalité se fortifie... Que d'angoisses et de misères provoque le chômage... La théorie économie et la pratique doivent avoir le courage de considérer l'emploi et ses possiblités modernes comme un élément central de leurs objectifs... ». Ici le concept clé est celui de « devoir ».

Le contraste entre ces deux textes illustre l'écart qu'il peut y avoir entre un énoncé de devoirs et sa transcription en termes de droits. Une certaine réduction au droit en revient à tenir pour non existant le devoir moral.

5 - Idolâtrie du droit, seule source de progrès démocratique

Il est certain qu'une société régie seulement par les devoirs moraux, qui n'ont pas de sanction formelle, comporte le risque de grands abus des forts sur

(2) *Le Monde,* 5 juillet 1980, p. 8.

les faibles; et c'est à juste titre que le règne du droit est apparu comme un indispensable progrès démocratique.

Mais une partie très influente de l'opinion éclairée a fait un pas de plus : « N'a de valeur que l'avantage que l'on peut revendiquer comme un droit, tout avantage subordonné à l'exécution du devoir moral d'un tiers, sans garantie juridique, est sans valeur. Le progrès social n'est qu'une conquête du droit ».

Toute l'évolution législative moderne va dans ce sens. Et elle nous laisse insatisfaits précisément parce qu'un droit uniforme, une allocation impersonnelle ne nous suffisent pas; nous attachons *plus de valeur* au fruit non garanti de relations personnalisées.

Au total, c'est sur la recommandation de ses élites intellectuelles que notre société en est arrivée à voir dans tout rejet du conformisme moral une manifestation de progrès.

Cependant, les fonctions de la morale sociale devaient trouver une autre voie pour s'accomplir.

10.3 - Recul de l'autogestion morale décentralisée et « nationalisation » des fonctions morales

N'oublions pas que la morale sociale assumait d'importantes fonctions : son effacement ne pouvait manquer de se traduire par des transferts significatifs. Nous en donnerons trois exemples concernant l'ordre public, la famille et l'entreprise.

Dans la société des devoirs, chaque citoyen est, en soutien des autorités légales, responsable d'assurer sa contribution au maintien de l'*ordre public*. Il aidera activement à arrêter le voleur, à découvrir le criminel, et ainsi à dissuader les candidats à la déviance qui se sentent pris dans les mailles du réseau social. Dans la société des droits, ce processus non codifié paraît malsain; sauf cas de légitime défense (interprétée de façon de plus en plus restrictive), le citoyen n'a pas le droit d'intervenir, il doit attendre l'arrivée de la police, qui a le monopole de l'ordre public. Cela nous coûte cinq fois plus de policiers par millier d'habitants que les Suisses ou les Japonais, et un sentiment de déresponsabilisation à l'égard de la société.

La *famille* assumait de nombreuses fonctions éducatives mais aussi économiques. Le lien des devoirs, renforcé sur certains points par le droit positif, en faisait un nœud d'échanges actifs : les parents élèvent leurs enfants, financent leur éducation et leur établissement; et dans bien des cas aussi, ils prennent en charge les grands-parents. En retour, les grands-parents font de petits travaux, contribuent à la garde et à l'éducation des petits-enfants. Ceux-ci reçoivent, mais savent qu'ils devront donner le moment venu. Et dans les cas de difficultés, de mariage, de décès, tout le réseau familial solidarisé emploie ses moyens et relations pour contribuer aux solutions. Cette situation, qui comporte un certaine dépendance de chaque membre par rapport au bon vouloir des autres, est jugée négative par la société des droits. Pour elle, la seule morale légitime est celle promulguée par les lois de la nation. Son idéal (en caricaturant un peu) est de donner à chaque individu l'indépendance complète : les enfants auront leur allocation études, les vieux leur allocation vieillesse; à grands frais, les uns et les autres seront logés séparément aux soins d'institutions spécialisées par tranches d'âges; indépendants, il n'auront plus rien à se dire; ils vivront une « morale de leur tranche d'âge », qui n'est pas porteuse du sens complet d'une vie humaine.

L'*entreprise* était initialement un élargissement de la famille, et les fonctions sociales qu'elle remplissait, par exemple pour la formation professionnelle, les cas de maladie et de sous-emploi, découlaient des influences du milieu, du sens moral des dirigeants et de leur sens de l'intérêt bien compris à long terme. La dépendance des salariés était excessive et a donné lieu à des abus évidents. Il était nécessaire que le droit intervienne pour garantir aux salariés un minimum d'avantages dans chaque cas faisant problème. Mais était-il judicieux d'insister pour éliminer toute « autogestion morale » de l'entreprise, et pour préserver l'indépendance du salarié au point que les avantages qu'il reçoit puissent parfois devenir indépendants... de son travail et de sa contribution adaptable à la survie de l'entreprise?

Cette approche en effet est doublement coûteuse par l'extension indistincte d'avantages dépersonnalisés et par la baisse de motivation liée à l'automatisme des avantages indépendamment des contributions personnelles.

*
* *

La « nationalisation » des réponses aux sentiments moraux de solidarité humaine, et réciproquement l'effacement de l'autogestion morale décentralisée dans chaque groupe humain, est-elle une nécessité des sociétés développées? Beaucoup le pensaient jusqu'à ce que soit étudiée la société japonaise moderne.

Dans son récent livre, *Japan as Number One* (3), le professeur Ezra F. Vogel décrit le système d'avantages sociaux du Japon, qui est à certains égards le plus avancé du monde, mais qui, pour une large part, reste du domaine de l'initiative de chaque entreprise et collectivité. Il écrit notamment :

« L'assurance chômage est peu coûteuse parce que le chômage est faible. Les entreprises trouvent plus économique de réserver des fonds pour payer les

---

(3) Harvard University Press, 1979, chap. 8.

Les sept chapitres dans lesquels le professeur Vogel analyse les causes de la réussite japonaise ont pour titres :

— Connaissances : quête ardente en groupe avec consensus.
— L'Etat : guidage méritocratique et initiative privée.
— Politique : représentation des intérêts et partage équitable des fruits.
— Grande entreprise : communauté et performance.
— Education de base : qualité et égalité.
— Welfare : sécurité sans droits acquis.
— Criminalité : application de la loi et soutien du public.

salariés en surnombre si nécessaire plutôt que d'entretenir un très vaste système bureaucratique d'assurances chômage permettant de licencier à volonté... L'entreprise s'efforce de prévenir les désirs des salariés et d'offrir des services dépassant le minimum acceptable par le syndicat. En évitant les engagements contractuels, les dirigeants conservent le pouvoir de donner plus à ceux qui ont été efficaces et loyaux. Spécialement par les prêts de l'entreprise, l'aide aux activités d'après-retraite et l'utilisation des équipements de loisirs, l'entreprise a les moyens de faire percevoir que les avantages ne sont pas automatiques et que la loyauté sera récompensée... Dans le monde moderne (occidental), la charité, bienveillante dans son intention, a été transformée en un système étatique de bureaucratie impersonnelle donnant à chacun une position de droits acquis (entitlement). Le bénéficiaire a moins de satisfaction pour ce qu'il reçoit que de regret pour ce qu'il ne reçoit pas. Il en résulte un cercle vicieux de frustration, baisse de motivation au travail, découragement des employeurs et mépris de soi-même, qui a des conséquences désastreuses sur le tissu social de beaucoup de nations occidentales. »

Pour ce professeur à Harvard, les avantages sociaux relevant d'engagements moraux décentralisés plutôt que de droits acquis réglementés constituent l'une des neuf supériorités qui feront du Japon le n° 1 mondial.

10.4 - Inefficacité relative de la « société des ayants droit »

Nous devons maintenant approfondir un point qui n'a été qu'esquissé : l'efficacité comparée d'une société régie par les règles juridiques et les droits acquis, et d'une société régie par une combinaison de droit et de morale sociale.

Pour permettre un raisonnement précis, nous supposerons que deux nations ou sociétés, A et B, ont le même niveau de développement économique et sont régies respectivement par les règles résumées au tableau 10-1.

Par la figure du tableau 10-1, nous avons représenté schématiquement dans les cas A et B l'importance respective des actions régies d'une part par des droits stricts, suivant une mécanique juridique munie du cliquet des droits acquis indexés, et d'autre part par les liens moraux et les déterminations souples et personnalisées qu'ils entraînent.

Nous allons analyser les conséquences de cette situation; et par souci de simplification, nous ne discuterons que des coûts et efficacité relatifs au personnel.

1 - Premier point de vue : le progrès social par le droit

Ce premier point de vue, découlant de la comparaison des figures A et B du tableau 10-2, constate que les coûts de personnel sont égaux dans les deux cas,

Tableau 10.1 — Société des ayants droit et société des devoirs; comparaison de l'efficacité des deux systèmes

DONNÉES INITIALES

Nation A	**Nation B**
a - Economie de marché.	**a** - Economie de marché
b - Droit positif à la maille fine Règlements détaillés Conventions sociales détaillées négociées sous haute pression, absorbant les ressources discrétionnaires et indexées sur le revenu. Irréversibilité de chaque droit acquis et de chaque texte (on ajoute sans retrancher).	**b** - Droit positif à large maille Règlements peu détaillés. Conventions sociales peu détaillées négociées sous pression modérée pour laisser une marge de souplesse et n'engageant pas l'avenir. Il y a moins de droits acquis formels.
c - Faible réseau de liens personnels. Peu d'actions guidées par une conception personnalisée des devoirs... ...D'ailleurs, les ressources sont toutes engagées.	**c** - Dense réseau de liens personnels. Importants champs d'action couverts (au-delà du droit) par les devoirs moraux. Avantages concertés, révisables, souvent personnalisés.
d - Sur le total des frais de personnel, 95 % régis par les droits formels 5 % suivant devoirs moraux	**d** - Sur le total des frais de personnel, 70 % régis par les droits formels 30 % suivant devoirs moraux

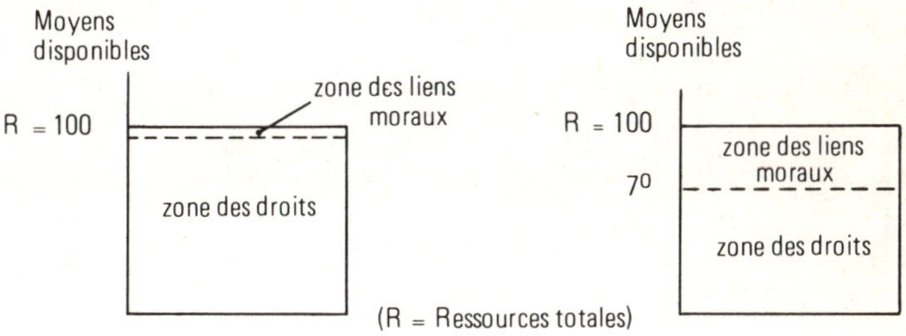

mais que le cas A donne aux salariés plus de sécurité dans leurs avantages. On donnera donc préférence à la solution A qui représente le progrès social sans compromettre la compétitivité. C'est la thèse classique du progrès social par le droit.

2 - Réfutation statique

Ce deuxième point de vue apporte une réfutation, également classique, de la thèse suivant laquelle le schéma A serait aussi compétitif que le schéma B. En effet, s'il est vrai que les frais de personnel sont égaux dans les deux cas, les motivations au travail et les rendements ne le sont pas, car ce qui est dû en A quoi qu'il arrive peut être refusé en B à ceux qui ne feraient pas une contribution positive : et cette simple éventualité accroît le tonus de l'ensemble.

Cette réfutation établit bien que B est plus compétitif; mais on peut continuer à penser que c'est au prix d'un certain sacrifice du bien-être social.

3 - Réfutation dynamique

De ce troisième point de vue, on analyse d'abord les différents éléments de rémunération et d'avantages annexes, qui ne sont pas fongibles dans un ensemble isotrope, mais structurés en *composantes distinctes* (telles que salaires, sécurité de carrière, santé, retraite, loisirs...) constituant un *profil qui peut évoluer dans le temps.*

Nous avons schématisé au tableau 10-2 cette structure variable, en la ramenant, pour simplifier, à trois composantes *x, y* et *z,* entre lesquelles se répartit la ressource totale R, avec, par exemple :

x = salaire direct, à qualification égale,

y = conditions de travail, formation, qualification (avantages personnalisés),

z = avantages sociaux statutaires (horaires, congés, retraites...).

A l'*époque de référence t0,* A et B ont le même niveau de développement 100, et allouent les ressources aux composantes *x, y* et *z* dans la même propor-

Tableau 10.2 — Schéma dynamique de l'efficacité comparée des deux systèmes

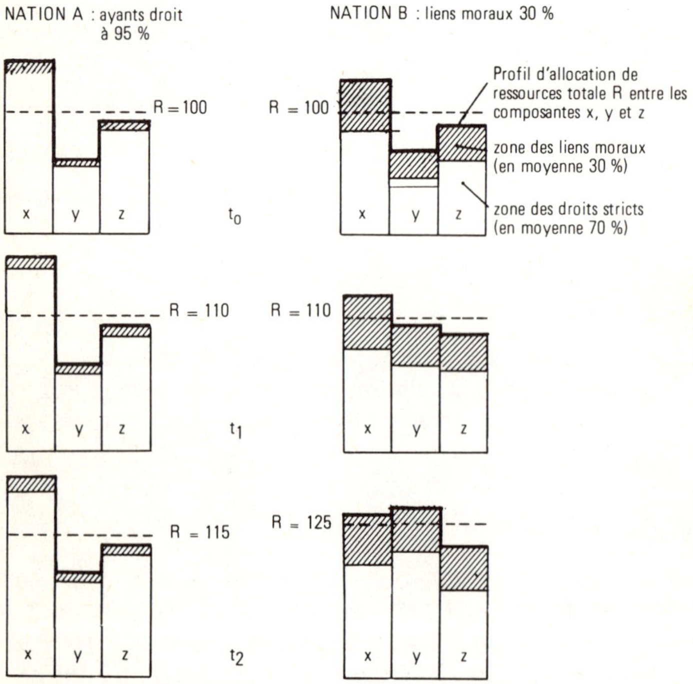

Les droits acquis sont indexés ; le profil est figé tandis que les besoins évoluent :

- tension sociale,
- croissance réduite.

La zone des liens moraux permet une adaptation souple. Le profil évolue avec les besoins :

- meilleure satisfaction,
- croissance.

tion, qui est celle des priorités de l'époque. Mais chez A, ces allocations sont déterminées par des lois et conventions rigides, qui stipulent d'ailleurs leur extension en proportion de la croissance des ressources (indexation); tandis que chez B, les droits formels ne couvrent que 70 % des ressources, le reste étant consenti par concertation souple.

Cela va entraîner des différences importantes à l'*époque suivante t1.* Dans l'intervalle, la productivité et les ressources se sont accrues de 10 % dans les deux cas (nous négligeons ici le handicap de rendement de A). Mais aussi *les besoins prioritaires ont changé :* ils plafonnent pour *x,* et s'amplifient pour *y.* Toutefois A, bloqué par les règlements, droits acquis et indexations, et pratiquement sans marge d'autogestion morale, ne pourra pas modifier la structure d'allocation des ressources; tandis que B, jouant à la fois d'un droit plus mobile (car non saturé ni indexé) et d'une zone des devoirs large et souple, peut aisément modifier la structure d'allocation, avec un bond en avant de *y.*

Conséquence : à coût égal, B a maintenant une structure d'affectation des ressources qui correspond bien aux besoins de l'époque, tandis que A est piégé dans une structure inadaptée (bons salaires, mais mauvaises conditions de vie au travail), qui entraîne des insatisfactions et revendications des salariés, d'où grèves, démotivation et perte de compétitivité.

De sorte que lorsqu'arrive la *période t2,* A bloqué dans son statu quo n'a atteint que le niveau de revenu 115, tandis que B atteint 125. A ce niveau, et sans recul sensible d'aucune prestation en valeur absolue, B peut continuer à adapter de façon concertée son allocation de ressources aux nouveaux besoins ressentis : d'où le nouveau profil où la composante *y* prend le premier rang. On devine que pendant la période suivante A sera encore plus handicapé par son inadaptation et verra encore baisser sa compétitivité.

En somme, pour avoir exigé la sécurité intégrale de droits rigides, les salariés de A auront finalement moins (même sur la composante *x* privilégiée) que les salariés de B qui ont compris que de hautes prestations exigent la compétitivité, qui exige la flexibilité, qui exclut que tout soit régi par droits acquis. Les salariés de B ont confiance dans leur capacité de négocier année par année les conditions les plus utiles.

Ce qui est vrai pour les prestations sociales, l'est aussi pour les techniques, les marchés, les affectations d'hommes, etc., qui doivent être remises en question pour répondre aux besoins du présent.

Les Japonais (dirigeants d'entreprises et syndicalistes) ont parfaitement compris cela. Ils observent avec un certain sourire le zèle avec lequel nous nous prenons au piège de notre société des droits acquis et des règlements. Suivant l'expression légèrement méprisante qu'ils emploient parfois, nous sommes « *les pays du statu quo* ».

Après avoir su démarrer les sciences, les techniques et l'économie, l'Occident a trouvé le secret pour fabriquer une nouvelle variante de société bloquée!

Notre exposé est certes caricaturé; mais le problème qu'il présente est bien réel dans nos sociétés.

Mais il y a plus grave que cette perte d'efficacité relative.

10.5 - Dévaluation de la morale personnelle et de l'éducation

L'entreprise est faite d'hommes qui vivent aussi dans la société. L'évolution de ces hommes doit être prise en compte par l'entreprise. Or, il semble qu'on assiste à une dévaluation, non seulement de la morale sociale (centrée sur les relations avec les autres), mais aussi, dans la mesure où on peut l'en distinguer, de la morale individuelle, centrée sur la culture des vertus personnelles.

Les religions ont perdu leur influence; et avant cela elles avaient peut-être un peu trop ramené la morale à une contrainte extérieure au vécu, une sorte de code moral imposé de façon rigide. Cette partielle réduction des vertus morales aux formes du droit a compromis leur réalité vivante. Leur a peut-être nui aussi une excessive (et parfois hypocrite) polarisation sur les tabous sexuels.

Puis est venue la nouvelle génération des éducateurs qui ont disqualifié la distinction du bien et du mal.

Comme beaucoup d'autres, cette innovation nous est venue d'Amérique où une majorité d'éducateurs ont dissuadé les parents (et les éducateurs) d'inculquer aux enfants les disciplines morales, la notion du bien et du mal et celle de devoir. Par exemple, un universitaire canadien de stature internationale (ancien Président de la Fédération mondiale pour la santé mentale) s'est exprimé en ces termes :

« La réinterprétation et la possible élimination du concept du bien et du mal qui fut la base de formation des enfants, et la substitution d'une pensée intelligente et rationnelle à la foi dans les certitudes des vieilles gens, tels sont les objectifs finaux de toute psychothérapie efficace... Si l'espèce humaine doit être *libérée du fardeau paralysant du bien et du mal,* ce sont les psychiatres qui doivent en prendre l'initiative » (4).

Nous serions d'accord si la critique portait sur les codes rigides de morale juridicisée qui ont effectivement pu être néfastes. Mais contester la notion même de bien et de mal, donc de devoir moral, se révèle contraire à l'accomplissement de l'homme et à la paix dans la société.

Dès ce moment en effet, « les hypothèses tournaient toutes autour de la notion de *permissivité* » (5), qu'il s'agisse des méthodes de direction dans les entreprises ou d'éducation. Conjonction très américaine entre le pseudo-freudisme de la non-répression des désirs et la tradition du libre marché, *l'utilitarisme permissif* devint l'idéologie dominante. C'est en son nom que fut proclamé le nouveau concept d'éducation.

L'éducation est réduite au « transfert de connaissances ».

Sa traditionnelle composante d'initiation à des valeurs et d'apprentissage de disciplines a été reléguée au rang des survivances du passé. De même, la riche

---

(4) George Brock Chisholm, *The Re-establishment of Peace-time Society,* cité par F.A. Hayek, *op. cit.*, p. 16.

(5) Michel Crozier, *Le mal américain,* Fayard, Paris, 1980, p. 48.

relation de maître à discipline, à la fois intellectuelle et affective, a été condamnée comme infantile : l'enseignant ne doit être qu'un recueil de connaissances que l'enseigné feuillette suivant son propre plan.

Fort heureusement, « l'école de la vie » a continué à donner à chacun ses leçon réalistes. Pourtant, la baisse de l'effort pour une éducation morale a troublé l'équilibre de la société. Et ceci d'autant plus qu'à l'utilitarisme permissif s'est superposée une idéologie opposée à l'harmonie, celle de la valorisation du conflit ouvert, de l'affrontement, du scandale.

10.6 - Montée de la conflictualité

L'Occident connaît actuellement une montée de conflictualité : non seulement violence physique, mais agressivité judiciaire et accusation mutuelle de toutes les catégories sociales.

Cette conflictualité peut être rattachée objectivement à des causes définies : l'escalade bureaucratique de la « société des ayants droit », la dévaluation de la morale sociale ou individuelle, et enfin la montée des nouvelles idéologies de valorisation du conflit.

Donnons un bref aperçu de ces *poisons qui tuent l'harmonie :*

— le mirage du progrès par le conflit,
— l'archétype du « salaud »,
— la méthode du scandale,
— le mirage de la table rase et de la destruction du passé,
— la méthode accusatoire.

1 - Le mirage du progrès par le conflit

Comme nous l'avons déjà dit, le progrès de l'homme et de la société est compromis par tout dogmatisme unitaire qui réprime la diversité, le pluralisme, la concurrence, le dialogue, les tensions, les luttes même : vivre c'est lutter.

Mais nous ne suivons pas ceux qui accueillent aussi comme facteur essentiel de progrès le *conflit déchirant,* dans lequel le dialogue cède la place à la violence.

C'est exactement l'abandon de l'approche civilisée de communication créative, accompagnée de pressions variées en vue de solutions négociées, au profit de l'approche barbare : le dialogue articulé est coupé, il ne subsiste qu'un échange de cris, d'onomatopées... et de coups. Cette réduction du niveau systémique ferme la porte aux solutions créatives et constructives; elle n'engendre guère que des solutions frustes et déséquilibrées, sources de nouveaux conflits.

Une société peut être dite civilisée lorsque la plupart des tensions et luttes inévitables et souhaitables peuvent y trouver un aboutissement non violent... lorsqu'on peut changer de gouvernement sans trancher des têtes. Dans une société pluraliste, ce n'est possible que si la loi et le marché sont complétés par des réseaux de communications personnalisés et des réseaux de pression non violente, appuyés sur une morale sociale qui rallie un certain consensus.

Le conflit violent reste légitime comme dernier recours dans l'esprit de la « résistance à l'oppression ». A ce titre, le droit de grève est légitime comme dernier recours. Mais il n'est pas sûr qu'il demeure légitime lorsqu'il conduit des personnels protégés à « prendre en otages » les usagers des services publics.

On s'est beaucoup moqué en France des grévistes japonais... qui poursuivent le travail avec un brassard. C'est un signe non de faiblesse mais d'intelligence des syndicats : on communique le message de mécontentement sans gâcher les ressources de l'entreprise. Il faut à l'autre bout des dirigeants qui comprennent le message... Ce système civilisé conduit finalement à des salaires plus importants que chez nous, et à plus de sécurité.

2 - L'archétype du « salaud »

Dans une société civilisée, toute personne a le droit d'être respectée et entendue, même et surtout si elle ne partage pas nos opinions, notre position. Mais une pensée simpliste répandue autour de nous tend à diviser les hommes en deux catégories : les amis et les « salauds ». Ce fut le message de certains de nos « maîtres à mal penser ».

« Le salaud » est celui avec qui il ne faut pas parler, mais cogner; quiconque lui parle est un traître. Suivant les cas, le salaud c'est « le boche », ou c'est l'« ennemi de classe » : dans les deux cas, tout mal qu'on lui fait devient une bonne action. De même que la colère qu'il inspire, jadis péché capital, est louée comme une vertu.

Et on arrive à une *morale de la haine,* terrible perversion dont les ravages sont visibles.

3 - La méthode du scandale

Le *scandale* est l'émotion publique causée par le spectacle du mal. Il peut avoir un effet pédagogique, mais, en stigmatisant « le salaud », il risque d'interrompre des ajustements constructifs : le scandale d'un crime affreux freine le mouvement d'humanisation des peines; tel scandale financier conduit à des mesures qui se révèlent excessives, etc. Dans une société qui cultive l'harmonie, un effort sera fait pour que beaucoup de « bavures » soient détectées et réglées avant qu'un scandale n'éclate : les réseaux d'informations ont détecté le problème, identifié les personnes compromises, négocié leur retrait et le redressement des dommages, sans procédure publique de mise en accusation, sans salaud ni bouc émissaire, sans trop troubler la communication et la confiance.

Le scandale public reste toutefois l'indispensable arme de dernier recours, et de dissuasion des fautifs récalcitrants. Mais n'en abusons pas.

La *méthode du scandale* s'est répandue dans les sociétés développées à partir du moment où il est apparu que *le scandale paie* : il accroît le chiffre d'affaires des medias, et rapporte des votes quand il a touché l'adversaire politique ou social. Lorsqu'on est partisan de la transparence de l'information, on doit admettre qu'il était utile de mettre à jour le scandale du Watergate. Mais l'immense impact de ce scandale a donné l'exemple de ce qui est devenu une méthode; presque une industrie. De même que tout homme riche est exposé à la prise d'otage, tout homme politique important est exposé aux recherches secrètes d'informateurs bien placés qui, violant sans peine les secrets légaux, vont fouiller dans son passé, ses comptes en banque, ses placements, avec qui il a couché, ce qu'il a fumé, qui il fréquentait à l'Université, etc., jusqu'à ce qu'on ait trouvé, parfois fabriqué, l'information qui, bien présentée au bon moment, fera scandale, rapportera des votes, attisera les haines... et détournera bien des talents de la carrière politique.

Le scandale pose aux moralistes le problème le plus ardu. La réponse ne peut être en aucun cas la censure; mais peut-être un contre-poison, un sentiment de réprobation se formant contre l'utilisation de procédés déloyaux pour « monter » des scandales.

4 - Le mirage de la table rase et de la destruction du passé

Dans le domaine des techniques et de certaines infrastructures, il faut savoir faire table rase du passé, sans hésitation. Mais il n'en va pas de même pour tout ce qui touche intimement à l'homme et à sa culture.

Les hommes du passé ont aussi droit à notre respect, ils sont nos égaux, ils ne sont pas des « salauds » : même dépassées, leurs valeurs intellectuelles et morales sont pour nous une richesse, dont leur art apporte le témoignage; nous avons intérêt à les préserver pour pouvoir y puiser des inspirations. Bien mieux, il n'est pas d'éducation véritable sans appui sur les références du passé, validées par l'accumulation de sagesse et l'épreuve du temps.

Les courants de pensée révolutionnaires qui proposent de faire table rase des structures, « superstitions » ou « anachronismes » liés à un passé condamné ont une action particulièrement nocive : car c'est souvent sur le terreau d'une tradition que se nouent des relations nouvelles capables de traiter les problèmes du présent.

Le grand argument pour la « table rase » est la conviction scientiste et simpliste que toute structure et toute morale sociale sont irrémédiablement conservatrices, destructrices de tout germe de progrès. Or que voyons-nous aujourd'hui? Que la table rase ramène souvent aux vieilles ornières, parfois à la barbarie, *tandis que les sociétés (nations et entreprises) les plus ouvertes aux changements utiles sont celles qui s'appuient sur un fond stable de valeurs et de liens sociaux : l'assurance d'un pivot stable leur permet d'accueillir le futur sans anxiété. En ce sens aussi, le passé collabore à l'avenir.*

De tous temps, il y eut des saturnales et des carnavals où, quelques jours par an, les valeurs établies étaient tournées en dérision. De nos jours, il semble que cela devienne un processus permanent. Et l'on peut trouver un parfum sacrilège au sadisme mercantile qui fait de l'argent avec la destruction du passé. La recette est simple : on prend une construction humaine chargée de sens, d'émotion, de vénération (par exemple la famille; ou l'Iliade; ou la Cour du roi Arthur); et l'on en fait une version burlesque ou vicieuse, dans laquelle les personnages sont pétris de sottise et de bassesse. De tels spectacles font de l'argent en ternissant des trésors humains; c'est aussi barbare que se chauffer en faisant brûler des sculptures médiévales.

On observe fort heureusement un mouvement inverse d'intérêt accru pour les cultures du passé (par exemple, la passion actuelle pour la musique ancienne des XVe-XVIIIe siècles) et, fait plus significatif encore, pour les constructions culturelles *fictives* (science fiction ou politique fiction) qui offrent au lecteur, en fresque politico-morale, un certain reflet de l'Iliade ou du roi Arthur! Les *millions d'exemplaires* de J.R. Tolkien (6) et de « Dune » (7) témoignent de notre besoin du passé — et du futur — même fictifs.

5 - La méthode accusatoire

Proche de celle du scandale, la méthode accusatoire se substitue trop souvent à la recherche objective des faits. « Cherchez le coupable », tel est le seul message qui dépasse tant soit peu l'immédiat et auquel le journaliste puisse consacrer quelque espace (8). Qu'il s'agisse d'une faillite, d'un accident, d'une inondation, même d'un tremblement de terre, la réaction est toujours : « Dénoncez le coupable! »

Sevrée de morale, notre société scientifique paraît adopter en fait une attitude qui ressemble à celle de l'animisme primitif. Derrière la sécheresse, l'orage, le tremblement de terre, le primitif voyait « le mauvais esprit » qu'il fallait conjurer. Derrière tout événement désagréable, notre société ne voit plus guère les causes, elle cherche à exorciser l'esprit du mal que représente le coupable. Loin de contribuer à la solution des problèmes, cette attitude d'animisme vengeur ne fait que donner bonne conscience à toutes les conflictualités.

C'est ainsi que, tout en continuant à perfectionner nos techniques, nous voyons par certains côtés notre société devenir moins efficace et moins heureuse, et nos entreprises moins compétitives.

Il nous faut agir sur les causes.

---

(6) *Le hobbit* et *Le seigneur des anneaux :* dans un monde fictif du passé, à atmosphère celtique, une sorte de nouvelle quête du Graal.

(7) La trilogie de science-fiction : « Dune », « Le messie du Dune », « Les enfants de Dune », par le Californien Frank Herbert.

(8) Michel Crozier, *Le mal américain,* Fayard, 1980, p. 218.

CHAPITRE 11

Redécouverte de la morale, source de vie

« Le temps d'apprendre à vivre, il est déjà trop tard »

Louis ARAGON

L'homme est mortel.

La vie est courte.

« Le temps d'apprendre à vivre, il est déjà trop tard »... ... trop tard surtout si chacun n'apprend que par ses expériences personnelles, qui sont longues et irréversibles : qu'on ne peut pas recommencer comme au laboratoire.

C'est pourquoi les hommes ont besoin d'une morale, condensé d'expériences antérieures dont le rôle est de les aider à vivre avec leurs semblables, plus harmonieusement et plus efficacement.

Pour tenter, très modestement, de contribuer à notre redécouverte de la morale, nous aborderons les points suivants :

11.1 - Les valeurs morales sont une haute expression de la raison.

11.2 - Rappel de valeurs morales à cultiver et transmettre.

11.3 - Les liens communautaires peuvent accroître l'efficacité du management.

11.4 - Redécouverte de l'ami et du prochain.

11.1 - Les valeurs morales sont une haute expression de la raison

Si la morale prend racine dans le sentiment commun de ce qui est bon et juste, son développement rejoint les plus hautes exigences d'une organisation raisonnable de la société.

La morale aide l'homme à s'accomplir en évitant certains « pièges de la vie ». Elle l'aide à percevoir, au-delà de ses intérêts égoïstes et de ses passions personnelles, les nécessités *d'une cohérence systémique* de l'ensemble humain dont il n'est qu'une partie; à accepter une référence d'action extérieure à lui, c'est-à-dire des principes généraux. Le respect de l'homme et les valeurs d'harmonie ont notamment ce rôle.

Elle l'aide aussi à discerner, au-delà de ses désirs du présent, les exigences de ses intérêts à *long terme.* C'est ainsi que la loi de l'effort constitue une acquisition essentielle.

Enfin, contrairement à l'image que certaines pratiques lui ont faite, la morale n'est pas un code anonyme, mais un soutien et un guide personnalisés qui peuvent être apportés à chacun par le réseau des relations qu'il entretient avec les autres, dans sa vie personnelle comme dans sa vie de travail. Cette dimension *communautaire* est nécessaire. Car « l'homme n'est pas une machine », il n'est pas fait pour dépendre seulement d'une mécanique juridique. « Une société où il n'existe pas de balance juridique est une chose horrible. Mais une société qui ne possède en tout et pour tout qu'une balance juridique n'est pas, elle non plus, vraiment digne de l'homme » (1).

11.2 - Rappel de valeurs morales à cultiver et transmettre

Après avoir beaucoup parlé de la morale dans son principe, il est peut-être bon de rappeler brièvement certains aspects de son contenu.

Je le ferai d'une façon incomplète, ne traitant que des points auxquels j'ai été sensibilisé par une expérience personnelle, principalement dans les situations de travail.

Je le ferai aussi dans un esprit de sincère modestie : car si j'ai reconnu certaines valeurs morales par la force que m'a donnée leur pratique, j'en ai reconnu d'autres par la faiblesse que m'a infligée leur manque; et c'est peut-être ces dernières qui me tiennent le plus à cœur.

Je n'énoncerai pas de règles mais seulement quelques *valeurs*, dont j'ai personnellement découvert qu'elles étaient essentielles, qui sont aussi reconnues comme telles par les enseignements moraux de tous les temps et de tous les

---

(1) A. Soljenitzyne, *Le déclin du courage* (discours de Harvard), Ed. du Seuil, Paris, 1978, p. 20.

pays, mais dont l'application prend des colorations différentes suivant les lieux et les époques.

Ce sont des valeurs qui semblent aider les hommes à accomplir une vie heureuse et efficace.

Volonté de vivre

La première vertu est d'aimer et de développer la vie. Elle inspire l'activité pour survivre, l'intérêt personnel, la croissance, la reproduction, l'initiative, la construction, l'innovation, la confiance active dans la vie; son couronnement est la joie de vivre.

Une morale de vie n'est pas d'abord restrictive; elle est d'abord encouragement au déploiement de la vie, à la lutte courageuse, à l'optimisme créateur. Elle ne propose de restrictions que comme disciplines pour un meilleur développement.

Respect des autres

Ainsi, la volonté de vivre a sa limite dans le respect des autres. Les autres existent. Sous peine de terrible gâchis, il faut les reconnaitre dans leur *personne* et leur *différence*, et maintenir avec eux l'*harmonie*. Ne pas user envers eux de violence, tromperie, abus, désagrément; respecter à leur égard la loi, les contrats, mais aussi les engagements moraux. Etablir avec eux de bonnes relations en leur apportant de l'utilité, du service, de la considération, du plaisir. Rechercher la solution des différends dans l'information mutuelle et le compromis équitable.

Dans cette ouverture aux autres, chacun peut trouver un profond enrichissement.

Interdépendance et responsabilité

L'individualiste qui se veut indépendant est le plus souvent stérile, il ne développe pas la vie. L'homme ne construit quelque chose qui le dépasse (une famille, une carrière, une entreprise, un mouvement d'idées...) qu'en assumant des *liens d'interdépendance* avec d'autres hommes, qu'en *s'engageant*. Il doit être à l'aise, efficace et prévisible dans son rôle, et en assumer les *responsabilités*. Responsabilités d'époux, de fils puis de père, de chef et de subordonné, etc. Plus particulièrement aujourd'hui de chef participatif et de subordonné à initiatives.

Maîtrise de soi

Tardivement, j'ai pleinement compris qu'il fallait commencer par le management de soi-même, la *maîtrise de soi*. Dépasser l'individu, jouet de ses pulsions de l'instant.

C'est une éducation qui s'acquiert par l'observance de certaines *disciplines*, la maîtrise de certaines pratiques (un sport, un art, son propre travail, la méditation...), par le respect des autres et le respect de soi-même.

Un aspect de la maîtrise de soi est le *dépassement de l'égoïsme :* nécessaire à qui veut voir juste et communiquer bien. Il ne s'agit pas, au nom de l'altruisme, de renoncer à ses intérêts ou ambitions légitimes, mais plutôt de se situer sur un plan différent : par honnêteté, préférer l'intérêt du groupe à l'agrément personnel; par honneur, préférer l'être à l'avoir; par amour, trouver satisfaction à donner; par vision, servir une finalité plus haute.

L'un des fruits est le *courage.* Et l'homme n'accomplit rien de grand (notamment sa vie) sans courage.

Loi de l'effort

Jamais, rien ne s'est construit sans effort. Le responsable d'une famille, l'écolier, le salarié, aussi bien que l'artiste, le savant ou l'homme politique sont soumis à la *loi de l'effort.* Pour réussir, ils doivent accueillir le *travail comme une valeur :* non seulement nécessité et devoir social, mais aussi terrain de progrès et d'accomplissement.

Pour le paysan d'autrefois, la loi de l'effort signifiait surtout endurance. Dans notre société, elle devient souvent *effort d'apprendre, de changer, de s'adapter* — ce qui constitue parfois une épreuve.

Accueillir *l'épreuve* avec courage, et mobiliser ses ressources pour la surmonter est un autre aspect de la loi de l'effort. Et il n'y a pas de vie sans épreuve.

Respect des faits

Rejeter les faits et les arguments de raison, ou pire maquiller les faits, constitue un vice porteur d'inefficacité et de conflits. Tandis que le *respect des faits* va avec le respect des hommes et la construction du progrès dans l'harmonie.

Le respect des faits est un art difficile, qui exige d'abord l'effort (et le coût) de rechercher *les vrais faits,* et de les faire connaître, puis l'honnêteté intellectuelle, consistant à reconnaître les faits désagréables, et le courage d'en tirer les conséquences.

A notre époque, placée sous le signe de l'information et de la science, le respect de cette valeur pèse d'un poids de plus en plus lourd.

Communication, amour

La communication entre personnes est vivifiante. Elle n'apporte pas seulement de l'information (pour le travail, etc.), elle crée des liens de *coopération* souvent créative; elle donne des éléments d'appréciation mutuelle qui guident les comportements; elle crée les liens de *devoirs* mutuels, qui se traduisent en actes d'aide et de *solidarité.*

A mesure qu'elle se fait plus personnelle, la communication peut devenir l'art d'apporter à l'autre du bien, l'art du don réciproque à satisfaction mutuelle, c'est-à-dire l'*amitié* et l'*amour.* Ces sommets de l'accomplissement humain ne sont-ils pas plus souvent l'effet que la cause d'une communication réussie?

Et c'est une sorte d'amour qu'on peut avoir pour son milieu de travail.

Justice

Le sentiment d'injustice subie tue les relations constructives et suscite les conflits. Chacun doit donc s'efforcer de respecter la *justice* et l'équité dans son comportement envers les autres et dans l'organisation sociale.

Mais chacun doit aussi, avant de se déclarer injustement traité, faire un retour sur soi-même, comprendre éventuellement ses torts et ses déficiences et s'interroger sur le fondement de sa plainte. Avec l'aide de ses relations, il convient d'affiner l'idée que l'on a de sa *juste position.*

Echange, adaptation

Il existe une « morale du marché » dont certaines valeurs doivent inspirer aussi les comportements personnels.

D'abord la *loi de l'échange.* La plupart des relations positives avec les autres ont la forme de l'échange, qui doit être *loyal* et *équilibré.* Celui qui a reçu une idée doit, à l'occcasion, rendre un service. Celui qui croit que tout lui est dû ne sera ni heureux, ni efficace.

L'échange loyal implique une garantie de *qualité.* L'échange durable implique l'*adaptation* de la prestation aux besoins et conditions nouvelles. A la limite, c'est à la *mobilité* que conduira la loi de l'échange.

Initiative

Parce qu'elle vise, en dépassant la routine, à développer plus de vie, l'*initiative* est, dans tous les domaines, une valeur précieuse. L'initiative, c'est la *remise en question,* la créativité, la *création* d'œuvres ou d'entreprises, et par là l'*utilité* pour les hommes et la société.

Chacun peut, à son niveau, dans son registre, prendre des initiatives utiles. Et l'éducation doit enseigner à tous le diagnostic des situations et la valeur de l'initiative. Sans dissimuler que c'est aussi le *risque,* car des échecs sont inévitables.

L'initiative est parfois la *rupture* avec le milieu, les conventions... et certaines valeurs morales. Ces ruptures sont saines, c'est par elles que sont explorées les nouvelles voies et que les règles admises évolueront.

Politesse

Dans la politesse, qui paraît d'abord pure convention, j'ai découvert une valeur morale. C'est dans la mesure où la crainte mutuelle coupe la communication et exacerbe les tensions que la *politesse* est une vertu précieuse. Elle est l'art de *communiquer sans faire peur,* en rassurant par des rites, en n'abordant les thèmes sensibles qu'après le détour d'une exploration discrète, etc. Elle évite les effets de surprise et de fait accompli, les attaques personnelles, les blâmes devant d'autres, ou la divulgation imprudente à l'un de ce que l'autre a dit de lui.

La politesse invite aussi à ménager le « *domaine privé* » de chaque personne, donc à *ne pas tout dire,* et à ménager les petites hypocrisies qui évitent les affrontements.

Connaissance du mal

Longtemps, je n'ai pas compris le mal. J'y voyais l'erreur, la simple *faiblesse* qu'il n'est pas très utile d'analyser puisqu'on les verra s'atténuer avec le progrès. Tardivement, j'ai compris que *le mal est une force, une force systémique,* qu'il faut connaître pour éviter d'en être le jouet.

Le pilote d'avion ne maîtrise son vol que s'il connaît le péril de la « descente en vrille », qui peut le saisir et le précipiter dans sa logique implacable.

L'adolescent n'évite la drogue que s'il sait qu'après un début agréable, c'est l'esclavage de l'assuétude.

L'homme d'entreprise n'évite les solutions (aisées à court terme) de laxisme, voire de fraude, que s'il sait qu'elles entraînent dans un cercle vicieux fatal.

Ainsi est le mal, présent en nous et autour de nous comme autant de comportements négatifs possibles qui, à court terme, se renforceront d'eux-mêmes en paraissant gratifiants ou logiques, et qui nous entraîneront dans une fatale « descente en vrille »... si nous n'avons pas à l'avance identifié le danger et évité ses approches.

Pour n'être pas le jouet du mal, il faut d'abord reconnaître son existence et discerner ses manifestations :

— l'*égoïsme* par lequel nous n'admettons d'autre règle que nos préférences, d'où l'arbitraire, la permissivité, et finalement l'isolement et l'échec.

— le *refus de l'autre*, le mépris, la violence, le conflit ouvert, la non-communication,

— l'*injustice*, avec son cortège de conséquences néfastes,

— la *haine accusatoire,* qui s'appuie sur un bon prétexte pour faire flamber les conflits et violences,

— etc.

Nous n'éviterons pas, dans nos actions et dans celles des autres, la présence du petit mal fait d'erreurs et de faiblesses. Nous n'éliminerons pas le danger des différentes formes de grand mal systémique. Mais connaissance et courage (individuels et surtout collectifs) peuvent nous éviter d'y tomber, et d'y entraîner la communauté où nous vivons.

Prévention des conflits

La vie est dangereuse, car elle est faite de *tensions saines et normales,* mais qui peuvent dégénérer en conflits violents, le plus souvent inhibiteurs de progrès.

L'art de traiter les tensions pour qu'elles évoluent sans *conflit violent* est donc l'un des plus précieux pour la conduite humaine. Il s'appuie sur la recherche des faits et des causes, l'ouverture de la communication, la compréhension de l'autre, l'aide, *la remise en question de sa propre position* et le développement de *points de convergence.*

Dans les cas limites seulement, face à l'agression, il est légitime de recourir à la *défense* ou à la dissuasion.

Confiance dans le réseau humain

Au-delà du préjugé de confiance que mérite tout homme traité loyalement, nous devons placer une confiance solide dans le réseau de relations sociales auquel nous participons, sous réserve qu'il soit suffisamment dense, diversifié, informé et éclairé par des valeurs morales saines. C'est dire qu'*il dépend de chacun de nous* que notre réseau social mérite notre confiance : car chacun de nous peut et doit en élargir les communications, en diversifier l'information et en éclairer les valeurs par le soutien dans chaque cas d'une position juste.

Dans une certaine mesure, chacun de nous jouit du réseau humain qu'il a mérité par ses actes.

*
* *

Nous venons de rappeler quelques valeurs morales que nous pensons utile de cultiver et de transmettre... avec toutes celles que nous n'avons pas mentionnées.

Leur rôle n'est pas de rendre l'homme parfait, mais plus simplement de l'aider à développer en lui ce qui lui permettra de mieux vivre avec ses semblables.

Revenant à la vie professionnelle, nous allons voir que les liens moraux renforcent aussi l'efficacité de l'entreprise, tandis que leur désagrégation contribue à son échec. Cela est naturel, la vie professionnelle étant un cas particulier de la vie sociale.

11.3 - Les liens communautaires peuvent accroître l'efficacité du management

La pensée dominante d'aujourd'hui ne conteste guère qu'une morale sociale puisse exercer une forte influence sur les comportements et améliorer le climat humain. Son objection est que cette influence est nécessairement conservatrice, introvertie, statique, ennemie du progrès. Donc, pas de morale sociale si l'on veut un management efficace; le changement et le progrès ne peuvent être gérés que sur le mode taylorien.

Cette idée est fondée sur l'étude sociologique des sociétés traditionnelles. On y observe en effet des mécanismes de reproduction des comportements et d'élimination des déviances qui donnent au système social un équilibre hyperstable, homéostatique (que l'on a plus récemment comparé à la stabilité génétique des espèces).

Tout ceci existe, et on peut en voir la transposition chez nous dans certaines traditions paysannes ou villageoises.

Mais l'erreur de certains sociologues est d'avoir étendu ce caractère homéostatique à toutes les sociétés humaines, alors qu'il se transforme complètement dans le contexte moderne.

Lorsqu'une société est exposée simultanément à la concurrence et à l'information externe et interne, l'existence de liens sociaux et d'une morale communautaire devient au contraire un facteur favorable à l'assimilation du changement.

Il serait facile de multiplier les exemples :

— Communautés sociales mal informées : la tribu, le village isolé évoluent peu.

— Bureaucratie privilégiée non soumise à la concurrence, tel théâtre national maintient des comportements malthusiens... et un déficit atteignant 800 % de son chiffre d'affaires.

— Entreprise où règne une forte morale communautaire, mais exposée à la concurrence et éclairée à profusion par l'information externe et la concertation interne, Leroy-Somer a su évoluer, fermer certains secteurs, en créer d'autres, transférer du personnel...

— L'entreprise technocratique classique (sidérurgie, etc.) est soumise à la concurrence, mais n'a pas développé l'information et les liens communautaires : d'où méfiance, irresponsabilité, décisions prises trop tard, se heurtant à l'opposition de tous, blocages, conflits, pertes.

— Lorsqu'après la guerre se développa dans l'agriculture française la « révolution du maïs hybride », qui doublait les rendements et bouleversait l'équilibre de la ferme (2), le milieu moteur de cette transformation fut le réseau des militants J.A.C. qui, à travers mille réunions de travail, ont dégagé des méthodes et se sont encouragés mutuellement à réaliser ce progrès, dans l'esprit de leur doctrine commune — tandis que les fermiers isolés s'accrochaient au passé. Le lien communautaire a facilité le progrès.

---

(2) Henri Mendras, *La fin des paysans*, Armand Colin, Paris, 1970.

— Sans parler des Japonais, la société IBM entretient dans son personnel un esprit de corps et un système maison de valeurs stables, afin que le personnel puisse s'appuyer sur ces points fixes pour mieux accueillir les changements nécessaires.

En somme, pour que l'existence de liens sociaux influents et d'une morale sociale forte et saine soit un facteur de flexibilité et de progrès, il faut plusieurs conditions :

1) L'organisme considéré doit être exposé à la concurrence; et menacé dans sa survie s'il n'est pas compétitif.
2) Il doit, si possible, être structuré verticalement en unités pouvant elles-mêmes être comparées à la concurrence et remises en question par elle.
3) Une très abondante information *externe*, arrivant en permanence par de multiples canaux, doit informer tout le monde des évolutions concurrentielles, techniques, commerciales, des menaces, des voies de réussite, des changements nécessaires.

Les trois points qui précèdent contribuent à intérioriser l'impératif de compétitivité et ses exigences. Mais il faut plus :

4) Un niveau d'éducation suffisant de la majorité du personnel (ce qui peut être le résultat d'actions de formation).
5) De multiples réseaux d'information *interne*, écrite, verbale et informelle, sur les faits, sur les stratégies envisagées, et sur les critères généraux, permettant à chaque petit groupe d'analyser sa position face aux évolutions utiles.
6) Des procédures de décision concertée, permettant d'ajuster approximativement les positions particulières et d'arriver ainsi à un certain consensus.

Si ces conditions sont réunies, toutes les forces morales de la communauté pousseront alors à l'exécution du changement ainsi préparé, qui se fera efficacement et dans une relative harmonie.

Chacun est en effet rassuré contre les risques et poussé par le sentiment de solidarité, de participation — et d'intérêt bien compris.

Ne pas comprendre le rôle des liens moraux dans un processus de progrès, c'est aujourd'hui se condamner à la non-compétitivité.

*
* *

Toutefois, cette perspective de meilleure réussite économique n'est pas toujours suffisante pour entraîner la conviction.

Compte tenu de la culture ambiante, l'idée de se fonder davantage sur la morale sociale est souvent accueillie avec consternation : elle évoque l'image lugubre d'un retour au passé, avec moins de sécurité et de liberté personnelle, davantage de devoirs imposés, de pressions morales, de dépendance. Bref, c'est vu comme l'opposé du progrès.

La référence au passé peut effectivement donner ce sentiment. Mais c'est plutôt l'avenir qu'il faut voir.

Une société *moderne* enrichie de personnalisme ne compromettrait pas, bien au contraire, les libertés personnelles et civiques que nous connaissons, mais donnerait à chacun un surcroît de contacts, de connaissances, d'influence, de maturité.

Le grand changement consisterait à miser sur la *confiance dans le réseau humain.*

C'est par manque de confiance dans les ressources de l'homme individuel et surtout des réseaux de relations entre hommes que l'on voit dans la mécanique des lois et règlements la seule voie de protection, de contrôle, d'élimination de l'arbitraire, etc., l'adaptabilité dût-elle en souffrir.

C'est lorsque l'on a compris comment la stratégie de la confiance pouvait servir le contrôle social que l'on peut oser développer des réseaux de relations denses, structurés par buts, et *oser déléguer à ces réseaux une certaine responsabilité d'autogestion morale décentralisée.* Il y aura certes des erreurs, mais nullement un déséquilibre systématique au profit de certains : ce serait sous-estimer la capacité des autres à faire prévaloir au sein du réseau un point de vue équitable.

Et l'*erreur même acquiert un rôle fonctionnel utile.* Plutôt que d'être mise en scène comme un scandale qui compromettra pour longtemps le dialogue et le consensus, on en analyse et discute les causes, on y trouve les remèdes pour l'avenir, on en fait une source de progrès.

Car l'entreprise ainsi organisée est un monde pluraliste et ouvert, où les opinions et les solutions peuvent et doivent diverger pour aboutir à des synthèses riches; où l'opposition doit exister, ainsi que parfois la rupture d'une querelle ou d'un départ. *Certains échecs* dans la coopération sont eux-mêmes *utiles,* comme témoignage de l'ouverture toujours présente.

Alors, la « société des devoirs » commence à changer d'image et à évoquer un certain nombre de concepts positifs et modernes : l'information, les communications interpersonnelles, la décision concertée (notamment de bas en haut), la moindre inégalité (de revenu et de pouvoir), la solidarité aidant à trouver des solutions personnalisées aux problèmes de carrière et d'emploi, et finalement la participation de chacun à l'autogestion morale décentralisée, dans un climat de fraternité et de convivialité qui n'oublie jamais l'urgence compétitive.

Car on peut d'autant mieux responsabiliser les hommes et les groupes d'hommes qu'ils sont confrontés à la référence de buts extérieurs qui influenceront leur avenir. C'est pourquoi *la politique de confiance va de pair avec une stratégie vigoureuse, une gestion rigoureuse et une flexibilité attentive.* Participant à l'action commune, les hommes sont fortement motivés, ils acceptent les incommodités du changement, ils récoltent la compétitivité, la croissance, le progrès social et humain.

Ce n'est certes pas le paradis.

Mais cette réactivation du rôle régulateur de la morale sociale paraît répondre aujourd'hui aux aspirations latentes des hommes en même temps qu'aux méthodes d'une gestion compétitive.

*
* *

Il semble que ce soit vrai aussi sur le plan des relations inter-entreprises, où l'exemple japonais nous apporte une idée qui, pour nos économistes, est nouvelle : *les liens moraux inter-entreprises aident à l'adaptation créative aux exigences du marché.*

Dans le vieux modèle newtonien de l'économie, les liens moraux sont une résistance nuisible à l'allocation des ressources suivant les impulsions du marché.

Suivant une conception moderne qui reconnaît dans la plupart des adaptations au marché le fruit de *la créativité entrepreneuriale,* les liens moraux du type client-fournisseur peuvent accroître la capacité d'adaptation de l'entreprise de deux manières :

— un climat de confiance et de coopération à l'interface client-fournisseur enrichit l'information et accroît la *créativité technique* (innovation, qualité, délais...) à bénéfice mutuel,

— un réseau de connexions confiantes et informées, incluant les principaux fournisseurs, clients et banquiers diminue les risques de l'isolement financier et donne *l'audace d'investir sur le long terme* — dans l'intérêt bien compris de tous.

C'est donc finalement la capacité stratégique de toutes les entreprises qui se trouve renforcée par l'existence de différents réseaux de liens moraux inter-entreprises, à condition que ceux-ci ne soient pas monopolistes.

Ici, certains lecteurs penseront que la France n'est pas le Japon et que le développement de liens moraux dans l'entreprise ou inter-entreprises n'est pas possible dans notre culture.

Nous allons voir qu'au contraire tous les éléments s'en trouvent dans notre héritage culturel occidental.

11.4 - Redécouverte de l'ami et du prochain

Les Occidentaux d'aujourd'hui sont étonnés de découvrir le rôle central que jouent les relations personnalisées et les disciplines morales qui en découlent, dans une société développée moderne telle que le Japon. Ils sont étonnés d'une telle différence avec notre culture... jusqu'au jour où ils découvrent que, loin d'être exotiques, ces mêmes traits ont imprégné profondément notre propre culture.

Nous prendrons comme exemples quatre réseaux relationnels majeurs :

— le réseau électif de l'amitié antique... et actuelle,
— le réseau de proximité : le prochain,
— le réseau professionnel : le compagnon,
— le réseau idéologique : le croyant, le camarade.

L'amitié

Le réseau de relations personnelles fondées sur l'amitié a joué dans le monde gréco-romain un rôle fondamental : ce fut en fait le creuset de la vie intellectuelle et politique.

Dans « Ethique à Nicomaque », Aristote consacre à l'amitié les livres 8 et 9. Il distingue les groupes d'amis qui peuvent avoir trois vocations principales : le plaisir, l'intérêt (monter des affaires), ou la vertu, le souci de promouvoir le bien dans la cité. Et dans un raccourci célèbre, il déclare : « *L'amitié est l'intermédiaire entre l'éthique et la politique* ».

De fait, les réseaux d'amitié, donnant cohérence à la morale d'action de leurs membres, ont constitué le fondement de la vie politique de l'Antiquité. Le parti politique (municipal puis national) est d'abord un réseau de patriciens amis qui se rencontrent souvent pour parler.

Parler est essentiel : c'est recevoir et donner de l'information, analyser les différents aspects d'une situation, confronter les pronostics et les jugements, et finalement arriver à un consensus sur un projet et sur les valeurs qui le soutiennent. De l'interaction personnelle découle le loyalisme des membres, du débat informé découle la qualité conceptuelle du projet, et du consensus découle sa force politique.

Notons qu'il est souhaitable d'avoir sur un même terrain plusieurs réseaux en concurrence : sinon, des effets pervers sont possibles.

Ajoutons que les groupes d'amis de l'Antiquité savaient aussi, en marge des affaires politiques, se concerter sur des intérêts privés (c'est moins contradictoire qu'on ne le dit), et aussi partager des plaisirs : le banquet entre amis (notamment politiques) est une pratique romaine dont la tradition s'est maintenue jusqu'à nos jours. La convivialité est un support de l'amitié, une occasion pour ce précieux « commerce entre les esprits » qui fait sa valeur.

S'il se trouvait privé de ses amis par l'opprobre ou par l'exil (ostracisme), le citoyen antique n'était plus qu'un être diminué : coupé des informations, des enrichissements de la discussion, de l'accès aux projets et de la participation au consensus, il n'est plus un vrai citoyen. L'amitié est tenue pour le bien le plus précieux, comme en témoignent de nombreux écrits que nos contemporains ne comprennent pas toujours bien.

En effet, ce concept antique et classique de *l'amitié à rôle social*, s'il est largement conservé dans notre pratique, a été souvent remplacé, dans la littérature et les discours moraux, par le nouveau concept d'*amitié intimiste* qui établit entre deux amis une liaison intense et privilégiée, plus proche de la passion que de la fonction sociale. Chaque type d'amitié a sa place, mais nous voulions souligner la grande tradition du rôle civique et moral des réseaux d'amitié.

De tels réseaux électifs d'amitié à fonction sociale restent vivants dans notre société sous forme de multiples clubs, mouvements, associations, groupements les plus divers. Et même le fameux « Café du Commerce », dont les habitués (qui ne sont pas ceux du « Café du Centre ») discutent entre eux des affaires de la commune, procède de cette antique tradition; gardons-nous de le moquer sottement, car sans lui la vie municipale ne pourrait guère se développer.

Le prochain

Un autre réseau de relations personnelles peut se constituer sur la base cette fois de la proximité : voisinage du logis ou du travail, ou même rencontre fortuite sur les chemins. Depuis deux mille ans, le message chrétien nous inculque la valeur éminente qui s'attache à ces relations de proximité : « Tu aimeras ton prochain comme toi-même. Pour l'amour de Dieu ».

L'amour du prochain, c'est le respect de l'autre que sa proximité nous fait fréquenter, c'est le dialogue et l'entraide avec lui, donc la création d'un tissu de liens moraux, et tout cela pour servir le grand précepte d'effort pour l'harmonie. L'harmonie maintenue dans un groupe par résolution positive des divergences est d'ailleurs une forme d'amour dont l'accomplissement, à reconstruire sans cesse, apporte au cœur des hommes une gratification tonifiante.

Chose curieuse, cette valeur chrétienne de l'amour du prochain s'est épanouie au Japon, tandis que, chez nous, elle se flétrissait au point d'être parfois déconsidérée : n'entend-on pas enseigner que le geste aimable et prévenant est souvent un moyen de dominer l'autre, de l'infantiliser? Et le lien de proximité subit dans l'expression une sorte de censure inconsciente, qu'illustre bien l'anecdote suivante.

Un grand journal français commentait le programme d'un homme politique américain, qui comportait cinq mots clés. Suivait l'énoncé de quatre seulement de ces mots clés : liberté, paix, etc. Dans un renvoi en bas de page, l'auteur de l'article expliquait : « Le cinquième mot clé *neighbourliness* est intraduisible en français; il se réfère aux conditions de vie très particulières des banlieues américaines ». L'expression intraduisible est tout simplement l'attitude de bon voisinage, la communication bienveillante avec le prochain, qui engendrent dans le quartier un réseau de liens moraux. Il semblerait qu'un tabou nous empêche de conceptualiser cette notion. Nous la pratiquons un peu mais n'osons plus dire qu'elle existe. Il en va de même pour la notion toute proche de *fraternité*, qui s'affiche sur nos monuments publics et ne fait l'objet que de commentaires gênés.

Le concept le plus proche qui soit aujourd'hui à la mode est celui de *convivialité,* qui exprime l'esprit du banquet. Il est vrai qu'il y a une valeur très positive dans le fait de consommer en commun en dialoguant entre amis. Mais n'oublions pas qu'un réseau de relations accomplit sa plus haute valeur, non lorsqu'il nous distrait en commun, mais lorsqu'il réussit à soulager des peines, à éviter des conflits, à résoudre des problèmes... parfois à l'occasion d'un banquet.

Le compagnon

Des réseaux relationnels *par profession* étaient apparus déjà sous l'Empire romain, et chacun sait qu'ils ont connu un essor étonnant à partir du XIe siècle (au temps des cathédrales) sous forme d'associations monastiques, puis de confréries laïques, guildes, corporations, compagnonnages de toutes sortes.

Ces associations de métiers, qui couvraient toute la gamme des arts et techniques, ont joué un rôle de premier plan dans la vie économique, politique et culturelle de l'époque; les « villes franches » étaient souvent de petites républiques gouvernées par le « conseil des métiers » de la ville.

Sous des formes très variées, chaque confrérie engageait ses membres aux règles morales de l'époque, aux disciplines du métier (avec apprentissage méthodique), et à l'entraide entre compagnons d'un même métier (s'occuper des veuves, des orphelins, des chômeurs, des exilés...). Des fêtes et banquets couronnaient le caractère communautaire de ces confréries de métiers.

Dans la vaste corporation des maçons, les branches dites de « francs-maçons » ont débordé le terrain professionnel et d'entraide pour celui de la réflexion philosophique et sociale, qui est devenue plus tard leur principal objet : mais il ont conservé leur caractère de réseau relationnel où l'on se retrouve pour partager des expériences et affiner des valeurs en vue d'un progrès dans le consensus. En ce sens, la loge maçonnique ressemble un peu aux groupes d'amis des cités antiques (3).

Les guildes et corporations, dont beaucoup s'étaient sclérosées, ont été mises hors la loi à la suite de la Révolution française (Loi Le Chapelier de 1791) : il est clair en effet que leur « autogestion morale » contredisait le dogme jacobin qui s'est alors établi.

Au XXe siècle, quelques structures relationnelles de métiers se sont développées sous des formes nouvelles. Nos syndicats de salariés n'ont pas adopté cette voie (suivie partiellement par leurs homologues allemands); mais on en trouve la marque dans certaines activités agricoles, et dans le « tiers secteur » mutualiste et coopératif. C'est ainsi que le développement remarquable du

(3) *La franc-maçonnerie,* par Paul Naudon, P.U.F., collection Que sais-je? n° 1064, Paris, 1963.

Crédit Mutuel et de la Mutualité Agricole procède largement du réseau relationnel efficace et peu coûteux qui pilotent leurs caisses locales. Ce sont les plus récents succès de confréries de métiers : ils ne plaisent guère aux jacobins d'aujourd'hui.

Par ailleurs, on voit se multiplier depuis quarante ans les amicales et associations *professionnelles* couvrant les disciplines les plus variées, dont les membres se réunissent pour traiter des mêmes thèmes : information, défense et promotion du métier, formation. Leur vocation supérieure est souvent de donner forme et force à une *déontologie*, ou morale professionnelle autonome : ce qui n'est pas facile dans le contexte très réglementé d'une « société des droits ».

Le croyant, le militant

Dans cette nouvelle variante de réseau relationnel tourné vers l'action, le lien entre les membres procède surtout d'une communauté de doctrine ou d'idéologie.

Le militant communiste adhère à une doctrine politique et s'insère dans les rouages d'une vaste machine hiérarchisée. Mais on ne dit pas assez qu'il participe à un réseau relationnel local, qui comporte la cellule, et aussi de nombreux relais de service, d'information, de loisirs, d'amitié... entre camarades. C'est ce réseau relationnel qui mobilise les énergies, contrôle les déviations, assure la loyauté active, et finalement constitue la force du parti.

On a connu aussi les grandes heures des militants catholiques. Dans le cadre de la J.A.C., ils ont été une force décisive de rénovation des techniques, structures et mentalités agricoles. Dans le cadre du C.J.P., ils ont ouvert deux générations de « jeunes patrons » aux dimensions nouvelles de la gestion économique et humaine de l'entreprise. Dans les deux cas, il y avait doctrine de base, rencontres fréquentes de travail et d'amitié, groupes d'étude tournés vers l'application et l'action.

*
* *

Ces quelques exemples fort incomplets ne visaient qu'à montrer que les réseaux relationnels actifs « à la japonaise » constituent une grande tradition de notre civilisation et qu'ils ont été dans le passé un grand agent de progrès de nos sociétés.

Aujourd'hui, leur rôle est encore très actif dans de nombreux secteurs, tout en étant amoindri par le juridisme envahissant, et simultanément *occulté* par une culture dominante qui semble refuser de les percevoir, de les considérer comme un élément majeur de dynamisme et de responsabilité dans notre société.

Nous n'avons pas à créer chez nous ces réseaux porteurs d'autogestion morale, mais seulement à cesser de les mépriser et de les réprimer.

Un immense enjeu dépend de cette rénovation. Car sans elle, nous sommes pris au piège du contrôle intégralement juridique et taylorien, dont nous avons vu qu'il diminue les capacités de progrès de l'entreprise et l'épanouissement des hommes.

CHAPITRE 12

Faire progresser la société

Nous avons quelque peu clarifié le concept d'une voie de progrès. Mais nous savons combien longue est la distance entre le concept et sa réalisation même partielle.

Ce dernier chapitre sera consacré à jalonner — très partiellement — cette démarche de l'insertion dans les faits. Il comporte les divisions suivantes :

12.1 - Changer le monde...
12.2 - Organisation pour l'autonomie responsable et hiérarchisée.
12.3 - Quelques thèmes concrets.
12.4 - Recommandations aux dirigeants d'entreprises.
12.5 - Suggestions aux pouvoirs publics.

Conclusion : Une éthique humaniste pour les Français.

12.1 - Changer le monde...

De tous temps, les meilleurs parmi les hommes ont été insatisfaits de l'état présent et ont voulu changer le monde.

Constatons qu'en partie ils y ont réussi : notre civilisation et ses bienfaits est le résultat combiné de leur engagement. Mais l'état présent reste insatisfaisant. Comment agir?

1 - La révolution

Beaucoup de nos contemporains, voyant s'enliser la démocratie du droit et du règlement, mettent leur espoir dans la révolution : c'est-à-dire dans l'action violente d'une minorité agissante qui conditionne la masse, réalise un changement radical et le maintient par la « dictature du prolétariat ».

Cette approche n'est pas sans fondement; elle permet de canaliser d'immenses énergies et de réaliser d'immenses changements. Mais le spectacle du résultat est décevant, parfois horrifiant. Et ce n'est pas par hasard : le principe même de réduction des hommes à une « masse politisée » viole le respect des personnes et porte en germe tous les abus.

2 - La « conversion » personnelle

A l'opposé, plusieurs courants spiritualistes affirment que pour changer le monde, il faut d'abord changer l'homme intérieur dans chacun de nous. C'est en cultivant la maîtrise de soi, le contrôle des pulsions et agressivités, la méditation, la bienveillance, l'harmonie, etc. que chaque personne peut parcourir le chemin d'une expérience spirituelle qui conduit à l'initiation, à la renaissance comme homme nouveau, parfois à l'illumination de la vraie sagesse.

Il est vrai que ce chemin existe; à toute époque, il a produit des personnalités au rayonnement extraordinaire et fécond. Mais l'expérience des siècles a montré qu'une somme de « conversions » individuelles n'engendrait pas un changement durable dans la société. Pour indispensable qu'il soit, ce processus est trop individuel et élitiste pour répondre seul aux besoins du temps présent.

3 - La morale sociale

Cette troisième voie, apparemment bien humble, emprunte à la première la force collective et à la seconde la force intérieure personnelle, ce qui lui permet de contribuer à des changements majeurs.

Comme nous l'avons vu, en développant des réseaux de relations porteurs d'une morale sociale positive, on enrichit le comportement de chacun avec ses « prochains » dans le réseau; on contribue au *progrès intime de chaque per-*

sonne, éduquée par les interactions qui la relient, donc au progrès du plus grand nombre, c'est-à-dire de la plupart des membres de la communauté concernée; et si la communauté est irriguée d'informations externes et aiguillonnée par la concurrence, on contribue simultanément au *progrès de son système socio-économique* qui cesse d'être statique, et devient le modèle même de la structure ouverte au progrès sans rupture.

Ce progrès simultané dans le microcosme personnel et dans le macrocosme communautaire constitue la force de changement qui peut changer le monde progressivement.

C'est la seule voie de progrès, et elle n'est pas utopique.

On peut la voir à l'œuvre dans la petite société qu'est l'entreprise, lorsqu'il s'agit par exemple de changer le niveau de qualité. Nous avons vu qu'il fallait certes une direction compétente et des techniques adéquates, mais qu'il fallait aussi changer les micro-comportements de chacun devant les incidents, l'analyse des causes, la conception des solutions, la décision, et la fermeté dans l'exécution. Pour arriver à ce changement simultané de nombreuses personnes, une seule voie : leur faire vivre une *morale de la qualité,* alimentée par la formation à des méthodes et par le réseau de contacts personnels qui donne force et cohérence à leur application.

Ce processus de changement soutenu par un réseau de liens moraux s'applique aussi aux grands problèmes de la société des hommes; les forces et les valeurs en jeu sont les mêmes; mais il faut surmonter le défi de complexité du mega-système à innombrables compartiments interdépendants.

Pour rendre cohérentes entre elles les micro-morales locales, la concertation organisée ne peut suffire si n'existe pas l'inspiration commune d'une morale générale proposant aux hommes le projet le plus ambitieux et le plus durable : la construction continue des liens interpersonnels pouvant aider chacun à accomplir librement sa vie dans la diversité et l'harmonie.

4 - Tonus moral et économique

Les progrès de notre société pourront se mesurer au tonus accru de notre économie.

Celle-ci conserve une vigueur remarquable, mais elle présente aussi des faiblesses qui se traduisent en termes de compétitivité et d'emploi. Nous savons que ces faiblesses sont liées notamment à trois causes : l'insuffisance de liens sociaux et de morale communautaire à contenu professionnel (dans l'entreprise et inter-entreprises); le poids décisionnel et le coût financier (1) du carcan centralisé : juridique, réglementaire, administratif, financier, fiscal et social, qui altère l'initiative souple plus que jamais nécessaire pour être compétitif dans l'économie moderne; et, conséquence des deux précédentes, l'insuffisante audace stratégique de nos entreprises.

Pour sortir de ce cercle vicieux, il faut viser la racine du problème, qui est, à côté de l'individualisme de la méfiance, le centralisme de la méfiance.

---

(1) Du tableau 1-11 (chapitre 1).

Suivant notre idéologie jacobine dominante, l'Etat seul peut répondre par ses décrets à nos besoins de justice et d'égalité, *l'Etat seul est moral,* tout le reste est suspect, donc l'Etat doit tout contrôler; et tout retrait d'un domaine qu'il régentait est le péché abominable de « privatisation ».

La seule sortie de cette impasse consiste à *tonifier la composante MORALE de chaque cellule de la société, au point de rendre LÉGITIME son AUTONOMIE.*

C'est un changement qui ne peut s'opérer que par touches progressives : d'abord, arrêter la dérive actuelle, puis infléchir sur quelques points la tendance. Et très tôt, un élan de *confiance* et *d'audace* se traduira dans l'économie par des signes concrets d'amélioration : notamment, la baisse du chômage, des impôts et de l'inflation.

C'est à ces tests concrets sur le plan de l'économie que nous pourrons mesurer les effets du changement qui enrichira progressivement le tissu de la société.

12.2 - Organisation pour l'autonomie responsable et hiérarchisée

Pour faire progresser la société, des décrets généraux ne suffisent pas; il faut des actions spécifiques modifiant les situations concrètes.

Les plus importantes sont des *actions d'organisation pour développer l'autonomie responsable* (pour les développements courants) *et hiérarchisée* (pour la coordination stratégique). Elles répondent aux besoins des entreprises, mais aussi des autres structures telles que villes, administrations publiques, etc.

En supposant qu'il existe un ensemble de règles de *droit* suffisant pour assurer une base d'homogénéité et de protection, ces actions d'organisation auront notamment pour objet de faire évoluer les structures existantes suivant trois axes principaux :

1 - Structures verticales

Chaque fois qu'on peut, structurer autour de communautés humaines concrètes, ayant leur spécificité locale et leur mission définie, on facilite la formation d'une *responsabilité synthétique proche de la base.* C'est le cas dans l'entreprise de la division, de l'usine, de l'atelier, de l'équipe : ces structures verticales opérationnelles doivent assumer les responsabilités principales, avec l'aide mais non la tutelle des services fonctionnels.

Notons qu'une structure verticalisée n'est efficace que si chacune de ses unités *joue le jeu de la coordination* tactique et stratégique animée par la direction.

2 - Réseaux de communication

Le premier concerne l'information de gestion, mesurant les objectifs et performances de chaque unité. Mais nous savons qu'il faut organiser aussi des communications plus qualitatives.

— L'information interne et externe apportant « les nouvelles » significatives : fréquemment, à chaud, objectivement, pour que chacun s'identifie au « suspense » de la maison.

— Les procédures méthodiques de travail en groupe et de concertation interfonctions, interniveaux, etc., appuyées par les *formations* adéquates.

— Diverses pratiques de consultation des personnes, qui peuvent aller de l'avis demandé à un intéressé, ou à un petit groupe, jusqu'à l'enquête générale par questionnaire.

3 - Pouvoir décentralisé

Pour assumer une responsabilité, un certain degré d'autogestion morale, l'unité doit disposer de pouvoirs. D'ailleurs, *les gens ne communiqueront, les liens moraux ne se créeront que si chacun sait qu'il peut en résulter des décisions.*

Il faut donc organiser les processus de décision de façon que, dans le cadre de plans et d'objectifs définis et dans le respect des impératifs de compétitivité, l'unité puisse disposer au moins :

— de capacités d'initiative pour le contrôle de son destin : cas de l'usine qui doit disposer de services techniques pour progresser; cas de la ville qui doit disposer d'un pouvoir fiscal pour construire sa politique financière,

— et du pouvoir d'être différent : ne serait-ce que par les horaires, les avantages sociaux, les méthodes de communication, et la répartition des tâches non imposées par un processus technique.

Organiser l'autonomie est une œuvre de longue haleine, dont la progression va avec celle du système de valeurs correspondant.

Le grand test de maturité du pouvoir décentralisé est sa *coopération active aux nécessaires coordinations stratégiques,* sans lequelles la compétitivité est en péril.

12.3 - Quelques thèmes concrets

Au chapitre précédent, nous avions pris du recul pour réfléchir sur les valeurs morales fondamentales à cultiver. Dans ce chapitre, tourné vers l'application concrète, nous croyons utile de mentionner quelques idées de moindre portée, mais peut-être d'application plus proche, notamment pour organiser l'autonomie responsable.

1 - L'autonomie se mérite par l'efficacité

Pour une personne, pour une entreprise, pour toute entité sociale, l'autonomie n'est pas un don reçu, un statut revendiqué, c'est surtout une situation d'échanges équilibrés avec l'environnement, qui se gagne par l'efficacité et s'entretient par la flexibilité adaptative, qui se mérite par le courage des remises en question.

Pas d'autonomie durable sans une morale de l'efficacité.

2 - Etre différent crée de l'utilité

La bureaucratie jacobine ne veut considérer que les solutions uniformes, applicables à l'identique de Dunkerque à Perpignan.

Certes, la standardisation s'impose dans bien des solutions techniques et juridiques : nous ne recommanderions évidemment pas de différencier par régions le voltage du courant, les modèles de téléviseurs ou les procédés d'usinage des métaux... Ceci dit, il reste mille choses pour lesquelles des différenciations locales créent de l'utilité.

D'abord, dans les multiples cas où diverses conditions locales sont *objectivement* différentes. Ainsi, la société F fabrique des produits semblables dans huit usines localisées dans diverses provinces. Mais lorsqu'il s'agit de définir, en matière de règlement d'établissement et d'avantages sociaux, les modalités d'horaires, de rotation des équipes, de primes de nuit, d'enrichissement des tâches, d'œuvres sociales, d'équipements sportifs, etc., et d'équilibrer le dosage apportant aux salariés le maximum de satisfactions, on s'aperçoit que *ce dosage varie* d'une usine à l'autre, suivant qu'elle est plus ou moins grande, à la campagne ou à la ville, avec un personnel fixe ou flottant, etc. Les différences sont si nettes dans le cas de F que les syndicats ont vu l'avantage d'une négociation séparée par usine : d'où une plus grande responsabilisation locale aux effets positifs.

Dans bien des cas aussi, des différenciations locales sont utiles simplement comme reflet d'une histoire et d'une tradition différentes sur lesquelles s'enracinent les liens communautaires. Ne négligeons pas ce point : s'il est vrai qu'une communauté pervertie représente un poids mort qu'il vaut mieux disperser, une communauté saine aux relations bien vivantes représente *une valeur* de satisfaction et d'efficacité. Mais sa « formule » ne peut pas davantage être standardisée que celle de l'œuvre d'art — ou du ménage heureux. Il faut admettre et cultiver la spécificité.

3 - L'horaire différent crée de l'utilité

Nous développons cet aspect particulier du point précédent à cause de *l'obsession de l'horaire normal* qui sévit chez nos leaders d'opinion.

Il y a certes un horaire habituel, les huit heures dans la journée, cinq jours par semaine, et l'on peut estimer qu'il est en moyenne le plus satisfaisant. Mais il paraît très excessif de traiter le rattrapage saisonnier ou le travail de week-end comme une privation intolérable, un scandale à éliminer.

Ici se placent deux observations :

— Loin de s'éliminer, le travail de week-end ne peut que se développer dans une société opulente, où chacun dispose de loisirs croissants et entend pouvoir, surtout le dimanche et bientôt jour et nuit, disposer de restaurants, spectacles, musées, sports, transports publics, autoroutes, dépannage, médecin, gardiennage, police, informations, télévision, etc.

— Peut-on souhaiter que se généralise la solution des gardiens de musée? Après une longue grève, ils viennent d'obtenir de ne travailler qu'un dimanche sur deux : effectif réduit de moitié le jour de pointe, pléthorique les jours creux, voilà bien une solution irresponsable.

Comme nous l'avons indiqué par ailleurs, on voit heureusement se développer aujourd'hui dans divers secteurs des activités du week-end, du dimanche, et des nuits de dimanche, qui sont assurées par des *volontaires satisfaits :* dans la variété croissante des styles de vie personnels, il ne manque pas de gens qui peuvent s'accommoder de ces horaires inhabituels, et qui apprécient fort de gagner autant en moins d'heures, d'avoir des loisirs différents, et précisément de ne subir aucune des « heures de pointe » que connaissent les autres.

Sachons voir l'intérêt que comporte aussi une répartition plus souple du temps de travail au cours de l'année, un élargissement de la période légale des vancances (figée depuis une époque où n'existaient ni les sports d'hiver, ni les charters pour Marrakech...). Quelle pitié de rester ligotés par nos fixations obstinées aux règlements et aux « droits acquis »! C'est un point sur lequel chaque établissement responsable doit obtenir son « autogestion morale ».

4 - Valeur de l'interdépendance

Sans doute à cause des souvenirs d'une société autoritaire, le Français est individualiste, il aspire à l'indépendance, il répugne à dépendre du bon vouloir d'autres personnes. Et notre pensée civique est imprégnée du rejet de l'arbitraire.

Il faut bien voir toutefois les limites de l'indépendance. Pour être indépendant d'autrui, il faut ou bien cultiver seul son jardin, ou bien travailler seul dans le cadre d'un règlement impersonnel et, dans les deux cas, se garder des initiatives.

La plupart des initiatives constructives accroissent en effet nos responsabilités et notre dépendance :

— se marier est un engagement qui nous lie à un conjoint, nous fait dépendre de son humeur, de sa santé...,
— fonder une entreprise nous fait dépendre du client, du personnel, de la conjoncture...,
— s'engager politiquement crée des obligations, des charges, parfois des risques,
— de même, *s'engager dans un réseau de liens moraux* place l'intéressé dans une situation nouvelle *d'interdépendance* avec les autres membres du réseau. Tout n'y est pas agréable certes, mais préfère-t-on la solitude qui mène parfois au suicide?

L'engagement dans l'interdépendance, c'est la vie même. Il faut un certain *courage* pour l'assumer, mais c'est la voie de l'accomplissement humain.

Elle conduit d'ailleurs à *la vraie liberté :* la décision reste autonome si le domaine est régi par une morale sociale qui laisse place aux solutions personnalisées et négociées, place même au non-conformisme; tandis que si, par refus de l'interdépendance au sein d'un réseau social, le domaine est régi par un règlement détaillé, la liberté de décision s'évapore — et avec elle la responsabilité et le sens de la vie.

5 - Immixtion; intervention auprès du prochain

Contrairement aux idées reçues dans notre société jacobine, le comportement du citoyen qui, voyant un problème, et avec la prudence nécessaire, intervient auprès de son prochain, s'immisce donc dans un contexte « qui ne le regarde pas », doit être encouragé et non réprouvé.

On se plaint qu'au cri de « au secours! », personne ne bouge : c'est que celui qui se porterait au secours risque, soit un mauvais coup, soit, s'il maîtrise l'adversaire, d'être accusé d'agression — de même que le dénonciateur d'incendiaire est placé en garde à vue pour la nuit. La bureaucratie crée des règles du jeu qui lui donnent le monopole de l'action et qui induit la déresponsabilisation du citoyen.

Il est clair qu'on ne renforcera pas la morale sociale et civique si l'on ne déplace pas quelque peu, avec prudence, cette situation. L'action responsable des citoyens pour contribuer à l'ordre et au secours des personnes en difficulté doit être encouragée comme une valeur morale et civique — et pour cela quelques articles de loi doivent être modifiés.

Mais le progrès principal dépend de nous seuls. C'est au sein des réseaux de proximité où nous sommes engagés que nous ne devons pas craindre d'aborder avec notre prochain les problèmes que nous voyons se poser — plutôt que de le laisser « seul avec ses problèmes ». A condition toutefois d'y procéder dans le respect de l'autre, et avec un tact qui s'appuie sur une technique d'expression bien connue mais insuffisamment enseignée et pratiquée :

— n'aborder jamais de front un problème délicat, mais toujours par une allusion voilée (parfois sous forme de plaisanterie), qui donne à l'interlocuteur l'occasion d'émettre un signal de réponse, soit en détournant la conversation, soit en la relançant. Dans ce deuxième cas, l'initiateur peut procéder dans le même style à une allusion plus précise, ou à l'évocation indirecte d'une solution, laissant à l'interlocuteur la liberté d'arrêter le jeu ou d'émettre par allusion de nouveaux messages. Dans les cas délicats, « l'explication franche » ne doit venir qu'après que son utilité, parfois même son contenu, auront ainsi fait l'objet d'un sondage discret (2).

6 - Droit à l'erreur

Ce point bien connu est si profond qu'il mérite quelques mots de commentaire.

A tous niveaux dans l'entreprise, les hommes doivent être « mis sous tension », mais pas n'importe comment.

Dans l'entreprise moderne, la hiérarchie obtient de meilleurs résultats en les sécurisant qu'en les terrorisant... à condition que la morale de groupe intériorise fortement dans l'esprit de chacun les impératifs d'efficacité, de qualité, etc.

De là découle l'approche nouvelle dans le traitement des erreurs. Distinguons trois cas :

— L'erreur professionnelle *courante* ne fera guère l'objet de réprimande ou de sanction : l'enjeu n'est pas grave, et le réseau informel est largement suffisant pour inciter fortement aux actions correctrices.
— La violation des *règles du jeu internes* (règles morales et limites de compétence) devra faire l'objet d'une réprimande qui dissuade l'intéressé de recommencer.
— L'erreur *grave* est évidemment traitée avec plus de rigueur et engage la *responsabilité* morale et juridique de celui qui l'a commise : il devra payer l'amende ou subir la réprobation : mais pas dans l'esprit du scandale qui crie vengeance.

Car on sait que l'erreur est *inévitable,* que chacun de nous y est exposé, surtout ceux qui prennent des initiatives et des risques. Qu'il faut donc, sauf cas très graves, l'accepter avec une certaine sérénité, tout en cherchant les causes et les actions préventives.

(2) Ce dialogue voilé de sondage mutuel est très présent dans notre tradition de politesse. Il est très pratiqué au Japon, c'est le *nemawashi*. Les films du grand cinéaste Ozu, tels *Le goût du saké,* en donnent une belle illustration pour les problèmes de vie privée, mariages, etc.

Dans l'entreprise, la concertation officieuse sur les points sensibles précédant et préparant la mise à l'ordre du jour des séances officielles, est l'une des règles d'efficacité des conseils et comités.

L'erreur est humaine, elle n'est *pas déshonorante,* sauf cas extrêmes. Le failli ou même l'escroc ne seront pas sans espoir, ils devront seulement refaire leurs preuves.

Enfin, dans les matières non vitales, l'erreur est *utile,* sous réserve de n'être pas fréquente. C'est par l'analyse des erreurs et de leurs causes que la société ou l'entreprise découvre de meilleures façons de faire et de contrôler. C'est aussi par ses petites erreurs clairement perçues que chaque personne est préservée de l'orgueil, perçoit l'avis des autres, prend conscience de ses limites et oriente sa voie de progrès.

12.4 - Recommandations aux dirigeants d'entreprises

La deuxième partie de cet ouvrage comporte une vingtaine de suggestions aux entreprises sur le plan de leur gestion : huit idées stratégiques, neuf idées pour le management des hommes, etc. Nous y renvoyons le lecteur sans qu'il soit utile de les commenter de nouveau.

Au terme d'une troisième partie qui nous a permis d'approfondir la morale de l'entreprise compétitive et de la société heureuse, nous sommes amenés à présenter aux dirigeants d'entreprises, managers ou actionnaires, des recommandations qui les engagent plus directement et plus profondément.

Notre économie et notre société connaissent un sérieux malaise. Selon les termes d'un éminent dirigeant français, « on ne s'en tirera pas sans un changement de comportement fondamental. Il faut changer les mentalités, car le monde a changé » (3).

Ce changement des mentalités, nous recommandons aux dirigeants d'entreprises d'en prendre l'initiative et d'en montrer l'exemple.

Certes, ils ont déjà commencé à le faire; mais une accélération du processus paraît nécessaire dans l'intérêt de tous.

Pour provoquer les réflexions des dirigeants, nous leur soumettons les recommandations suivantes :

1. Les dirigeants d'entreprises doivent repenser *la finalité de leur rôle* et développer les deux faces de ce rôle :

— animer une organisation productive et compétitive,
— et, tout autant, faire vivre la communauté des personnes qui y travaillent.

Que les dirigeants se positionnent explicitement comme serviteurs, défenseurs et promoteurs de cette communauté humaine peut être nécessaire pour assurer la cohésion morale au sein de l'entreprise et la bonne insertion de l'entreprise dans la société.

---

(3) Extrait d'une déclaration de M. André Bénard, Président de la Shell-Europe, le 16 octobre 1980 à l'Institut de l'Entreprise.

Le profit n'est pas la finalité ultime mais un moyen nécessaire. La *croissance* (compétitive et rentable) devient une finalité dans la mesure où elle contribue à l'*emploi et au niveau de vie général.*

2. Les dirigeants doivent respecter et promouvoir une *morale d'entreprise* dont six points clés ont été définis dans la charte du mouvement ETHIC (4) :

— Hiérarchie fondée sur la seule compétence.
— Sincérité des comptes fiscaux et sociaux.
— Impératif de compétitivité et rentabilité.
— Responsabilité personnalisée à tous les niveaux.
— Recherche permanente de l'harmonie sociale.
— Prise en compte de l'intérêt général.

On peut considérer que ces principes sont respectés lorsque la majorité des personnes concernées dans l'entreprise ont le sentiment qu'effectivement ils le sont.

Mais ils ne le sont pas toujours. Caricaturons par un exemple entre mille. Dans le choix d'un chef de service, on a raison de rechercher « un battant »; mais est-on assez attentif à ce qu'il ne soit pas aussi « un peu truand »? C'est la vieille idée que la pureté n'est pas rentable. Certes, un niais au grand cœur est un mauvais choix; mais le « battant à l'éthique faible » qui fera d'abord merveille peut ensuite faire pourrir le service. Il faut un battant à éthique forte.

Même si ces premiers principes sont observés, il semble que cela ne suffise pas, et que les dirigeants doivent s'assigner des objectifs complémentaires vers l'extérieur et vers l'intérieur.

3. *Vers l'extérieur,* nous avons vu deux besoins insuffisamment remplis, au détriment de l'efficacité de notre économie, et qui requièrent des dirigeants d'entreprises :

— davantage de coopération inter-entreprises, notamment sur les filières client-fournisseur, sur le plan financier pour le redéploiement professionnel.
— davantage d'*audace stratégique :* à court terme, pour saturer les opportunités existantes, sans cette « peur de la croissance » qui nous paralyse parfois; et à long terme, pour investir sur l'avenir, en consentant (avec la prudence requise) les coûts d'exploration stratégique nécessaires pour dégager des opportunités compétitives, puis en engageant des plans de progrès pour la productivité, la qualité, la performance, le service... qui sont toutes les composantes du profit.

C'est à la fois leur devoir et leur intérêt très concret : car notre époque voit échouer les gestions de routine et réussir l'entrepreneuriat actif.

4. *Vers l'intérieur,* tout a déjà été dit sur les nouvelles politiques d'information, de responsabilisation décentralisée, etc. qui se développent régulièrement.

---

(4) Mouvement des Entreprises de Taille Humaine Industrielles et Commerciales (ETHIC) 40, rue Jean-Jaurès, 93176 Bagnolet Cedex - Tél. 362.11.17.

Il conviendrait d'y ajouter un geste significatif qui exprime un plus large *partage des fruits de la compétitivité* entre les membres de la communauté d'entreprise.

L'une des voies adaptées au contexte français paraît être *l'actionnariat des salariés :* des réalisations dans ce sens, utilisant les avantages des lois de 1967, 1973, 1976 et 1980 pourraient ouvrir aux salariés une part importante du capital de leur entreprise (ou du capital de la filiale d'un grand groupe).

Dans les meilleurs cas, ce serait un *actionnariat de responsabilité* (5) auquel le salarié apporte une contribution *volontaire,* qui le fait participer aux *risques* (positifs et négatifs) de l'entreprise, et corrélativement aux instances officielles de *pouvoir.*

L'actionnariat peut être le catalyseur d'une *communauté d'entreprise « à la française ».*

Par ailleurs, les dirigeants d'entreprises devraient soutenir activement plusieurs suggestions que nous allons formuler à l'intention des pouvoirs publics, notamment sous les rubriques « Nouvelle doctrine de participation et ouverture sociale » et « Déréglementation pour l'emploi ».

12.5 - Suggestions aux pouvoirs publics

Ces suggestions sont présentées avec les plus expresses réserves, étant donné que nous n'avons pas tous les éléments pour apprécier leur faisabilité politique et administrative. Nous nous sommes donc bornés à *quelques points concrets, assez proches de la gestion* et pouvant avoir un impact mesurable sur l'économie et la société. Ajoutons que, dans l'ensemble, ces mesures réduisent les dépenses publiques plutôt qu'elles ne les accroissent. Nous les plaçons sous trois rubriques :

— Décentralisation financière et de gestion des personnels,
— Nouvelle doctrine de participation et ouverture sociale.
— Déréglementation pour l'emploi.

1 - Décentralisation financière et de gestion des personnels

Le rapport Interfuturs élaboré par l'O.C.D.E. (6) souligne les deux rigidités les plus néfastes de notre économie : celle du marché des capitaux et celle du marché du travail. Les mesures correctrices vont naturellement dans le sens d'un développement des autonomies locales dont nous avons vu qu'il était souhaitable aussi pour régénérer le tissu relationnel local.

Bornons-nous aux mesures concernant directement l'Etat dans ces deux domaines vitaux.

---

(5) Voir l'Association pour l'Actionnariat de Responsabilité des Salariés (APARS), 6, rue Pastourelle, 75003 Paris - Tél. 271.28.30.

(6) Interfuturs, O.C.D.E., juin 1979 - p. 171, p. 182 ss.

Décentralisation financière

Le rapport Mayoux a clairement présenté les anomalies résultant du « droit de cuissage » exercé par Paris sur tous les circuits financiers et notamment sur le drainage de l'épargne des régions. Ajoutons que ce détour bureaucratique sape l'efficacité des réseaux locaux d'initiatives responsables entre gens qui se connaissent.

Il conviendrait donc d'appliquer les recommandations non édulcorées du rapport Mayoux, et, à l'exemple de l'Allemagne, de reconstituer un minimum d'autonomie financière « en circuit court » au plan régional.

Décentralisation de gestion des personnels

L'Etat a sous sa responsabilité directe la gestion de vastes effectifs de personnel : les Finances, l'Education, les Postes, les Chemins de Fer, etc. Sauf pour les agents de rang élevé, ou pour les spécialistes peu nombreux, il serait souhaitable que la gestion de ces personnels se fasse *sur une base régionale ou départementale,* comme c'est le cas pour les instituteurs : ceci préserve la continuité des liens sociaux. Mais précisément, la plupart des Administrations ont une gestion centraliste « nationale » de tous les personnels, ce qui entraîne la transplantation et la rupture des liens sociaux et familiaux, particulièrement dommageable pour les jeunes à qui l'on impose une sorte de « table rase » au départ dans la vie. Des mesures simples et progressives (pour éviter les chocs) permettraient de mettre fin à ce gâchis social lourd de conséquences néfastes.

2 - Nouvelle doctrine de participation et ouverture sociale

Certaines des idées présentées dans les chapitres précédents pourraient inspirer une nouvelle doctrine de la participation des salariés, dont la concrétisation pourrait se faire par un « *paquet* » *de mesures* complémentaires et à ne pas séparer, dont les cinq suivantes :

a - *Elections sociales « par circonscriptions » dans l'entreprise*

Nous avons proposé ci-dessus (paragraphe 7.4) ce mode d'élection par lequel des comités d'entreprise et d'établissement seraient composés d'élus représentant les principaux groupes humains naturels (services, départements) constituant l'entreprise (au-dessus de 500 salariés). Cela accentuerait leur communauté des hommes de l'entreprise.

b - *Comité d'entreprise habilité à négocier*

Le droit français (à la différence de beaucoup d'autres) réserve aux syndicats la capacité de négocier des conventions. L'ordonnance de 1967 a créé une exception en habilitant le comité d'entreprise à négocier les accords de participation, et, malgré les scrupules de certains juristes, cela a fonctionné à la satisfaction des deux parties. Ce que nous suggérons ici, c'est de conférer aux comités d'entreprises et aux comités d'établissement régulièrement élus une capacité à négocier sur le plan de l'entreprise aussi étendue que celle des syndicats, celle-ci subsistant inchangée. Le fait que les syndicats ont généralement le contrôle des comités d'entreprise ôterait à cette mesure tout caractère de rupture; de sorte qu'elle signifierait surtout l'ouverture de nouvelles voies de concertation au sein de la communauté de travail. C'est une mesure d'ouverture à plus d'autonomie sociale de l'entreprise.

c - *Référendum pour remodeler les « droits acquis »*

Nous avons proposé plus haut (paragraphe 7.2) que certains « droits acquis », plus nuisibles à l'entreprise et à l'emploi qu'avantageux pour les salariés, puissent, sur proposition de la direction, faire l'objet d'un projet de remodelage qui devienne juridiquement applicable s'il est approuvé par un référendum à vote secret de l'ensemble du personnel. Cette mesure économiquement utile serait aussi une reconnaissance juridique de la communauté d'entreprise, et un renforcement de son influence.

d - *Actionnariat des salariés*

Les mesures déjà prises en faveur de l'actionnariat des salariés devraient être rendues plus cohérentes et plus permanentes, afin que les entreprises puissent à dégager en cette matière des politiques économico-sociales *à long terme*. Et bien sûr, on devrait faire cesser la *discrimination choquante* qui empêche un actionnaire-salarié de siéger à un conseil de surveillance, et qui lui impose un quota restreint s'il s'agit d'un conseil d'administration. L'intégrisme juridique de nos rédacteurs de lois doit céder devant l'urgence des faits.

e - *Formation pour plus d'égalité*

La direction participative et l'autogestion morale diminuent les inégalités de pouvoir. La réduction progressive des inégalités de revenus ne doit pas se faire par voie de contrainte fiscale mais par action sur les causes, et principalement sur la formation. Offrir plus tôt aux écoliers rebutés par l'enseignement long, des voies diverses de formation technique et d'apprentissage professionnel alterné, de sorte qu'ils deviennent des agents qualifiés (et bien payés) de l'usine ou du bureau de demain; et ouvrir largement le robinet des formations professionnelles longues, de façon que l'abondance des diplômés atténue leur surpaye; c'est par ces deux actions sur les causes qu'on resserrera progressivement l'éventail des salaires, tout en améliorant la compétitivité de notre économie.

Les cinq mesures ci-dessus peuvent concourir, par différentes approches, à améliorer la cohésion responsable et l'efficacité de chaque cellule sociale : entreprise, établissement...

3 - Déréglementation pour l'emploi

Considérant l'impératif socio-économique du développement de l'emploi, nous avons groupé ici diverses mesures concourant à cette fin.

a - *Déréglementation*

La déréglementation n'est pas présentée ici comme l'abandon par l'Etat d'un contrôle qu'il exerce, mais comme une méthode de contrôle plus efficace car dégagée de l'immixtion dans la gestion.

Dans de nombreux domaines, déréglementer au niveau central, c'est déléguer plus près du terrain des tâches volumineuses, c'est donc à la fois alléger le budget de l'Etat et renforcer l'autonomie responsable sur le terrain.

Mais l'impact majeur sur l'emploi se trouve dans les *secteurs surréglementés ou monopolisés* (enseignement, santé, communications, recherche, services sociaux et culturels...) où l'entrée est quasiment interdite aux initiatives autonomes et privées — jugées immorales. La déréglementation qui ouvrirait ces secteurs aux initiatives privées et aux innovations concurrentielles permettrait à la fois de multiplier les emplois et d'alléger le budget de l'Etat par la réponse marchande à de nombreux besoins actuellement non couverts ou à un coût excessif.

Laisser pourrir le secteur tertiaire dans la bureaucratie compromettrait notre compétitivité future, qui exige au contraire un tertiaire entrepreneurial, créatif... et exportateur (7). Si nos secteurs santé et éducation étaient concurrentiels, des Français géreraient dans le monde entier des réseaux de cliniques, d'écoles et de centres de recherche, comme ils gèrent déjà à l'étranger les chaînes Carrefour et Novotel. La déréglementation peut transformer chômage + déficit en emplois + recettes.

b - *Statut fiscal du capital à risques*

Si l'on veut que se créent des entreprises et des emplois, il faut que le capital qui s'y risque cesse d'être désavantagé fiscalement par rapport au capital prêté sans risque. C'est d'ailleurs l'une des conditions de l'extension de l'actionnariat des salariés. Les mesures correspondantes ont un coût budgétaire plus apparent que réel, car de nombreuses entreprises (notamment moyennes) renforceraient leurs fonds propres, ce qui, à exploitation égale, diminuerait les frais financiers et accroîtrait les bénéfices taxés. Et même, suivant la « courbe de Laffer » (8), il est probable que les recettes fiscales augmenteraient.

c - *Société à bénéfice limité* (9)

Autoriser une société commerciale privée à réserver tout bénéfice excédant 5 % des fonds propres plus compensation d'inflation à une affectation d'intérêt public, et habiliter de telles sociétés à assumer contractuellement les tâches

---

(7) Nous sommes en complet désaccord avec le courant de pensée parfois appelé « théorie duale de l'emploi » qui croit possible la coexistence dans un même pays d'un secteur tertiaire bureaucratisé et laxiste avec un secteur industriel assez tonique pour tenir tête aux Japonais sur les marchés mondiaux : le marché du travail a sa loi de Gresham, et « la mauvaise monnaie chasse la bonne ».

Nous protestons aussi contre l'acceptation fataliste d'un tertiaire parasitaire. Déjà, le secteur tertiaire rapporte à la France un excédent de devises de 30 milliards par an.

Un autre avantage d'un tertiaire privé concurrentiel est qu'il constitue, comme on l'a vu au Japon et ailleurs, « une éponge qui absorbe de l'emploi » en période de récession. Préfère-t-on le chômage?

(8) Arthur Laffer, professeur d'économie, conseiller de Ronald Reagan, a attaché son nom à une courbe montrant que, lorsque le taux d'un impôt s'élève, la recette d'abord s'accroît, puis diminue. Si l'on se situe au-delà du maximum, une baisse de taux peut entraîner une augmentation des recettes.

(9) Le résumé présenté ici découle d'un projet précis qui a été rédigé.

(sociales, éducatives, d'assistance, etc.) actuellement réservées aux associations sans but lucratif subventionnées, serait un moyen de dynamiser ces activités et d'en assurer le *financement par capitaux privés :* le budget de l'Etat serait allégé d'autant, et la gestion, davantage responsabilisée, autonome et créative, aurait des chances d'être plus efficace.

d - *Incitation aux entreprises qui autogèrent leur désemploi*

L'assurance accidents du travail comporte une incitation à la réduction des sinistres : les entreprises à faible taux d'accidents versent une cotisation inférieure à la moyenne, les entreprises à taux d'accidents élevés versent une surtaxe. Ce dispositif stimule l'effort de progrès, qui est continu dans ce domaine.

L'assurance chômage frappe uniformément les entreprises : celles qui font un effort de développement ou de préservation de l'emploi comme celles qui s'en remettent aux organes officiels pour s'occuper du cas du personnel en surnombre.

Pourquoi ne pas autoriser une entreprise ou un groupement (local ou sectoriel) d'entreprises à négocier avec les autorités une convention, aux termes de laquelle l'entreprise ou le groupement prendrait à sa charge une certaine garantie d'emploi de son personnel et, en contrepartie, pourrait verser tout ou partie de sa cotisation ASSEDIC à un fonds de reconversion géré directement par les responsables d'entreprises? Dans les secteurs ainsi couverts, il n'y aurait plus licenciement, le salarié en excédent conserverait son appartenance à l'entreprise jusqu'à son transfert interne ou externe, avec ou sans reconversion. Les entrepreneurs devraient trouver des solutions pour que leurs gens ne soient pas « jetés à la rue », même avec une large allocation de chômage; pour que leur communauté de travail ne les laisse pas tomber si, bien sûr, eux-mêmes y contribuent (10). C'est ambitieux et difficile, mais l'image de l'entreprise s'en trouverait transformée et sa communauté de travail renforcée.

En concluant ces suggestions aux pouvoirs publics, rappelons qu'elles sont présentées (notamment la dernière citée) sans garantie de faisabilité.

Nous sommes toutefois convaincus que la plupart d'entre elles sont viables. Et nous avons tenu à les présenter ici parce que chacune d'elles se rattache à l'idée fondamentale de délégation accrue à des structures d'exploitation et réseaux de relations proches du terrain, soumis à la concurrence et responsables de leur gestion.

Nous savons que de telles mesures peuvent contribuer simultanément à l'efficacité économique et aux satisfactions humaines, en accroissant la densité et le pouvoir des réseaux de relations personnalisées et des liens moraux.

Mais d'autres mesures, à portée plus profonde, seraient nécessaires pour faciliter le « changement de comportement fondamental » auquel le monde moderne nous invite.

---

(10) Nous avions déjà suggéré cette approche dans une étude « Nouvelle gestion du désemploi », publiée en mai 1977 dans *Les Quatre Vérités* et rappelée ci-dessus au paragraphe 4.9.

CONCLUSION

Une éthique humaniste pour les Français

L'éducation doit cultiver l'art le plus nécessaire à l'homme et au citoyen, qui est de savoir vivre avec ses semblables.

Jean-Jacques ROUSSEAU

Partis pour découvrir les secrets de la compétitivité japonaise, nous avons trouvé que le plus important de ces secrets était une morale de groupe porteuse des valeurs de la dynamique compétitive. Puis nous avons découvert que cette morale était aussi une culture de l'harmonie dans les rapports des hommes entre eux.

Cette découverte déplace plusieurs idées reçues.

En Occident, la compétitivité a l'image inhumaine d'une exigence technologique qui mécanise, aliène, délocalise, brise les structures sociales et les réseaux humains, accule l'homme au conflit. Et voici que nous découvrons dans la suprême compétitivité l'image inverse de réseaux humains intacts, de sécurisation des personnes, d'évitement des conflits et de maintien de l'harmonie.

Nous voyons la compétitivité tirer sa force d'une éthique humaniste.

Ceci nous place devant deux interrogations de fond : pourquoi viser la compétitivité? et : comment une éthique humaniste?

Pourquoi viser la compétitivité?

Après tant de pages sur le comment, il est temps de se poser la question pourquoi.

Où nous mène cette course compétitive? cette guerre économique?

Ne pourrions-nous pas suivre une autre « règle du jeu », qui donnerait à notre vie un style différent, plus frugal mais peut-être plus humain?

Nous respectons les adversaires de la compétitivité, nous adhérons à certains de leurs points de vue (protection de la nature, convivialité, décentralisation...), mais nous restons fermement attachés à l'objectif de compétitivité.

Observons d'abord que la compétitivité moderne n'a plus ce visage inhumain qu'on lui a reproché : elle peut être faite d'hommes sécurisés et considérés à tous les niveaux.

Seule la compétitivité peut assurer à la fois un bon niveau de vie, un bon niveau d'emploi et une perspective de progrès; et permettre le maintien de l'indépendance et de l'influence de la nation. Elle est une forme de la volonté de vivre.

La lutte concurrentielle est parfois une bataille comportant des destructions, mais plus souvent une lutte créative : produits, techniques, méthodes, communications sont des occasions d'expression des capacités humaines autant que de satisfaction des besoins humains.

C'est ainsi que l'effort de compétitivité nous mènera, non en un point déterminé d'avance, mais aux situations que nous aurons créées en marchant, à l'écoute des hommes et des techniques. Par l'effort compétitif, nous participons en quelque sorte à une continuation de la création du monde : par le bourgeonnement continuel de nouvelles initiatives combinant des éléments de toutes sortes (techniques, culturels...) de façon de plus en plus évoluée.

Et la maîtrise d'une gestion compétitive à visage humain nous permettra mieux qu'aujourd'hui d'aider les pays en développement. Leur évitant un développement technocratique qui peut briser leur trame sociale, nous pourrons leur proposer une croissance compétitive prenant davantage appui sur les liens moraux de leurs sociétés, et accédant ainsi à un plus haut degré d'efficacité et d'accomplissement humain.

Mais auparavant, il faut développer chez nous une stratégie de compétitivité fondée sur les valeurs humaines et l'équilibre social.

Une éthique pour mieux vivre

Nous constatons aujourd'hui l'erreur du courant de pensée qui nous a engagés à miser sur le seul progrès technologique pour entraîner, dans la foulée de l'opulence, l'amélioration des comportements humains : ce qui permettait d'évacuer la morale.

Nous découvrons que le progrès technologique est une expression et un moyen du progrès humain; qu'il a besoin d'hommes qu'une éducation morale a rendu aptes à collaborer entre eux. Et nous vérifions l'hypothèse, formulée notamment par Jean-Jacques Rousseau et qu'on peut résumer ainsi : le progrès procède d'abord de l'éducation des hommes; et dans l'éducation, le plus important est l'apprentissage de la vertu, qui est d'abord respect des autres et savoir vivre en groupe.

Or cet « art le plus nécessaire » n'est pas enseigné à la plupart des Français : ils l'apprennent par bribes à l'école de la rue, à l'école de la vie, à travers beaucoup d'expériences douloureuses, sans référence claire à un savoir accumulé, qui pourtant existe.

Par un étonnant paradoxe, à l'époque où tout s'enseigne, où l'on crée des cours sur l'art étrusque aussi bien que sur la conduite d'une machine-outil, on n'offre à nos jeunes rien de clair sur l'art de conduire leurs rapports avec leurs semblables, et de se conduire eux-mêmes. Ce thème vital aurait pu être approfondi avec les ressources de la pédagogie moderne, informée et active, mais l'école (républicaine ou confessionnelle) l'a pratiquement retiré de ses programmes. Bientôt, il n'y aura plus que les sectes (religieuses ou politiques) pour répondre à la soif qu'ont les jeunes d'une base morale pour leur vie.

Le moment semble venu d'amorcer un redressement. Mais comment restaurer un consensus sur une morale sociale pour les Français?

Un groupe de personnes qualifiées, incluant les principales tendances politiques, philosophiques et religieuses du pays devrait pouvoir, en se fondant uniquement sur la raison et l'expérience humaine, *énoncer un petit nombre de valeurs et de règles morales sur lesquelles elles proclameraient leur accord.*

Un *débat national* pourrait être instauré sur cette base, de façon à engager le pays dans une réflexion collective approfondie sur ce sujet qui concerne tous les citoyens.

Ce débat ne manquerait pas d'influencer le comportement des citoyens et de susciter un grand nombre d'initiatives utiles. Mais l'Etat lui-même devra agir, notamment sur deux points vitaux.

Par des voies appropriées et dans une optique résolument moderne, la morale civique devra être réintroduite à tous les niveaux de l'enseignement : pour la transmission des valeurs, sagesses et vertus éprouvées, suivant une pédagogie moderne active et ouverte; et tout autant pour engager des *programmes de recherche* dans cette branche importante des sciences sociales (1).

D'autre part, des modifications dans les structures dépendant de l'Etat devront accentuer la déconcentration et la décentralisation, de façon que des unités de taille humaine proches du terrain puissent gérer un grand nombre de problèmes avec le guidage et l'appui de réseaux locaux de relations humaines et de liens moraux.

Un effort d'harmonie sociale constitue le besoin le plus profond de la société française. Son succès se manifesterait par un tonus économique visible, expression d'un tonus humain plus fondamental.

---

(1) La *déontique,* science des devoirs, fait déjà l'objet de travaux de haut niveau dans les universités américaines.

BIBLIOGRAPHIE

Sur le Japon

En français

Dr Georges ARCHIER, *Quinze Français cherchent une explication aux performances japonaises,* Institut de l'Entreprise, Paris, 1979.
CONFUCIUS, *Maximes et pensées,* présentées par André Silvaire, 1963.
Japan Airlines, *Les affaires au Japon,* JAL Executive Service, 1975.
Pierre LANDY, *La vie japonaise,* P.U.F., Collection « Que sais-je? », n° 1564, Paris, 1973.
Mme le Professeur Chie NAKANE, *La société japonaise,* Armand Colin, Paris, 1974.
Professeur Yosiyuki NODA, *Introduction au droit japonais,* Dalloz, Paris, 1966.
Edwin O. REISCHAVER, *Histoire du Japon et des Japonais des origines à nos jours,* Le Seuil Ed., Paris, 1973.
Jacques VOLLE, *Pourquoi les Japonais qui produisaient mal produisent-ils maintenant trop bien?,* à paraître aux Editions Hommes et Techniques, Boulogne-Billancourt, septembre 1981.

En anglais

Rodney CLARK, *The Japanese Company,* Yale University Press, 1979.
Ezra F. VOGEL, *Japan as Number One. Lessons for America,* Harvard University Press, 1978.
Y. YOSHINO, *Japan's Managerial System,* MIT Press, 1969.

Autres ouvrages cités

Henri BERGSON, *Les deux sources de la morale et de la religion,* P.U.F., Paris, 1932-1976.
Mircea ELIADE, *Histoire des croyances et des idées religieuses,* Payot, Paris, 1980.
F.A. HAYEK, *New Studies in Philosophy, Politics, Economics,* Chicago University Press. Interfuturs, Rapport OCDE, juin 1979.
René LE SENNE, *Traité de morale générale,* P.U.F., Paris, 1967.
H. MENDRAS, *La fin des paysans,* Armand Colin, Paris, 1970.
Paul NAUDON, *La franc-maçonnerie,* P.U.F. Collection Que sais-je?, n° 1064, Paris, 1963.

LISTE DES TABLEAUX ET FIGURES

1. Les figures sont numérotées ainsi : numéro du chapitre, suivi du numéro d'ordre de chaque figure dans ce chapitre. Par exemple, la figure 5-2 est la deuxième figure du chapitre 5.

4059 - Imprimerie Bayeusaine
6, rue Royale, 14401 Bayeux
N° dépôt légal 4387 - 2e trimestre 1981
Imprimé en France